Eddie Chumney

Die Wiederherstellung der beiden Häuser Israels

Wann und wie werden das Haus Israel (Christenheit)
und das Haus Juda (Judentum) wieder vereint sein?

Zum Cover

Das Cover zeigt die wiederaufgebaute Hurva-Synagoge im jüdischen Viertel der Altstadt von Jerusalem, nachdem sie über 60 Jahre lang eine Ruine war. Der Name Hurva bedeutet übersetzt „Ruine".

Die erstmals um das Jahr 1700 errichtete Synagoge wurde zweimal zerstört, zuletzt 1948 durch die Jordanische Legion. Die Rekonstruktion wahrt den Originalzustand und die ursprünglichen Dimensionen der Synagoge, wie sie von den osmanischen Herrschern zur Zeit ihres Baus genehmigt worden waren.

Mit der Hurva-Synagoge ist eine alte Prophezeiung des Rabbiners Elijah Ben Salomon Salman (1720-1797, genannt der Gaon „der Weise" von Wilna) verbunden. Noch heute gelten seine Kommentare zur Torah und zum Talmud als Standardwerke jüdischer Gelehrsamkeit. Der Gaon von Wilna prophezeite, dass die Hurva-Synagoge, die in seiner Lebenszeit in Jerusalem erbaut wurde, zerstört und zweimal neu aufgebaut werde. Nach dem zweiten Wiederaufbau werde dann der Bau des dritten Tempels beginnen.

So wie die Hurva-Synagoge zu neuem Leben erweckt und zum Zentrum des kulturellen und spirituellen Lebens in der Region und im jüdischen Viertel wurde, werden auch die beiden Häuser Israels wiederhergestellt und als vereintes Königreich das Zentrum seiner Herrschaft darstellen.

© 2012
media!worldwidewings
Bücher, Musik und NetTravel
Kurstraße 2/III
61231 Bad Nauheim
www.worldwidewings.de
E-Mail: media@worldwidewings.de

Amerikanische Originalausgabe erschienen
unter dem Titel: *Restoring the Two Houses of Israel*
Herausgeber: Serenity Books, Hagerstown, MD
Copyright © 1999 by Edward Chumney

Bestellungen sind an die oben stehende Adresse zu richten.

Jede Wiedergabe oder Vervielfältigung des Textes, auch auszugsweise, bedarf der vorherigen schriftlichen Genehmigung durch Verlag und Autor.

Die Bibelzitate stammen aus folgenden Übersetzungen:
Luther, revidierte Fassung von 1984
Das Jüdische Neue Testament. David H. Stern, Hänssler, Stuttgart 1994
Diese Übersetzung trägt der jüdischen Herkunft Rechnung.

Übersetzung: Robert Kling und M. Riedel
Lektorat: Katja Riedel
Cover: Alessandro Schneider
Coverfoto: Nicholas Schneider
Satz: type & print, Nürnberg
Druck: ARKA, Cieszyn, Polen

ISBN/EAN: 978-3-9814649-1-7
Bestell-Nr. 899771

Danksagung

Ich gebe YHWH Lob und Dank dafür, dass er mich mit gläubigen und liebevollen Eltern gesegnet hat. Doyle und Lillian Chumney haben mir über die Jahre viel Unterstützung, Ermutigung, Fürsorge und Liebe geschenkt. Papa und Mama, ihr seid die außergewöhnlichsten Eltern der Welt! Ich liebe euch!

Dieses Buch ist ausschließlich zur Ehre Elohims geschrieben worden. Möge alle Verherrlichung, aller Lobpreis und alle Ehre dem König aller Könige und dem Herrn aller Herren zuteil werden.

Die Zeit der Gunst für Zion
Jetzt ist die Zeit der Gunst für Zion. In Psalm 102,14+17-19 lesen wir:

> „Du wollest dich aufmachen und über Zion erbarmen; denn es ist Zeit, dass du ihm gnädig seist, und die Stunde ist gekommen ... Ja, YHWH baut Zion wieder und erscheint in seiner Herrlichkeit. Er wendet sich zum Gebet der Verlassenen und verschmäht ihr Gebet nicht. Das werde geschrieben für die Nachkommen; und das Volk, das er schafft, wird YHWH loben."

In Jesaja 62,1+7 steht:

> „Um Zions willen will ich nicht schweigen, und um Jerusalems willen will ich nicht innehalten, bis seine Gerechtigkeit aufgehe wie ein Glanz und sein Heil brenne wie eine Fackel.

Lasst ihm keine Ruhe, bis er Jerusalem wieder aufrichte und es setze zum Lobpreis auf Erden!"

Blast die Posaune in Zion

In Joel 2,1 heißt es:

„Blast die Posaune zu Zion, ruft laut auf meinem heiligen Berge! Erzittert, alle Bewohner des Landes! Denn der Tag YHWHs kommt und ist nahe."

Und in Jeremia 31,6-7 und 10 lesen wir:

„Denn es wird die Zeit kommen, dass die Wächter auf dem Gebirge Ephraim rufen: Wohlauf, lasst uns hinaufziehen nach Zion zu YHWH, unserm Elohim! Denn so spricht YHWH: Jubelt über Jakob mit Freuden und jauchzet über das Haupt unter den Völkern. Ruft laut, rühmt und sprecht: YHWH hat seinem Volk geholfen, dem Rest Israels! ... Höret, ihr Völker, YHWHs Wort und verkündet's fern auf den Inseln und sprecht: Der Israel zerstreut hat, der wird's auch wieder sammeln und wird es hüten wie ein Hirte seine Herde."

Möge sich YHWH in unseren Tagen mächtig erweisen und Erbarmen mit Zion haben. Amen!

Vorwort

Über 2000 Jahre lang haben orthodoxe Juden für die Sammlung der Zerstreuten von den vier Enden der Erde gebetet (5. Mose 30,1-5). Seit der Zerstörung Jerusalems und des Tempels durch die Römer im Jahre 70 n. J. baten orthodoxe Juden dreimal am Tag für diese Sammlung.[1] Für sie ist die Sammlung der Zerstreuten gleichbedeutend mit der nationalen Erlösung.

Die Bitten um Erlösung und um das Kommen des Messias sind Teil des *Amidah-Gebetes* (auch als „Die achtzehn Lobpreisungen" bekannt). Dieses Gebet wird zusammen mit dem *Schma* („Höre, Israel") dreimal täglich von orthodoxen Juden gesprochen und gilt als das wichtigste tägliche Gebet. Das *Amidah-Gebet* wurde von Rabbi Gamaliel II kurz nach der Zerstörung des Jerusalemer Tempels durch die Römer zusammengestellt. Die zehnte Lobpreisung der *Amidah* ist ein Gebet für die Sammlung der Zerstreuten.[2] Der Text dieses zehnten Teils lautet wie folgt:

„Blast das große Schofar für unsere Freiheit und richtet ein Banner auf, unsere Zerstreuten zu sammeln und uns von den vier Enden der Erde zu sammeln. Gepriesen seist du, YHWH, der du die Verbannten deines Volkes Israel sammelst."

Dies ist ein Gebet für die Sammlung aller 12 Stämme ins Land Israel. Eng verknüpft mit dieser Sammlung der Zerstreuten ist die Sammlung der zehn verlorenen Stämme, die von den Assyrern im Jahre 721 v. J. ins Exil geführt wurden und von denen man glaubt, dass sie jenseits des Flusses Sambatyon wohnen.[3]

Unter den orthodoxen Juden glaubt man weithin, dass Elija dem Kommen des Messias vorausgehen und dem Samen Jakobs (alle 12 Stämme) Erlösung ankündigen wird. In einem orthodox-jüdischen Kommentar zu 3. Mose 26,42 wird gelehrt:

„Überall in der Bibel wird der Name Jakob mit dem hebräischen Buchstaben Wav geschrieben, außer an fünf Stellen. Und überall wird der Name Elija mit einem Wav geschrieben, mit Ausnahme von fünf Stellen. Warum? Um dich zu lehren, dass Elija kommen und den Samen Jakobs erlösen wird. Jakob nahm das Wav aus dem Namen Elija heraus als ein Versprechen und Pfand dafür, dass Elija kommen und seinen Kindern die Befreiung von der Welt ankündigen wird."[4]

In Lukas 1 war Zacharias ein Priester aus der Ordnung Abijas (1. Chronik 24,10), der im Tempel das *Amidah-Gebet* verrichtete. Während er betete, sprach der Engel Gabriel zu ihm und sagte ihm, dass sein Gebet erhört worden sei und er einen Sohn namens Johannes haben werde, der vom Geist und von der Kraft des Elija sein werde. In Lukas 1, Verse 5-9, 11, 13, 15, 17, 67-68 und 72-73 lesen wir:

„In den Tagen des Herodes, König von Jehudah, war ein *Kohen* namens Secharjah, der zur Abteilung des Avija gehörte. Seine Frau gehörte zu den Nachkommen Aharons, und ihr Name war Elischeva. Beide waren gerecht vor Gott, untadelig hielten sie alle *Mizvot* und die Weisungen *Adonais*. Aber sie hatten keine Kinder, weil Elischeva unfruchtbar war; und sie waren beide schon recht alt. Einmal, während Secharjah seine Pflichten als *Kohen* erfüllte – seiner Abteilung oblag nach der Ordnung der Dienst vor YHWH –, wurde er (wie es Brauch war unter den *Kohanim*) durch das Los erwählt, den Tempel zu betreten und Weihrauch zu verbrennen. ... als ihm ein Engel *Adonais* erschien und rechts vom Räucheraltar stand. ... Aber der Engel sagte zu ihm:»Hab keine Angst, Secharjah; denn dein Gebet ist erhört worden. Deine Frau Elischeva wird dir einen Sohn tragen, und du sollst ihn Jochanan nennen. ... und er wird bereits von Mutterleib an mit dem *Ruach Ha Kodesch* erfüllt sein. ... Er wird *Adonai* vorausgehen im Geist und in der Macht Elijahus, um die Herzen der Väter ihren Kindern zuzuwenden (Maleachi 3,23-24) und die Ungehorsamen der Weisheit des Gerechten, um *Adonai* ein zugerüstetes Volk zu bereiten.« ... Sein Vater Secharjah wurde erfüllt mit dem *Ruach Ha Kodesch* und sprach folgende Prophezeiung: Gelobt sei *Adonai,* der Gott Jisraels, weil er sein Volk angesehen und ein Lösegeld zu seiner Befreiung gegeben hat, ... damit er erweise die Barmherzigkeit, die unseren Vätern verheißen ist – dass er seines heiligen Bundes gedenke, des Eides, den er vor *Avraham Avinu* geschworen hat."

Orthodoxe Juden glauben, dass es einen leidenden Messias und einen königlichen Messias gibt. Der leidende Messias ist als *Maschiach ben Josef* bekannt, der königliche Messias als *Maschiach ben David.*

Nichtjuden, die glauben, dass *Jeschua* der jüdische Messias ist, glauben ebenfalls an einen leidenden Messias und einen königlichen Messias. Sie glauben jedoch, dass beide Funktionen durch *Jeschua* erfüllt werden. Bei seinem ersten Kommen war er da, um die Rolle des leidenden Messias zu erfüllen. Bei seinem zweiten Kommen wird er auf Erden sein, um die Rolle des königlichen Messias zu erfüllen.

Beim ersten Kommen von *Jeschua* trat Johannes, der Täufer, im Geist des Elija auf (Lukas 1,17). Orthodoxe Juden glauben, dass Elija die Erlösung des Samens Jakobs dessen Kindern ankündigen wird. Ist es möglich, dass vor dem zweiten Kommen des jüdischen Messias YHWH den Geist des Elija mittels einer Ausgießung des Heiligen Geistes gebrauchen wird, um die Erlösung des Samens Jakobs den Christen, den Juden und der ganzen Welt anzukündigen?

Im ersten Teil dieses Buches werden wir einige Streitfragen untersuchen, die die beiden Häuser Israels, nämlich die Christen und die Juden, geteilt haben. Darunter sind die folgenden Fragen:

Wer ist der jüdische Messias? Ist der jüdische Messias der fleischgewordene Elohim Israels? Inwieweit ist ein Nichtjude verpflichtet, die Gebote der Torah zu halten? Was ist der Sinn und die Bedeutung des Sabbats?

Im letzten Teil des Buches werden wir erfahren, wie der israelisch-arabische Friedensprozess mit der Erlösung, Wiederherstellung und Wiedervereinigung beider Häuser Israels zusammenhängt (Hesekiel 37,15-28). Als Hintergrund für das Verständnis des israelisch-arabischen Konfliktes um das Land werden wir die moderne Geschichte Israels studieren.

Dieses Buch wurde geschrieben, um die baldige Erlösung, Wiederherstellung und Wiedervereinigung der beiden Häuser Israels in einer Weise darzustellen, die für beide Häuser verständlich ist. Deswegen werden jüdische Begriffe gebraucht und der Name Gottes wird YHWH geschrieben. Das Buch hat im Übrigen zwölf Kapitel. Jedes Kapitel erinnert an einen der zwölf Stämme Israels.

Möge der Gott Israels in unseren Tagen die Erlösung, Wiederherstellung und Wiedervereinigung der beiden Häuser Israels mächtig voranbringen. Amen!

Inhalt

Danksagung 5
Vorwort 7
1. Die zwei Häuser Israels 13
2. Die Versammlung und Israel 19
3. YHWHs Zwillinge: Torah und Gnade 37
4. Der Sabbat ist unsere Ruhe 61
5. Der 7000-jährige Heilsplan YHWHs 87
6. Jeschua, unser jüdischer Messias 119
7. Ist der jüdische Messias unser Elohim? 153
8. Israel: Der Feigenbaum blüht 181
9. Der UN-Friedensprozess zwischen Israel
   und den Arabern 215
10. Jerusalem, die Stadt des großen Königs 225
11. Gericht über die Nationen 251
12. Ephraim und Juda werden ein Haus 261
Anhang
    Fußnoten 314
    Weiterführende Literatur 318
    Verzeichnis jüdischer Namen und Begriffe 320
Nachwort 322
Über den Autor 323

Verwendete Begriffe

Die Zitate aus dem Alten Testament sind der Übersetzung von Luther (rev. 1984) entnommen worden. Die Bibelverse des Neuen Testaments stammen aus dem „Jüdischen Neuen Testament" von David H. Stern. In einigen Fällen wurden jedoch für ein erleichtertes Lesen deutsche Anpassungen vorgenommen. Manche Wörter und Sätze innerhalb von Bibelzitaten wurden vom Autor zur Betonung hervorgehoben. Eingeklammerte Begriffe oder Ergänzungen innerhalb von Bibelversen stammen ebenso vom Autor.

Für die Namen Gott, Herr und Jesus wurden die hebräischen Namen YHWH, Elohim, El, Adonai und Jeschua eingesetzt. Um dem jüdischen Namen Jeschua besondere Beachtung zu schenken, wurden für die Zeitalter die Abkürzungen v. J. (vor Jeschua) und n. J. (nach Jeschua) benutzt.

Am Ende des Buches befindet sich ein alphabetisches Verzeichnis mit jüdischen Namen und Begriffen (samt deutschen Erklärungen), die der Autor in diesem Buch verwendet hat.

Kapitel 1

DIE ZWEI HÄUSER ISRAELS

Historisch gesehen waren die beiden Häuser Israels das Nordreich *(Haus Israel)* und das Südreich *(Haus Juda)*. Heute sind die beiden Häuser Israels unter den gebräuchlichen Namen Christenheit *(Haus Israel)* und Judentum *(Haus Juda)* bekannt. Sowohl die Christenheit als auch das Judentum beten YHWH an. Sie haben sich jedoch im Laufe der Geschichte in Bezug auf die Ausdrucksformen von Anbetung entzweit. Diese Uneinigkeit führte zur Teilung der Kinder YHWHs in zwei verschiedene Häuser der Anbetung. Warum sind die beiden Häuser Israels *(Christenheit* und *Judentum)* geteilt?

Es gibt zwei wesentliche Unstimmigkeiten zwischen den beiden Häusern Israels: Die Rolle der Torah und der Messias. Trotz dieser Unstimmigkeiten wurden die beiden Häuser Israels von YHWH dafür gebraucht, die beiden folgenden Wahrheiten zu bewahren. Das Judentum hat die Wahrheit aufrechterhalten, dass die Torah ewig und der Baum des Lebens ist, welcher von YHYW gegeben wurde. Die Christenheit hat ihrerseits die Wahrheit hochgehalten, dass Jeschua der jüdische Messias ist.

Die Familie YHWHS gleicht einem Ölbaum

Bildlich gesprochen gleicht die Familie *(mischpocha)* YHWHs einem Ölbaum. In Jeremia 11,16-17 steht geschrieben:

„YHWH nannte dich einen grünen, schönen, fruchtbaren Ölbaum; ... denn YHWH Zebaoth, der dich gepflanzt hat, ... das Haus Israel und das Haus Juda."

Das *Haus Juda* (Judentum) stellt die Wurzel und die natürlichen Zweige am Ölbaum YHWHs dar. Das *Haus Israel* (Christenheit) ist ein wilder Ölzweig und wird in diesen Ölbaum eingepfropft. In Römer 11, Vers 13 und 17 steht:

„Denen von euch jedoch, die Heiden (Christenheit) sind, sage ich ... dass du – ein wilder Ölzweig – aufgepfropft wurdest und nun teilhast an der reichen Wurzel des Ölbaums (die natürliche Wurzel: das Haus Juda)."

YHWH hat also eine Familie, die aus natürlichen Zweigen (Judentum) und wilden Zweigen (Christenheit) besteht. Die wilden Zweige sind in den natürlichen Ölbaum eingepfropft. In Epheser 4,3+6 heißt es:

„Tut alles, um die Einheit zu bewahren, die der Geist durch die bindende Macht des *Schalom* (Frieden) gibt. Es ist ein Leib, ... ein Herr, ein Vertrauen, eine Eintauchung und ein Gott, der Vater aller, der über alles herrscht, durch alles wirkt und in allem ist."

Keine Ersatztheologie

Es mag eine neue Offenbarung für viele Glieder des Judentums und der Christenheit sein, dass das Haus YHYWs geteilt ist und dass das Judentum das *Haus Juda* repräsentiert und die Christenheit das *Haus Israel*. Es gibt aber eine zunehmende Zahl von Menschen in beiden Häusern Israels, denen YHWH diese Wahrheit durch die Ausgießung des Heiligen Geistes *(Ruach HaKodesch)* offenbart.

Es gibt einige christliche Gruppen, die darüber lehren, dass es zwei Häuser Israels gibt. Einige Gruppen jedoch lehren eine unbiblische Lehre vom Elitismus (sie seien eine besondere Menschenrasse) und von Ersatztheologie (sie seien das „neue Israel"). Wegen dieser Lehren gibt es viele Christen, die mit der biblischen Wahrheit, dass es zwei Häuser Israels gibt, nachlässig umgehen.

Dieses Buch unterstreicht die Wahrheit von den zwei Häusern Israels und weist jede Lehre von Elitismus und Ersatztheologie zurück. Ganz im Gegenteil ist es Sinn und Zweck dieses Buches, die Wiederherstellung, Versöhnung und Einheit der beiden Häuser Israels zu fördern.

Die Wiederherstellung beider Häuser

Damit die Wiederherstellung für beide Häuser Israels kommen kann, müssen diese zu YHWH und zueinander umkehren. Das *Haus Israel*, also die Christenheit, muss die hebräischen Wurzeln ihres Glaubens umarmen. Zugleich muss das *Haus Juda*, also das Judentum, wenn es den Messias annimmt, weiterhin die Torah befolgen und seine jüdische Identität aufrechterhalten. Umkehr, Versöhnung und Einheit der beiden Häuser Israels werden in Hesekiel 37,15-27 vorhergesagt:

„Und das Wort YHWHs geschah zu mir: Du Menschenkind, nimm dir ein Holz und schreibe darauf:»Für Juda und Israel, die sich zu ihm halten.« Und nimm noch ein Holz und schreibe darauf:»Holz Ephraims, für Josef und das ganze Haus Israel, das sich zu ihm hält.« Und füge eins an das andere, dass es ein Holz werde in deiner Hand. Wenn nun dein Volk zu dir sprechen wird: Willst du uns nicht zeigen, was du damit meinst?, so sprich zu ihnen: So spricht Adonai YHWH: Siehe, ich will das Holz Josefs, das in der Hand Ephraims ist, nehmen samt den Stämmen Israels, die sich zu ihm halten, und will sie zu dem Holz Judas tun und »ein« Holz daraus machen, und sie sollen »eins« sein in meiner Hand. Und so sollst du die Hölzer, auf die du geschrieben hast, in deiner Hand halten vor ihren Augen und sollst zu ihnen sagen: So spricht Adonai YHWH: Siehe, ich will die Israeliten herausholen aus den Heiden, wohin sie gezogen sind, und will sie von überall her sammeln und wieder in ihr Land bringen und will ein einziges Volk aus ihnen machen im Land auf den Bergen Israels, und sie sollen allesamt *einen* König haben und sollen nicht mehr zwei Völker sein und nicht mehr geteilt in zwei Königreiche. Und sie sollen sich nicht mehr unrein machen mit ihren Götzen und Gräuelbildern und allen ihren Sünden. Ich will sie retten von allen ihren Abwegen, auf denen sie gesündigt haben, und will sie reinigen, und sie sollen mein Volk sein und ich will ihr Elohim sein. Und mein Knecht David soll ihr König sein und der einzige Hirte für sie alle. Und sie sollen wandeln in meinen Rechten und meine Gebote halten und danach tun. Und sie sollen wieder in dem Lande wohnen, das ich meinem Knecht Jakob gegeben habe, in dem eure Väter gewohnt haben. Sie und ihre Kinder und Kindeskinder sollen darin wohnen für immer, und mein Knecht David soll für immer ihr Fürst sein. Und ich will mit ihnen einen Bund des Friedens schließen, der soll ein ewiger Bund mit ihnen sein. Und ich will sie erhalten und mehren, und mein Heiligtum soll unter ihnen sein für immer. Ich will unter ihnen wohnen und will ihr Elohim sein und sie sollen mein Volk sein."

In Einheit zusammen wohnen

Im ersten Teil dieses Buches werden einige theologischen Streitfragen diskutiert, welche die beiden Häuser Israels im Laufe der Geschichte geteilt haben. Folgende Themen werden wir studieren: Torah und Gnade, der Sabbat *(Schabbat)*, die jüdische Natur des Messias *(Maschiach)*, der göttliche Charakter des jüdischen Messias, der 7000-jährige Plan Gottes und die Frage: Wer ist die Kirche und wer ist Israel?

Der zweite Teil des Buches wird das Augenmerk auf die Frage richten, wann und auf welche Weise die beiden Häuser Israels am Ende der Tage wieder vereint werden. Wir werden die Bedeutung der Geburt des modernen Staates Israel und der Stadt Jerusalem *(Jeruschalajim)* studieren sowie die Rolle, welche den israelischen Friedensabkommen mit den arabischen Nachbarn in der Zusammenführung beider Häuser Israels zukommt. Da das Land YHWHs (Joel 3,2) und die Stadt Jerusalem (Sacharia 14,2) geteilt werden sollen, wird YHWH die Nationen richten. Wenn die beiden Häuser Israels jedoch umkehren, erlöst und wieder hergestellt werden, werden folgende Dinge geschehen:

- Das Exil beider Häuser Israels wird zu Ende gehen und sie werden in das Land Israel zurückkehren (Hesekiel 37,15-27).
- Der jüdische Messias wird unter seinem Volk wohnen und während des Messianischen Zeitalters allen Nationen von Jerusalem aus die Torah lehren (Jesaja 2,2-3).

Mögen die Brüder der beiden Häuser Israels in Einheit zusammen leben. In Psalm 133 heißt es:

„Siehe, wie fein und lieblich ist's, wenn Brüder einträchtig beieinander wohnen! Es ist wie das feine Salböl auf dem Haupte Aarons, das herabfließt in seinen Bart, das herabfließt zum Saum seines Kleides, wie der Tau, der vom Hermon herabfällt auf die Berge Zions! Denn dort verheißt YHWH den Segen und Leben bis in Ewigkeit."

Möge Elohim in unseren Tagen seinen Heiligen Geist ausgießen und die Wiederherstellung, Versöhnung und Einheit der beiden Häuser Israels voranbringen. Amen!

Kapitel 2

DIE VERSAMMLUNG UND ISRAEL

Damit die Wiederherstellung sowohl für das *Haus Juda* als auch für das *Haus Israel* erfolgen kann, müssen beide Häuser die biblischen Begriffe „*Versammlung*" (oder Gemeinde) und „*Israel*" verstehen. In der heutigen Zeit wird „*Versammlung*" normalerweise mit der Christenheit in Verbindung gebracht, während man „*Israel*" gewöhnlich mit dem Judentum assoziiert.

In diesem Kapitel werden wir die biblischen Begriffe „*Versammlung*" und „*Israel*" untersuchen. Dabei werden wir entdecken, dass die „*Versammlung*" bereits am Berg Sinai geboren wurde. Außerdem werden wir erläutern, dass sich der biblische Begriff „*Israel*" auf die Familie YHWHs bezieht, welche in der Bibel mit einem „*Ölbaum*" verglichen wird. Im biblischen Bild des „*Ölbaumes*" besteht „*Israel*" aus den natürlichen und den wilden Zweigen, die in den natürlichen Baum eingepfropft wurden (Römer 11,13-26). Solange es Sonne, Mond und Sterne gibt, werden die natürlichen Zweige ein Teil des Ölbaumes bleiben (Jeremia 31,35-37).

Das griechische Wort Ekklesia

In der King-James-Übersetzung findet man das Wort „*Versammlung*" nur im Neuen Testament *(Brit Hadascha)*. Aus diesem Grunde wird „*Versammlung*" meistens mit den Christen verbunden. Das griechische Ursprungswort „*ekklesia*" findet sich in *Strong's Konkordanz Griechisch* unter der Nr. 1577. Dort wird es definiert als „*ein Herausrufen, ein öffentliches Treffen, eine Versammlung, eine jüdische Synagoge oder christliche Gemeinschaft von Mitgliedern auf Erden, Heiligen im Himmel oder beiden.*"

Das hebräische Wort Kahal

Das *Thayer's griechisch-englische Lexikon des Neuen Testaments*, das nach *Strong's Konkordanz* nummeriert ist, gibt eine vollständigere und detailliertere Definition des griechischen Wortes „*ekklesia*". Thayer's definiert es als „*Versammlung*" und erklärt, dass das entsprechende gleichbedeutende Wort in der *Septuaginta* (griechische Übersetzung der jüdischen Schriften) das hebräische Wort „*kahal*" ist. „*Kahal*" entspricht Nr. 6951 in *Strong's Konkordanz Hebräisch* und wird dort als „*Versammlung, Gemeinde, Gesellschaft oder Menge*" definiert.

„Ecclesiastes" ist vom griechischen Wort für Versammlung abgeleitet

Die englische Bezeichnung des biblischen Buches Prediger, „*Ecclesiastes*", leitet sich vom griechischen Wort „*ekklesia*" ab. In der Einleitung zum Buch des Predigers in der *Hebräisch-Griechischen Studienbibel von Spiros Zodhiates* wird folgende Beobachtung zum Buch des Predigers gemacht:

> „Der hebräische Titel dieses Buches, Kohelet (Nr. 6953), ist dasjenige Wort in Kapitel eins, Vers eins, welches als ‚Prediger' übersetzt wird. Der englische Titel ist eine Übertragung des Titels aus der Septuaginta, der griechischen Übersetzung des Alten Testaments. Das griechische ‚ekklesiastes', welches ‚Sprecher einer herausgerufenen Versammlung' bedeutet, ist von ekklesia abgeleitet, dem neutestamentlichen Wort für Versammlung oder Gemeinde."

Die Versammlung wurde am Berg Sinai geboren

Ich wurde von Kind auf von Christen gelehrt, dass *„die Versammlung"* (oder Gemeinde) in Apostelgeschichte 2 geboren worden sei, als die Ausgießung des Heiligen Geistes in Jerusalem am Pfingstfest *(Schavuot)* geschah. Man hatte mir sogar den exakten Tag genannt, an dem die Versammlung geboren worden sei. Als ich dann später die hebräischen Wurzeln des Christentums studierte, entdeckte ich jedoch, dass die Geburt der *„Versammlung"* tatsächlich schon 2000 Jahre früher, nämlich am Berg Sinai stattgefunden hatte.

Stephanus bezieht sich in seiner Predigt in Apostelgeschichte 7 auf Mose und das Ereignis am Berg Sinai, wie in Apostelgeschichte 7,37-38 geschrieben steht:

„Dieser ist der Mosche, der zum Volk Jisrael sagte: »Gott wird einen Propheten wie mich unter euren Brüdern erwecken.« Dieser ist der Mann, der in der *Versammlung* in der Wüste war, begleitet von dem Engel, der zu ihm am Berg Sinai gesprochen hatte, und von unsern Vätern, der Mann, dem das lebendige Wort gegeben wurde, dass er es an uns weitergebe."

An dieser Stelle bezieht sich Stephanus auf 5. Mose 18,15-16, wo geschrieben steht:

„Einen Propheten wie mich wird dir YHWH, dein Elohim, erwecken aus dir und aus deinen Brüdern; dem sollt ihr gehorchen. Ganz so wie du es von YHWH, deinem Elohim, erbeten hast am Horeb am *Tage der Versammlung.*"

Das Wort in 5. Mose 18,16, das in der King-James-Übersetzung mit *„Versammlung"* übersetzt wird, ist das hebräische *„kahal"*, das dem griechischen *„ekklesia"*, dem englischen *„church"* und dem deutschen *„Versammlung"* entspricht. Und in der King-James-Übersetzung des Neuen Testamentes bezieht sich das griechische *„ekklesia"* in Apostelgeschichte 7,38 wiederum auf die Stelle in 5. Mose 18,16, also den Tag der Versammlung.

An drei verschiedenen Stellen beschreibt YHWH im 5. Buch Mose durch den Griffel des Moses und die Inspiration des Heiligen Geistes das Ereignis, welches am Tag der Versammlung am Berg Sinai stattfand. Kapitel 18, Vers 16 wurde bereits zitiert. Die anderen beiden Bezugsstellen finden sich in 5. Mose 9,10 und 10,4. In 5. Mose 9,10 steht geschrieben:

„Und YHWH gab mir die zwei steinernen Tafeln, mit dem Finger Elohims beschrieben, und darauf alle Worte, die YHWH mit euch aus dem Feuer auf dem Berge geredet hatte am *Tage der Versammlung*."

Und in 5. Mose 10,4 heißt es:

„Da schrieb er auf die Tafeln, wie die erste Schrift war, die Zehn Worte, die YHWH zu euch geredet hatte mitten aus dem Feuer auf dem Berge zur *Zeit der Versammlung;* und YHWH gab sie mir."

Die Versammlung YHWHs ist eine gemischte Volksmenge

Elohim urteilt nicht nach der Person, sondern sieht alle, die seinen Namen anrufen, als Glieder seiner Familie an. In Apostelgeschichte 10,34-35 steht:

„Da wandte *Kefa* (Petrus) sich an ihn: »Jetzt sehe ich, dass Gott keine Günstlinge hat, sondern dass, wer immer ihn fürchtet und tut, was recht ist, von ihm angenommen wird, ganz gleich, zu welchem Volk er gehört.«"

Als die *„Versammlung"* geboren wurde, bestanden die am Berg Sinai anwesenden Menschen aus den Nachkommen Abrahams *(Avraham),* Isaaks *(Yitzhak)* und Jakobs *(Ja'akov)* und einer gemischten Menschenmenge, die an YHWH glaubte und zusammen mit ihren Kindern Ägypten *(Mizrajim)* verlassen hatte. Am Berg Sinai wurden sie das Haus Jakob genannt. In 2. Mose 19,1-3 steht geschrieben:

„Am ersten Tag des dritten Monats nach dem Auszug der Israeliten aus Ägyptenland, genau auf den Tag, kamen sie in die Wüste Sinai. Denn sie waren ausgezogen von Refidim und kamen in die Wüste Sinai und lagerten sich dort in der Wüste gegenüber dem Berge. Und Mose stieg hinauf zu Elohim. Und YHWH rief ihm vom Berge zu und sprach: So sollst du sagen zu dem *Hause Jakob* und verkündigen."

Neben den Nachkommen Abrahams, Isaaks und Jakobs war, wie gesagt, auch noch eine gemischte Volksmenge am Berg Sinai zugegen. In 2. Mose 12, Verse 29-31 und 37-38 steht:

„Und zur Mitternacht schlug YHWH alle Erstgeburt in Ägyptenland vom ersten Sohn des Pharao an, der auf seinem Thron saß, bis zum ersten Sohn des Gefangenen im Gefängnis und alle Erstgeburt des Viehs. Da stand der Pharao auf in derselben Nacht und alle seine Großen und alle Ägypter. ... Und er ließ Mose und Aaron rufen in der Nacht und sprach: Macht euch auf und zieht weg aus meinem Volk, ihr und die Israeliten. Geht hin und dient YHWH, wie ihr gesagt habt. ... Also zogen die Israeliten aus von Ramses nach Sukkot, sechshunderttausend Mann zu Fuß ohne die Frauen und Kinder. Und es zog auch mit ihnen *viel fremdes Volk*, dazu Schafe und Rinder, sehr viel Vieh."

Also bestand die „*Versammlung*", die am Berg Sinai geboren wurde, aus den Nachkommen Abrahams und einer gemischten Volksmenge, die nach dem Auszug aus Ägypten an YHWH glaubte.

YHWHs Versammlung ist eine gemischte Menschenmenge

Auch im Neuen Testament können wir sehen, dass die Versammlung sowohl aus Juden als auch aus Nichtjuden besteht, die *Jeschua* als den Messias angenommen haben. In Galater 3,26+28 steht geschrieben:

„Denn in der Vereinigung mit dem Messias seid ihr alle Kinder Gottes durch diese vertrauende Treue; ... weder Jude noch Heide, weder Sklave noch Freier, weder Mann noch Frau; denn in der Vereinigung mit dem Messias Jeschua seid ihr alle eins."

Und in Römer 10,9-13 heißt es:

„Wenn du öffentlich mit deinem Mund bekennst, dass Jeschua Herr ist, und in deinem Herzen darauf vertraust, dass Gott ihn von den Toten auferweckt hat, wirst du erlöst werden. Denn mit dem Herzen vertraut man und gelangt so zur Gerechtigkeit, und mit dem Mund bekennt man öffentlich und gelangt so zur Erlösung. Denn die zitierte Stelle besagt, dass *jeder*, der sein Vertrauen auf ihn setzt, nicht erniedrigt wird (Jesaja 28,16). Das heißt, dass es *keinen Unterschied zwischen Juden und Heiden* gibt. Adonai ist derselbe für alle, reich für jeden, der ihn anruft, denn jeder, der den Namen *Adonais* anruft, wird erlöst (Joel 3,5)."

Das Bild vom Ölbaum

Was bedeutet der biblische Begriff Israel und wie verhält er sich zur Familie YHWHs und zu den Gläubigen an *Jeschua*? In der Bibel wird das *Haus Jakob* (das *Haus Israel* und das *Haus Juda*) allegorisch mit dem Bild des Ölbaums beschrieben. Dies wurde bereits weiter oben erwähnt. In Jeremia 11, Verse 1, 6, 16 und 17 lesen wir:

„Dies ist das Wort, das zu Jeremia geschah von YHWH: ... Predige alle diese Worte in den Städten Judas und auf den Gassen Jerusalems und sprich: ... YHWH nannte dich einen *grünen Ölbaum;* und *seine Äste* verderben (wörtlich *brechen ab*). Denn YHWH Zebaoth, der dich gepflanzt hat, ... das *Hauses Israel* und das *Hauses Juda.*"

Alle Zweige des Ölbaumes (das *Haus Israel* und das *Haus Juda*) zerbrachen also. Daher brauchen diese zerbrochenen Zweige auch die Erlösung, Wiederherstellung und das erneute Einpfropfen in den ursprünglichen Ölbaum. Wir werden gleich auf die Frage eingehen, wie es zu diesem Zerbrechen der Zweige kam. Aber zunächst noch einige Vorbemerkungen.

Um zu verstehen, wer Israel *(Jisrael)* ist, müssen wir die Herkunft des Namens Israel verstehen. Israel ist der Name, den YHWH Jakob gegeben hatte. In 1. Mose 32,25-29 steht geschrieben:

„Und Jakob blieb allein zurück. Da rang ein Mann mit ihm, bis die Morgenröte anbrach. Und als er sah, dass er ihn nicht überwältigen konnte, schlug er ihn auf sein Hüftgelenk, und das Hüftgelenk Jakobs wurde über dem Ringen mit ihm verrenkt. Und er sprach: Lass mich gehen, denn die Morgenröte bricht an. Aber Jakob antwortete: Ich lasse dich nicht, du segnest mich denn. Er sprach: Wie heißt du? Er antwortete: Jakob. Er sprach: *Du sollst nicht mehr Jakob heißen, sondern Israel;* denn du hast mit Elohim und mit Menschen gekämpft und hast gewonnen."

Das Haus Jakob wurde geteilt

Wie konnte es nun also geschehen, dass die Zweige des Ölbaums auseinander brachen? Jakob hatte zwölf Söhne. Seine Nachkommen wurden die Kinder Israels oder das *Haus Jakob* genannt. Diese Nachkommen waren am Berg Sinai mit YHWH in einen Bund eingetreten (2. Mose 19). Geraume Zeit später, nämlich nach der Herrschaft Salomos *(Schlomo)* wurde das Haus Jakob in ein nördliches und ein südliches Königreich geteilt. Dies geschah als Gericht YHWHs an Salomo, weil er die Torah bzw. den Bund YHWHs gebrochen hatte, indem er ausländische Frauen geheiratet hatte. Diese hatten die Nation Israel zur Anbetung fremder Götter verleitet. In 1. Könige 11,1-5 kann man dies nachlesen:

„Aber der König Salomo liebte viele ausländische Frauen: die Tochter des Pharao und moabitische, ammonitische, edomitische, sidonische und hetitische, aus solchen Völkern, von denen YHWH den Israeliten gesagt hatte: Geht nicht zu ihnen und lasst sie nicht zu euch kommen; sie werden gewiss eure Herzen ihren Göttern zuneigen (5. Mose 7,1-4). An diesen hing Salomo mit Liebe. Und er hatte siebenhundert Hauptfrauen und dreihundert Nebenfrauen; und seine Frauen verleiteten sein Herz. Und als er nun alt war, neigten seine Frauen sein Herz fremden Göttern zu, sodass sein Herz nicht ungeteilt bei YHWH, seinem Elohim, war wie das Herz seines Vaters David. So diente Salomo der Astarte, der Göttin derer von Sidon, und dem Milkom, dem gräulichen Götzen der Ammoniter."

Aus diesem Grund wurde Salomos Königreich in ein nördliches Reich und ein südliches Reich geteilt. Dies ist in 1. Könige 11,9-13 niedergeschrieben:

„YHWH aber wurde zornig über Salomo, dass er sein Herz von YHWH, dem Elohim Israels, abgewandt hatte, der ihm zweimal erschienen war und ihm geboten hatte, dass er nicht anderen Göttern nachwandelte. Er aber hatte nicht gehalten, was ihm YHWH geboten hatte. Darum sprach YHWH zu Salomo: Weil das bei dir geschehen ist und du meinen Bund und meine Gebote nicht gehalten hast, die ich dir geboten habe, so will ich das Königtum von dir reißen und einem deiner Großen (wörtl. Knechte) geben. Doch zu deiner Zeit will ich das noch nicht tun um deines Vaters David willen, sondern aus der Hand deines Sohnes will ich's reißen. Doch will ich nicht das ganze Reich losreißen; einen Stamm will ich deinem Sohn lassen um Davids willen, meines Knechts, und um Jerusalems willen, das ich erwählt habe."

Das Nordreich wird das Haus Israel

Jerobeam, ein Knecht Salomos, wurde der Herrscher über das Nordreich, welches aus zehn Stämmen bestand. In 1. Könige 11,26+28-32 lesen wir:

„Und auch Jerobeam, der Sohn Nebats, ein Ephraimiter von Zereda, Salomos Vogt – seine Mutter hieß Zerua, eine Witwe –, hob die Hand auf gegen den König. Und Jerobeam war ein tüchtiger Mann. ... Und als Salomo sah, dass der Jüngling viel schaffte, setzte er ihn über alle Fronarbeit des Hauses Josef. Es begab sich aber zu der Zeit, dass Jerobeam aus Jerusalem hinausging und es traf ihn der Prophet Ahija von Silo auf dem Wege und hatte einen neuen Mantel an, und es waren die beiden allein auf dem Felde. Und Ahija fasste den neuen Mantel, den er anhatte, und riss ihn in zwölf Stücke und sprach zu Jerobeam: Nimm zehn Stücke zu dir! Denn so spricht YHWH, der Elohim Israels: Siehe, ich will das Königtum aus der Hand Salomos reißen und dir zehn

Stämme geben. Aber den einen Stamm soll er haben um meines Knechts David willen und um der Stadt Jerusalem willen, die ich erwählt habe aus allen Stämmen Israels."

Das nördliche Königreich wurde dann von den Assyrern in die Gefangenschaft geführt (2. Könige 17,7-23). Im Laufe der Zeit verloren sie ihre Identität als *Haus Israel* und verteilten sich über alle Länder der Erde.

Das nördliche Königreich wird übrigens in der Bibel mit den folgenden vier Namen benannt:

1. Das Haus Israel (1. Könige 12,21; Jeremia 31,31)
2. Das Haus Josef (1. Könige 11,28)
3. Samaria (Hosea 7,1; 8,5-6; 14,1)
4. Ephraim (Hosea 4,17; 5,3; 7,1)

Das Südreich wird das Haus Juda

Rehabeam wurde zum Anführer des südlichen Königreiches, welches das *Haus Juda* genannt wurde. Sowohl das Nordreich als auch das Südreich brachen den Bund bzw. die Torah, welchen YHWH mit dem Haus Jakob am Berg Sinai geschlossen hatte. Dies ist der Grund, warum die beiden Reiche in die ganze Welt zerstreut wurden und somit alle Zweige aus dem Ölbaum ausgebrochen wurden. In 5. Mose 28, Verse 15, 36-37 und 64 steht geschrieben:

> „Wenn du aber nicht gehorchen wirst der Stimme YHWHs, deines Elohims, und wirst nicht halten und tun alle seine Gebote und Rechte, die ich dir heute gebiete, so werden alle diese Flüche über dich kommen und dich treffen. ... YHWH wird dich und deinen König, den du über dich gesetzt hast, unter ein Volk treiben, das du nicht kennst noch deine Väter, und du wirst dort andern Göttern dienen: Holz und Steinen. Und du wirst zum Entsetzen, zum Sprichwort und zum Spott werden unter allen Völkern, zu denen YHWH dich treibt. ... Denn YHWH wird dich *zerstreuen unter alle Völker* von einem Ende der Erde bis ans andere, und du wirst dort andern Göt-

tern dienen, die du nicht kennst noch deine Väter: Holz und Steinen."

Zur gleichen Zeit der assyrischen Gefangenschaft des Nordreiches wurde also auch das südliche Königreich in die Gefangenschaft geführt, und zwar von den Babyloniern. YHWH erklärte durch den Propheten Jeremia, dass die Dauer der babylonischen Gefangenschaft 70 Jahre betragen würde (Jeremia 25,1-11). Im Anschluss an die 70-jährige Gefangenschaft kehrte ein Überrest des Südreiches in das Land Israel zurück. Dies war in den Tagen von Esra und Nehemia. Die Menschen, die mit Esra und Nehemia von Babylon zurückgekehrt waren, wurden nun Juden genannt. Dies steht in Esra 2,1 und 5,1 geschrieben:

„Dies sind die Leute der Landschaft Juda, die heraufzogen aus der Gefangenschaft, die Nebukadnezar, der König von Babel, nach Babel weggeführt hatte und die nach Jerusalem und Juda zurückkehrten, ein jeder in seine Stadt. ... Es weissagten aber die Propheten Haggai und Sacharja, der Sohn Iddos, *den Juden*, die in Juda und Jerusalem wohnten, im Namen des Elohims Israels, der über ihnen war."

Und in Nehemia 1,1-2 heißt es:

„Dies ist die Geschichte Nehemias, des Sohnes Hachaljas. Es geschah im Monat Kislew des zwanzigsten Jahres, als ich in der Festung Susa war, da kam Hanani, einer meiner Brüder, mit einigen *Männern aus Juda*. Und ich fragte sie, wie es den *Juden* ginge, den Entronnenen, die aus der Gefangenschaft zurückgekehrt waren, und wie es Jerusalem ginge."

Die Begriffe „Juden" und „Israeliten" werden in der Bibel wie folgt gebracht: Nach der strengen, ursprünglichen Bedeutung des biblischen Wortes „Jude" sind die Juden ausschließlich die Nachfahren des *Stammes Juda*. In einem weiter gefassten Sinne werden in den Büchern Esra und Nehemia auch die anderen im Südreich vertretenen Stämme als Juden bezeichnet. Das Südreich bestand nämlich nicht nur aus dem Stamm Juda, sondern auch aus dem Stamm Levi und einem Teil des Stammes Benjamin.

Dem entgegen werden die Stämme des Nordreiches von der Bibel nicht als Juden bezeichnet, weil sie nicht zum Haus Juda gehören. Die Menschen des Nordreichs werden stattdessen Israeliten genannt.

YHWH scheidet sich nicht vom Südreich

Das Südreich hat den Ehebund gebrochen, den YHWH mit seiner Versammlung am Berg Sinai geschlossen hatte. Dies ist in Jeremia 3,6-8+10 nachzulesen:

> „Und YHWH sprach zu mir zur Zeit des Königs Josia: Hast du gesehen, was Israel, die Abtrünnige, tat? Sie ging hin auf alle hohen Berge und unter alle grünen Bäume und trieb dort Hurerei. ... Und ihre Schwester Juda, die Treulose (Haus Juda), sah es. Und ich sah, als ich Israel, die Abtrünnige (Haus Israel), wegen ihres Ehebruchs gestraft und sie entlassen und ihr einen Scheidebrief gegeben habe, scheut sich dennoch ihre Schwester, das treulose *Juda*, nicht, sondern geht hin und treibt auch *Hurerei*. ... Und auch in diesem allen bekehrt sich das treulose Juda, ihre Schwester, nicht zu mir von ganzem Herzen, sondern nur mit Heuchelei, spricht YHWH."

Das Südreich hatte also den Bund mit Elohim gebrochen. YHWH verkündete, dass das Südreich für seine Sünden bestraft werde. Aber wegen seiner Liebe zu David und Jerusalem entzog er ihm nicht seine Gnade *(chesed)* und ließ sich – anders als beim Nordreich, wie wir gleich sehen werden – nicht von ihm scheiden. In Psalm 89,2-4+29-38 heißt es:

> „Ich will singen von der *Gnade* YHWHs ewiglich und seine Treue verkünden mit meinem Munde für und für; denn ich sage: Für ewig steht die Gnade fest; du gibst deiner Treue sicheren Grund im Himmel. »Ich habe einen Bund geschlossen mit meinem Auserwählten, Ich habe David, meinem Knechte, geschworen. ... Ich will ihm ewiglich *bewahren* meine *Gnade*, und *mein Bund soll* ihm *festbleiben*. Ich will ihm ewiglich Nachkommen geben und seinen Thron erhalten, solange der Himmel währt. Wenn aber seine Söhne mein Gesetz (Torah) verlassen und in meinen Rechten nicht

wandeln, wenn sie meine Ordnungen entheiligen und meine Gebote nicht halten, so will ich ihre Sünde mit der Rute heimsuchen und ihre Missetat mit Plagen; aber meine Gnade will ich nicht von ihm wenden und meine Treue nicht brechen. *Ich will meinen Bund nicht entheiligen* und nicht ändern, was aus meinem Munde gegangen ist. Ich habe einmal geschworen bei meiner Heiligkeit und will David nicht belügen: *Sein Geschlecht soll ewig bestehen* und sein Thron vor mir wie die Sonne, wie der Mond, der ewiglich bleibt, und wie der treue Zeuge in den Wolken."

YHWH scheidet sich vom Nordreich

Das Gericht, welches nun aber dem Nordreich wegen der Abtrünnigkeit vom Sinaibund widerfuhr, bestand darin, dass es vom *natürlichen Ölbaum* abgeschnitten wurde. Sein Urteil ist in Hosea 1 nachzulesen. In diesem Kapitel trug YHWH dem Propheten Hosea auf, eine Hure namens Gomer zu heiraten (Hosea 1,2-3). Die Kinder aus dieser Ehe sollten eine Prophetie des künftigen Gerichts über das Nordreich sein. In Hosea 1 werden drei Kinder aus dieser Ehe erwähnt: *Jesreel* (Hosea 1,4), *Lo-Ruhama* (Hosea 1,6) und *Lo-Ammi* (Hosea 1,9).

Jesreel findet man in *Strong's Konkordanz Hebräisch* unter Nr. 3157. Es stammt von zwei hebräischen Wörtern: *Zarah* (2232) und *El* (410). *Zarah* bedeutet „säen, zerstreuen". *El* ist das hebräische Wort für Gott. Also bedeutet das Wort *Jesreel* soviel wie „*Gott wird aussäen*" oder „*Gott wird zerstreuen*".

Lo-Ruhama ist Nr. 3819 bei *Strong's*. Es wird aus zwei hebräischen Wörtern zusammengesetzt: *Lo* (3808) für „*nein, nicht*" und *Ruhama* (von *racham*, 7355), was „*Mitleid, Erbarmen*" heißt. Das Wort *Lo-Ruhama* bedeutet somit „*kein Erbarmen*" oder „*kein Mitleid*".

Lo-Ammi findet man bei *Strong's* unter Nr. 3818. Es kommt ebenfalls von zwei hebräischen Wörtern, nämlich *Lo* (3808) für „*nein, nicht*" und *ammi* (von *am*, 5971), was „*Volk*" heißt. Das Wort „*Lo-Ammi*" bedeutet also „*nicht mein Volk*".

YHWH sagte also zum Nordreich, dass sie nicht mehr sein Volk seien und dass er mit ihnen kein Erbarmen mehr haben werde. Damit hatte er sich vom Nordreich entfernt. In Jeremia 3,6+8 steht geschrieben:

> „Und YHWH sprach zu mir zur Zeit des Königs Josia: Hast du gesehen, was Israel, die Abtrünnige, tat? Sie ging hin auf alle hohen Berge und unter alle grünen Bäume und trieb dort *Hurerei*. Und ich sah, als ich Israel, die Abtrünnige, wegen ihres *Ehebruchs* (Untreue gegenüber dem Sinaibund) entlassen und ihr einen *Scheidebrief* gegeben habe."

Indem YHWH den Bewohnern des Nordreichs eine Scheidungsurkunde gab, verloren sie ihr rechtmäßiges Erbe als Familienmitglieder in der Familie YHWHs. YHWH hatte ihnen nämlich, wie gerade ausgeführt, erklärt, dass sie nicht mehr sein Volk seien und dass er kein Erbarmen mehr mit ihnen haben werde. Somit waren sie vom *natürlichen Ölbaum abgeschnitten*.

YHWH verspricht dem Nordreich Gnade

YHWH ist langsam zum Zorn, vergibt schnell und ist überreich an Gnade. In Psalm 103,8-9+17-18 steht geschrieben:

> „Barmherzig und gnädig ist YHWH, geduldig und von großer Güte. Er wird nicht für immer hadern *noch ewig zornig bleiben*. ... Aber die Gnade YHWHs währt von Ewigkeit zu Ewigkeit über denen, die ihn fürchten, und seine Gerechtigkeit auf Kindeskind bei denen, die seinen Bund halten und gedenken an seine Gebote, dass sie danach tun."

In Jeremia 3,5+12-13 lesen wir:

> „Will er denn ewiglich zürnen und nicht vom Grimm lassen? ... Geh hin und rufe diese Worte nach Norden und sprich: Kehre zurück, du abtrünniges Israel, spricht YHWH, so will ich nicht zornig auf euch blicken. *Denn ich bin gnädig, spricht YHWH, und will nicht ewiglich zürnen*. Allein erkenne deine Schuld, dass du wider YHWH, deinen Elohim, gesündigt

hast und bist hin und her gelaufen zu den fremden Göttern unter allen grünen Bäumen, und ihr habt meiner Stimme nicht gehorcht, spricht YHWH."

Der Elohim Israels versprach also, dass das Nordreich, wenn es umkehren würde, wieder sein Volk genannt werden würde. In Hosea 2,1 heißt es:

„Es wird aber die Zahl der Israeliten sein wie der Sand am Meer, den man weder messen noch zählen kann. Und es soll geschehen, anstatt dass man zu ihnen sagt:»Ihr seid nicht mein Volk«, wird man zu ihnen sagen:»O ihr Söhne des lebendigen YHWHs!«"

Das Nordreich wird zur Christenheit

Der Apostel Petrus stellt eine direkte Verbindung her zwischen der Prophezeiung über dem Nordreich aus Hosea 1 und 2 und den Christen aus den Nationen, die *Jeschua* als Messias angenommen haben. Er sagt in 1. Petrus 2,5-6+9-10:

„Ihr werdet selbst als lebendige Steine erbaut zu einem geistlichen Haus, *Kohanim* (Priester) zu sein, die ausgesondert sind für Gott, um geistliche Opfer darzubringen, die ihm angenehm sind durch Jeschua den Messias. Deshalb sagt die *Tenach:* »Sieh! Ich lege in Zijon einen Stein, einen erwählten und kostbaren Eckstein; und wer immer sein Vertrauen auf ihn setzt, wird ganz gewiss nicht erniedrigt werden.« (Jesaja 28,16) ... Ihr aber seid ein erwähltes Volk, die *Kohanim* des Königs, eine heilige Nation, ein Volk, das Gott besitzt. ... Einst wart ihr »nicht ein Volk« (Lo-Ammi – Hosea 1,9), jetzt aber seid ihr »Gottes Volk« (Hosea 2,1); vormals hattet ihr keine Barmherzigkeit (Lo-Ruhama – Hosea 1,6) empfangen, jetzt aber habt ihr Barmherzigkeit empfangen (Offenbarung 5,5)."

Der Apostel Paulus *(Rav Scha'ul)* schrieb ebenso darüber, wie YHWH seine Gnade durch Jeschua über das Nordreich ausgießen würde. In Römer 9,23-26 steht:

„Was, wenn er das tat, um die Reichtümer seiner Herrlichkeit denen zu offenbaren, die die Gegenstände seines Erbarmens sind, die er im voraus zur Herrlichkeit bereitet hat – das heißt, uns, die er nicht nur aus den Juden berufen hat, sondern auch aus den *Heiden*? Wie er denn auch tatsächlich bei Hoschea sagt:»Die, die nicht mein Volk waren, werde ich mein Volk nennen; sie, die nicht geliebt war, werde ich Geliebte nennen (Hosea 2,25; 2,1); und an demselben Ort, an dem ihnen gesagt wurde: ›Ihr seid nicht mein Volk‹, dort werden sie Söhne des lebendigen Gottes genannt werden!« (Hosea 2,1)"

Der Messias ist der Mittler

Wie wir also gesehen haben, wurden sowohl das Südreich, als auch das Nordreich für YHWH zu einer untreuen Frau. YHWH versprach beiden Häusern Israels Gnade und Erbarmen, wenn sie umkehren würden *(teschuva)*. Das Nordreich entließ er in die Scheidung, aber er schied sich, wie wir gesehen haben, nicht vom Südreich. Nun noch einmal zu der Frage: Warum ging er trotz derselben Untreue mit dem Südreich nicht in Scheidung? Der Grund dafür liegt, wie bereits erwähnt, in seiner Liebe zu David und zur Stadt Jerusalem. In 1. Könige 11,34+36 finden wir den Nachweis:

„Ich will aber aus seiner Hand das Reich noch nicht nehmen, sondern ich will ihn Fürst sein lassen sein Leben lang um meines Knechtes David willen, den ich erwählt habe und der meine Gebote und Rechte gehalten hat. ... Damit mein Knecht David vor mir eine Leuchte habe allezeit in der Stadt Jerusalem, die ich mir erwählt habe, um meinen Namen dort wohnen zu lassen."

YHWH versprach, dass er für immer Gnade mit dem Samen Davids haben würde (Psalm 89,2-4 und 29-38). *Jeschua* sollte gemäß der Verheißung nämlich durch den Samen Davids kommen. In Jesaja 11,1 steht geschrieben:

„Und es wird ein Reis hervorgehen aus dem Stamm Isais und ein Zweig aus seiner Wurzel Frucht bringen."

David war ein Mann nach dem Herzen YHWHs. In Apostelgeschichte 13,22-23 lesen wir:

„... und erhob David für sie zum König, wobei er ihnen seine Billigung durch folgende Worte zu erkennen gab:»Ich fand David Ben Jischai, einen Mann nach meinem Herzen; er wird alles tun, was ich will.« Im Einklang mit seiner Verheißung hat Gott Jisrael aus der Nachkommenschaft dieses Mannes einen Erlöser geschickt, Jeschua."

Jeschua ist die Wurzel und der Nachkomme Davids (Offenbarung 22,16) und er hat den Schlüssel Davids (Offenbarung 3,7).

Nun kommt ein überaus wichtiger Aspekt. YHWH trug in der Torah dafür Sorge, dass, wenn eines seiner Familienmitglieder den Besitz oder das Erbteil verkaufte (was das Nordreich ja tat), ein Verwandter (vom Südreich, *Jeschua*) seinem nahe stehenden Angehörigen den verkauften Besitz zurückkaufen konnte. In 3. Mose 25,25 steht geschrieben:

„Wenn dein Bruder verarmt und etwas von seiner Habe verkauft (wie das Nordreich), so soll sein nächster Verwandter (vom Südreich) kommen und einlösen, was sein Bruder verkauft hat."

Jeschua ist also der Löser oder Vermittler der Gnade YHWHs für sein ganzes Volk. In Lukas 1,54-55+72-73 steht geschrieben:

„Er hat sich auf die Seite seines Knechtes Jisrael gestellt, im Gedenken an die *Barmherzigkeit,* die er unseren Vätern verheißen hat, Avraham und seiner Nachkommenschaft für alle Zeit. ... Das ist geschehen, damit er erweise die *Barmherzigkeit,* die unseren Vätern verheißen ist – dass er seines heiligen Bundes gedenke, des Eides, den er vor *Avraham Avinu* geschworen hat."

Wenn sie von ihren Sünden umkehren und ihren Glauben, ihr Vertrauen und ihre Zuversicht für ihre persönliche Errettung und Erlösung in *Jeschua* setzen, werden das Nordreich und damit alle Menschen aus den Nationen als wilde Zweige wieder in den *natürlichen Ölbaum eingepfropft* und so zu „Bürgern" Israels gemacht. Sie gehören sozusagen zum „Israelischen Commonwealth". In Epheser 2,11-13 heißt es:

„Deshalb erinnert euch an euren früheren Zustand: Ihr, Heiden von Geburt – die Unbeschnittenen genannt von denen, die, lediglich durch eine Operation an ihrem Fleisch, die Beschnittenen genannt werden –, hattet zu der Zeit keinen Messias. Ihr wart entfremdet vom nationalen Leben Jisraels. Ihr wart Fremde dem Bund, der die Verheißung Gottes verkörperte. Ihr wart in dieser Welt, ohne Hoffnung und ohne Gott. Nun aber seid ihr, die ihr einst fern wart, durch das Vergießen des Blutes des Messias nah geworden."

Wenn die Vertreter des Südreiches nun auch *Jeschua* als Messias annehmen, werden sie ebenso eingepfropft, und zwar in ihren ureigenen Ölbaum. Nun, das *Einpfropfen* der *wilden Zweige* (vom Nordreich) und der *natürlichen Zweige* (vom Südreich) in den *einen Ölbaum* – durch den Glauben an *Jeschua* – wird von Paulus in Römer 11 sehr eindrücklich beschrieben. In Römer 11, Verse 13, 17-19 und 24+26 steht:

„Denen von euch jedoch, die *Heiden* sind, sage ich dies: Da ich selbst ein Gesandter an die Heiden bin ... Doch wenn manche von den Zweigen abgebrochen wurden und du – ein *wilder Ölzweig* – *aufgepfropft* wurdest und nun teilhast an der reichen Wurzel des Ölbaums, dann rühme dich nicht, als seist du besser als die Zweige! Sondern wenn du dich rühmst, denke daran, dass nicht du die Wurzel erhältst, sondern die Wurzel dich. So wirst du sagen: »Zweige wurden abgebrochen, damit ich aufgepfropft würde.« ... Denn wenn du herausgeschnitten wurdest aus etwas, das von seiner Natur her ein wilder Ölbaum ist, und gegen die Natur einem kultivierten Ölbaum aufgepfropft wurdest, um wieviel mehr werden diese *natürlichen Zweige* wieder ihrem *eigenen Ölbaum aufgepfropft* werden! ... Und auf diese Weise wird *ganz* Jisrael gerettet werden. Wie die Tenach sagt: »Aus Zijon wird der Erlöser kommen; er wird die Gottlosigkeit aus Ja-akov fortnehmen.« (Jesaja 59,20)"

Die Begriffe Versammlung und Israel

Wir haben in diesem Kapitel gesehen, dass die beiden Häuser Israels zusammen den ganzen Ölbaum YHWHs ausmachen, wenn sie zum Glauben an *Jeschua* kommen. Das gängige christliche Verständnis des Begriffes „Versammlung" oder „Gemeinde" hat den biblischen Begriff „Israel" im Sinne von Juden, die *Jeschua* nicht als Messias angenommen haben, also *nicht* ersetzt. Im Gegenteil, die Nichtjuden aus den Nationen, die sich von ihren Sünden abgekehrt und *Jeschua* als Messias angenommen haben, also die Christen aus den Nationen, sind wieder in den natürlichen Ölbaum *eingepropft* und gehören somit dazu. Dies erklärt, warum die beiden Begriffe „Versammlung" und „Israel" gleichbedeutend sind.

Zusammenfassend stellen wir fest: Damit die volle Wiederherstellung der beiden Häuser Israels kommen kann, müssen beide Häuser verstehen, wer das jeweils andere Haus aus biblischer Sicht ist. Die Christen müssen erkennen, dass sie *nicht* den natürlichen Samen Abrahams, Isaaks und Jakobs ersetzt haben, sondern in den natürlichen Ölbaum *eingepfropft* wurden. Und die Juden müssen die Christen als das messianische Israel anerkennen. Beide Häuser müssen also grundlegend begreifen, dass sie als Brüder von ein und demselben *Ölbaum* unbedingt zusammengehören. Möge YHWH in unseren Tagen die Erlösung, Wiederherstellung, Versöhnung und Einheit beider Häuser Israels voranbringen. Amen!

Kapitel 3

YHWHs ZWILLINGE: TORAH UND GNADE

Damit die volle Wiederherstellung für das *Haus Juda* und das *Haus Israel* kommen kann, müssen beide Häuser verstehen, dass YHWH ein Elohim der Torah *und* der Gnade ist. Generell identifiziert sich das *Haus Juda* hauptsächlich mit YHWH als dem Gesetzgeber *(matan Torah)*. Das *Haus Israel* identifiziert sich hingegen vor allem mit YHWH als einem Elohim der Gnade durch *Jeschua*.

Das *Haus Juda* muss von der Bibel her verstehen, dass YHWH seine Gnade durch *Jeschua* ausgedrückt hat. Das *Haus Israel* muss seinerseits ein biblisches Verständnis dafür entwickeln, dass die Torah YHWHs Wort ist, wie auch das Wort YHWHs die Torah ist, und dass diese von 1. Mose bis zur Offenbarung reicht. Außerdem muss das *Haus Israel* verstehen, dass die Torah ewig ist und dass YHWH durch den Tod und die Auferstehung des jüdischen Messias die Torah nicht abgeschafft hat. Wenn YHWH seine Torah bzw. sein Wort hierdurch hinweg getan hätte, dann hätte er sich selbst beseitigen müssen, weil *Jeschua* die Fleisch gewordene Torah bzw. das Fleisch gewordene Wort YHWHs ist. Himmel und Erde werden vergehen, aber die Torah bzw. das Wort YHWHs wird nie vergehen (Jesaja 40,8 und 1. Petrus 1,23-25).

Da die meisten Christen nicht verstehen, dass die Torah und das Wort YHWHs gleichbedeutende Begriffe sind und von 1. Mose bis zur Offenbarung reichen, haben sie Ersatztheologie (Dispensationalismus) gelehrt, dass nämlich vor *Jeschua* das Zeitalter des Gesetzes war und seit seiner Auferstehung die Zeit der Gnade ist. In diesem Kapitel werden wir lernen, dass YHWH immer ein Elohim der Torah *und* ein Elohim der Gnade und Barmherzigkeit war und dass im Alten Testament von seiner Gnade und Barmherzigkeit noch viel *mehr* die Rede ist als im Neuen Testament. Zudem werden wir die Bedeutung des biblischen Begriffes „Torah" und die Absicht bzw. den Zweck der Torah untersuchen.

Hebräische und griechische Wörter für Gnade und Barmherzigkeit

Das griechische Wort im Neuen Testament, welches in der King-James-Bibel mit *Gnade* übersetzt wurde, ist *charis* (Nr. 5485 in *Strong's Konkordanz*). In *Thayer's Griechisch-Englisches Lexikon des Neuen Testaments* kann man nachschlagen, dass das griechische *charis* dem hebräischen *chain* entspricht (Nr. 2580). Es wird in der King-James-Bibel meistens mit Gnade oder Gunst übersetzt.

Das griechische Wort im Neuen Testament, welches in der King-James-Bibel mit *Barmherzigkeit* übersetzt wird, lautet *eleos* (Nr. 1656). In *Thayer's* kann man nachlesen, dass das griechische *eleos* dem hebräischen *chesed* entspricht (Nr. 2617). Dies wird in der King-James-Bibel meistens mit Barmherzigkeit oder liebevolle Freundlichkeit und Güte übersetzt.

YHWH ist also ein Elohim der Gnade und der Barmherzigkeit. Diese beiden Eigenschaften sind persönliche Wesensmerkmale von YHWH. In Jeremia 9,22-23 steht geschrieben:

„So spricht YHWH: Ein Weiser rühme sich nicht seiner Weisheit, ein Starker rühme sich nicht seiner Stärke, ein Reicher rühme sich nicht seines Reichtums. Sondern wer sich rühmen will, der rühme sich dessen, dass er klug sei und mich kenne, dass ich YHWH bin, der *Barmherzigkeit (chesed)* übt ..."

In Psalm 117 heißt es:

„Lobet YHWH, alle Heiden! Preiset ihn, alle Völker! Denn seine *Gnade (chesed)* ist groß und seine Wahrheit besteht in Ewigkeit. Halleluja!"

Gnade und Barmherzigkeit sind ewig

Die Gnade und Barmherzigkeit YHWHs sind *ewig* und *immerwährend*. In Psalm 103,17-18 steht geschrieben.

„Aber die *Gnade (chesed)* YHWHs währt *von Ewigkeit zu Ewigkeit* über denen, die ihn fürchten, und seine Gerechtigkeit auf Kindeskind bei denen, die seinen Bund halten und gedenken an seine Gebote, dass sie danach tun."

Und in Jesaja 54,8:

„... Mit *ewiger Gnade (chesed)* will ich mich deiner erbarmen, spricht YHWH, dein Erlöser."

YHWH schuf Himmel und Erde durch seine Güte

Dies lässt sich nachlesen in Psalm 136, Verse 1 und 6-9, wo das Wort Güte im Ursprung immer *chesed* ist.

„Danket YHWH; denn er ist freundlich, denn seine *Güte* währet ewiglich. ... Der die Erde über den Wassern ausgebreitet hat, denn seine *Güte* währet ewiglich. Der große Lichter gemacht hat, denn seine *Güte* währet ewiglich: die Sonne, den Tag zu regieren, denn seine *Güte* währet ewiglich; den Mond und die Sterne, die Nacht zu regieren, denn seine *Güte* währet ewiglich."

Noah und Josef fanden Gnade

Noah fand Gnade in den Augen YHWHs. In 1. Mose 6,8 steht geschrieben:

„Aber Noah fand *Gnade (chain)* in den Augen YHWHs."

YHWH zeigte auch Josef Gnade. In 1. Mose 39,21 liest man:

„Aber YHWH war mit Josef und *neigte die Herzen (chesed)* zu ihm und ließ ihn *Gnade (chain)* finden vor dem Amtmann über das Gefängnis."

YHWH rettet sein Volk durch Gnade

YHWH rettete sein Volk durch seine Gnade und Barmherzigkeit aus Ägypten. In 2. Mose 3,15-16 und 20-21 lesen wir:

„Und YHWH sprach weiter zu Mose. ... Darum geh hin und versammle die Ältesten von Israel und sprich zu ihnen. ... Daher werde ich meine Hand ausstrecken und Ägypten schlagen mit all den Wundern, die ich darin tun werde. ... Auch will ich diesem Volk *Gunst (chain)* verschaffen bei den Ägyptern."

In Psalm 136,10-16 kommt das Wort Güte wieder mehrmals vor und auch hier steht im Ursprung *chesed*.

„Der die Erstgeborenen schlug in Ägypten, denn seine *Güte* währet ewiglich; und führte Israel von dort heraus, denn seine *Güte* währet ewiglich; mit starker Hand und ausgerecktem Arm, denn seine *Güte* währet ewiglich. Der das Schilfmeer teilte in zwei Teile, denn seine *Güte* währet ewiglich; und ließ Israel mitten hindurchgehen, denn seine *Güte* währet ewiglich; der den Pharao und sein Heer ins Schilfmeer stieß, denn seine *Güte* währet ewiglich. Der sein Volk führte durch die Wüste, denn seine *Güte* währet ewiglich."

Der „Fels", welcher die Kinder Israels durch die Wildnis führte, war *Jeschua*. In 1. Korinther 10,1-4 können wir dies nachlesen:

„Denn Brüder, ich will nicht, dass euch die Bedeutung dessen, was euren Vätern geschah, entgeht. Sie alle wurden von der Wolkensäule geführt, und sie alle gingen durch das Meer, und in Verbindung mit der Wolke und dem Meer tauchten sie sich alle in Mosche ein, außerdem aßen sie alle die gleiche Speise vom Geist – und sie alle tranken den gleichen Trank vom Geist, denn sie tranken aus einem vom Geist gesandten Felsen, der ihnen folgte, und dieser Felsen war der Messias."

In Jeremia 31,2-3 heißt es:

> „So spricht YHWH: Das Volk, das dem Schwert entronnen ist, hat *Gnade (chain)* gefunden in der Wüste; Israel zieht hin zu seiner Ruhe. YHWH ist mir erschienen von ferne: Ich habe dich je und je geliebt, darum habe ich dich zu mir gezogen aus lauter *Güte (chesed).*"

Mose fand Gnade

Mose fand Gnade in den Augen YHWHs. In 2. Mose 33,11-13 und 17 kommt der Begriff Gnade wieder häufig vor und ist im Ursprung immer *chain*.

> „YHWH aber redete mit Mose von Angesicht zu Angesicht, wie ein Mann mit seinem Freunde redet. ... Und Mose sprach zu YHWH: ... wo du doch gesagt hast: Ich kenne dich mit Namen, und du hast *Gnade* vor meinen Augen gefunden. Hab ich denn *Gnade* vor deinen Augen gefunden, so lass mich deinen Weg wissen, damit ich dich erkenne und *Gnade* vor deinen Augen finde. Und sieh doch, dass dies Volk dein Volk ist. ... YHWH sprach zu Mose: ... denn du hast *Gnade* vor meinen Augen gefunden, und ich kenne dich mit Namen."

Die Kinder Israels besiegten ihre Feinde und eroberten das verheißene Land durch die Güte YHWHs. In Psalm 136, in den Versen 1, 17-22 und 24 lesen wir (bei Güte steht hier immer *chesed):*

> „Danket YHWH; denn er ist freundlich, denn seine *Güte* währet ewiglich. ... Der große Könige schlug, denn seine *Güte* währet ewiglich; und brachte mächtige Könige um, denn seine *Güte* währet ewiglich; Sihon, den König der Amoriter, denn seine *Güte* währet ewiglich; und Og, den König von Baschan, denn seine *Güte* währet ewiglich; und gab ihr Land zum Erbe, denn seine *Güte* währet ewiglich; zum Erbe seinem Knecht Israel, denn seine *Güte* währet ewiglich. Und uns erlöste von unsern Feinden, denn seine *Güte* währet ewiglich."

YHWH versprach dem Samen Davids Gnade

YHWH versprach David, dass er mit seinem Samen allezeit gnädig und barmherzig sein würde. In 2. Samuel 7,4+8 und 12-16 steht geschrieben:

„... In der Nacht aber kam das Wort YHWHs zu Nathan: Darum sollst du nun so zu meinem Knechte David sagen: So spricht der YHWH Zebaoth: Ich habe dich genommen von den Schafhürden, damit du Fürst über mein Volk Israel sein sollst. ... Wenn nun deine Zeit um ist und du dich zu deinen Vätern schlafen legst, will ich dir einen Nachkommen erwecken, der von deinem Leibe kommen wird; dem will ich sein Königtum bestätigen. Der soll meinem Namen ein Haus bauen, und ich will seinen Königsthron bestätigen ewiglich. Ich will sein Vater sein und er soll mein Sohn sein. Wenn er sündigt, will ich ihn mit Menschenruten und mit menschlichen Schlägen strafen; aber meine *Gnade (chesed)* soll nicht von ihm weichen. ... Aber dein Haus und dein Königtum sollen beständig sein in Ewigkeit vor mir, und dein Thron soll ewiglich bestehen."

In Psalm 89, Verse 2-5, 25 und 29-37 lesen wir (Gnade wieder von *chesed*):

„Ich will singen von der *Gnade* YHWHs ewiglich und seine Treue verkünden mit meinem Munde für und für; denn ich sage: Für ewig steht die *Gnade* fest; Du gibst deiner Treue sicheren Grund im Himmel.»Ich habe einen Bund geschlossen mit meinem Auserwählten, Ich habe David, meinem Knechte, geschworen: Ich will deinem Geschlecht festen Grund geben auf ewig und deinen Thron bauen für und für.«
... Aber meine Treue und *Gnade* soll bei ihm sein, und sein Haupt soll erhöht sein in meinem Namen. Ich will ihm ewiglich bewahren meine *Gnade,* und mein Bund soll ihm festbleiben. Ich will ihm ewiglich Nachkommen geben und seinen Thron erhalten, solange der Himmel währt. Wenn aber seine Söhne meine Torah verlassen und in meinen Rechten nicht wandeln, wenn sie meine Ordnungen entheiligen und meine Gebote nicht halten, so will ich ihre Sünde mit der

Rute heimsuchen und ihre Missetat mit Plagen; aber meine *Gnade* will ich nicht von ihm wenden und meine Treue nicht brechen. Ich will meinen Bund nicht entheiligen und nicht ändern, was aus meinem Munde gegangen ist. Ich habe einmal geschworen bei meiner Heiligkeit und will David nicht belügen: sein Geschlecht soll ewig bestehen und sein Thron vor mir wie die Sonne."

Davids Sünden wurden von YHWH aufgrund seiner Güte und Barmherzigkeit vergeben, als er Buße tat. In Psalm 25,6-7 und 51,3-4 steht geschrieben:

„Gedenke, YHWH, an deine Barmherzigkeit und an deine *Güte*, die von Ewigkeit her gewesen sind. Gedenke nicht der Sünden meiner Jugend und meiner Übertretungen, gedenke aber meiner nach deiner *Barmherzigkeit* YHWH, um deiner *Güte* willen! ... YHWH, sei mir gnädig nach deiner *Güte*, und tilge meine Sünden nach deiner großen *Barmherzigkeit*. Wasche mich rein von meiner Missetat, und reinige mich von meiner Sünde."

In Psalm 86,5 heißt es:

„Denn du, Adonai, bist gut und gnädig, von großer *Güte* allen, die dich anrufen."

Das *Haus Juda* wurde in der babylonischen Gefangenschaft bewahrt und ein Überrest von ihnen kehrte in das Land Israel zurück, um in den Tagen von Esra und Nehemia den Tempel *(Beit HaMikdash)* wieder aufzubauen, und zwar wegen der Gnade YHWHs über seinem Volk. In Esra 9,7-9 steht geschrieben:

„Von der Zeit unserer Väter an sind wir in großer Schuld gewesen bis auf diesen Tag, und um unserer Missetat willen sind wir und unsere Könige und Priester in die Hand der Könige der Länder gegeben worden, ins Schwert, ins Gefängnis, zum Raub und zur Schmach, so wie es heute ist. Nun aber ist uns einen kleinen Augenblick *Gnade* vor YHWH, unserm Elohim, geschehen, dass er uns noch Errettete übriggelassen und uns einen festen Halt an seiner heiligen Stätte gegeben hat, um unsere Augen aufleuchten und uns ein wenig aufleben zu lassen in unserer Knechtschaft. Denn wir sind Knechte, aber unser Elohim hat uns nicht verlassen in unserer Knechtschaft und hat uns die *Gunst* der Könige von Persien zugewandt, dass er uns wieder aufleben lässt, um das Haus unseres Elohims aufzubauen und es aus seinen Trümmern wieder aufzurichten, damit er uns ein Bollwerk in Juda und Jerusalem gebe."

Als YHWH mit seinem Volk in einen Ehebund eintrat, tat er dies in seiner Gnade und Barmherzigkeit. In Hosea 2,21-22 lesen wir:

„Ich will mich mit dir verloben (dich heiraten) für alle Ewigkeit, ich will mich mit dir verloben in Gerechtigkeit und Recht, in *Gnade* und *Barmherzigkeit*. Ja, in Treue will ich mich mit dir verloben und du wirst YHWH erkennen."

YHWH wird das Haus Davids durch den Messias erretten

YHWH wird das Haus Davids wegen seiner Gnade und Barmherzigkeit durch *Jeschua* retten und erlösen. In Sacharia 12,9-10 steht geschrieben:

„Und zu der Zeit werde ich darauf bedacht sein, alle Heiden zu vertilgen, die gegen Jerusalem gezogen sind. Aber über das *Haus David* und über die Bürger Jerusalems will ich ausgießen den *Geist der Gnade* und des Gebets. Und sie werden mich ansehen, *den sie durchbohrt haben,* und sie werden um ihn klagen, wie man klagt um ein einziges Kind, und werden sich um ihn betrüben, wie man sich betrübt um den Erstgeborenen."

YHWH war also schon *immer* ein Elohim der Gnade und der Barmherzigkeit, sogar schon vor dem Tod und der Auferstehung von *Jeschua*. Die Gnade und Barmherzigkeit YHWHs waren schon immer da, von Ewigkeit zu Ewigkeit und durch das gesamte Alte Testament hindurch. YHWH hat sein Volk durch seine Gnade und Barmherzigkeit aus Ägypten gerettet und zum Berg Sinai gebracht, um ihnen dort durch die

Torah zu zeigen, wie sie gemäß seinem Willen ihr tägliches Leben führen sollten. Dies erfolgte erst, *nachdem* sie durch seine Gnade und Barmherzigkeit aus Ägypten errettet worden waren.

Sein Volk wurde *niemals* von seinen Feinden gerettet, *weil* sie die Torah eingehalten und so eine Errettung verdient gehabt hätten. Sie wurden immer aufgrund seiner Gnade und Barmherzigkeit erlöst und gerettet.

Was bedeutet Torah?

Wahrscheinlich ist der Begriff Gesetz für die Christen eines der am meisten missverstandenen Wörter in der ganzen Bibel. In Wirklichkeit ist Gesetz eine sehr dürftige Übersetzung für das hebräische Wort Torah. Wenn Christen das Wort Torah hören, gehen die meisten von ihnen erst einmal zwei Schritte zurück und ziehen eine religiöse Mauer gegen jeden Christen hoch, der das Wort Torah gebraucht oder gar vorschlägt, dass wir unser Leben gemäß der Torah führen sollten. Die meisten Christen betrachten die Torah mit der folgenden Einstellung: „Wir sind nicht mehr unter dem Gesetz, sondern durch das Neue Testament unter der Gnade."

Wir sind errettet durch Gnade und durch Glauben

Es ist in der Tat eine biblische Wahrheit, dass wir *nicht* von unseren Sünden errettet werden, indem wir die Torah halten. Wir sind errettet aus Gnade und Barmherzigkeit und durch den Glauben *(emuna)*. Das Heil und die Errettung sind ein freies Geschenk YHWHs. In Epheser 2,8-9 ist geschrieben:

„*Denn ihr seid erlöst aus Gnade durch Vertrauen,* und auch das ist nicht eure Errungenschaft, sondern Gottes Geschenk. Ihr wurdet nicht durch eure eigenen Handlungen erlöst; deshalb sollte sich niemand rühmen."

Jedoch teilt uns der Apostel Paulus in Römer 3,28+31 mit, dass wir *nach* unserer Errettung die *Torah* halten sollen, wie geschrieben steht:

„Deshalb sind wir der Ansicht, dass *ein Mensch für gerecht erachtet* wird durch Gott auf der *Grundlage des Vertrauens*, das *nicht*s mit *der* peinlich genauen *Befolgung von Geboten der Torah* zu tun hat. ... *Folgt daraus, dass wir* durch dieses Vertrauen *die Torah aufheben?* Das möge der Himmel verhüten! Im Gegenteil, *wir bestätigen die Torah.*"

Torah bedeutet Unterweisung

Es stimmt, dass wir nicht aufgrund eigener Verdienste und Fähigkeiten oder durch das Einhalten der Torah errettet werden. Dennoch müssen viele Christen erst einmal verstehen, was das Wort Torah überhaupt bedeutet. Das hebräische Wort *Torah* (Nr. 8451 in der hebräischen Konkordanz) wird meistens mit *Gesetz* übersetzt, da es im Griechischen, Englischen und Deutschen keine gute oder treffende Entsprechung für das hebräische Wort Torah gibt. Der Begriff Gesetz impliziert eine Liste von Pflichten und Verboten und damit die Absicht, Menschen zu bestrafen, die diese Gesetzmäßigkeiten nicht einhalten. Aber YHWH schuf ausgerechnet die hebräische Sprache, um seine geistlichen Wahrheiten zu kommunizieren. Er nennt die hebräische Sprache sogar eine reine Sprache (Zefania 3,9). Diese Wahrheit versteht man sehr gut, wenn man eine biblische Wortstudie des hebräischen Begriffs Torah vornimmt.

Torah (Nr. 8451 in *Strong's Konkordanz Hebräisch)* kommt vom hebräischen *Jarah* (Nr. 3384) und bedeutet „*lehren, durch Fingerzeig auf etwas hinweisen oder ein Fundament legen*". Also sollte man die Torah als ein Instrument der Unterweisung YHWHs für sein Volk verstehen, um sie zu lehren, wie das Leben geführt werden soll. Man sollte die Torah als ein Fundament für das Leben ansehen. Daher ist das grundlegendste Verständnis der Wortbedeutung von Torah: „*Anleitung zum Zweck der Unterweisung durch Hinweis oder Fingerzeig*". Als YHWH seinem Volk die Torah gab, war es seine Absicht, ein Fundament zu legen und seine geistlichen Wahrheiten mitzuteilen.

Wenngleich Juden und Christen, die an *Jeschua* glauben, in den Himmel kommen, bietet doch die Errettung durch *Jeschua* keineswegs die Freiheit an, die Torah abzutun, denn sie ist *die* Gebrauchsanweisung für das Leben *nach* der Errettung.

Torah bedeutet übrigens nicht Rettung. Es gibt ein anderes Wort in der Bibel mit der Bedeutung *Rettung*. Der hebräische Name *Jeschua* bedeutet *Rettung*. In Matthäus 1,21 steht geschrieben:

„Sie wird einen Sohn gebären, und du sollst ihn *Jeschua* nennen (das bedeutet »Adonai rettet«), weil er sein Volk von seinen Sünden *erretten* wird."

Daher war die Torah niemals YHWHs Mittel zur Errettung seines Volkes. Die einzige Errettung YHWHs für sein Volk geschieht durch *Jeschua*.

Alles in der Bibel wurde von YHWH auf göttliche Weise angeordnet, um sein Volk über die geistlichen Wahrheiten zu lehren oder zu unterweisen. In Römer 15,4 steht geschrieben:

„Denn alles, was in der Vergangenheit geschrieben wurde, wurde geschrieben, uns zu *lehren,* damit wir mit der Ermutigung der Tenach geduldig an unserer Hoffnung festhalten."

Die ganze Schrift ist göttlich inspiriert. In 2. Timotheus 3,16 heißt es:

„Die ganze Schrift atmet Gottes und ist wertvoll, die Wahrheit zu lehren, der Sünde zu überführen, Fehler zu berichten und sich im rechten Lebenswandel zu üben ..."

Die Torah ist YHWHs Wort

Die Torah ist sein Wort. *Torah* und *Wort YHWHs* sind in der Bibel gleichbedeutende Begriffe. Die meisten Christen betrachten die Torah als die ersten fünf Bücher Mose. In Jesaja 2,3 sehen wir jedoch ein Beispiel, wo die Begriffe *Torah* und *Wort YHWHs* austauschbar verwendet werden:

„... und viele Völker werden hingehen und sagen: Kommt, lasst uns auf den Berg YHWHs gehen, zum Hause des Elohims Jakobs, dass er uns lehre seine Wege und wir wandeln auf seinen Steigen! Denn von Zion wird Weisung *(Torah)* ausgehen und das *Wort YHWHs* von Jerusalem."

In diesem Vers können wir ein Beispiel für hebräischen Parallelismus sehen: *Aus Zion soll ausgehen die Torah* bedeutet dasselbe wie *das Wort YHWHs von Jerusalem.*

Ein anderes Beispiel, in dem wir eine austauschbare Verwendung von Torah und Wort YHWHs sehen, findet sich in Psalm 119. In Vers 97 steht geschrieben:

„Wie habe ich dein Gesetz *(Torah)* so lieb! Täglich sinne ich ihm nach."

Und in Vers 105:

„*Dein Wort* ist meines Fußes Leuchte und ein Licht auf meinem Wege."

Auch hier können wir sehen, dass sich David in einem Vers auf die Torah bezieht und im nachfolgenden Vers auf das Wort YHWHs.

In einem engeren Sinne kann man den Begriff Torah als die ersten fünf Bücher Mose betrachten. Aber in einem weiteren Sinne sollten wir – wie gerade ausgeführt – das Wort Torah so verstehen, dass sie die ganze Bibel von 1. Mose bis zur Offenbarung umfasst.

Der Baum des Lebens

Als YHWH Adam und Eva schuf, setzte er sie in den Garten Eden. Inmitten dieses Gartens befand sich der *„Baum des Lebens"* (1. Mose 2,9). Der Baum des Lebens ist die Torah. In Sprüche 3,1+18 steht geschrieben:

„Mein Sohn, vergiss meine Weisung *(Torah)* nicht, und dein Herz behalte meine Gebote. ... Sie ist ein *Baum des Lebens* allen, die sie ergreifen, und glücklich sind, die sie festhalten."

YHWH sagte auch, dass die Torah begehrenswerter ist als Feingold. In Psalm 19,8-9+11 lesen wir:

„Das Gesetz *(Torah)* YHWHs ist vollkommen und erquickt die Seele. Das Zeugnis YHWHs ist gewiss und macht die Unverständigen weise. Die Befehle YHWHs sind richtig und erfreuen das Herz. Die Gebote YHWHs sind lauter und erleuchten die Augen. ... Sie sind *köstlicher als* Gold und viel *feines Gold,* sie sind süßer als Honig und Honigseim."

Diejenigen, die sich an der Torah erfreuen und über seine Torah Tag und Nacht nachsinnen, sind wie ein Baum, der an Wasserbächen gepflanzt ist. In Psalm 1,1-3 finden wir diese Worte:

„Wohl dem, der nicht wandelt im Rat der Gottlosen noch tritt auf den Weg der Sünder noch sitzt, wo die Spötter sitzen, sondern hat Lust am Gesetz *(Torah)* YHWHs und sinnt über seinem Gesetz *(Torah)* Tag und Nacht! Der ist wie ein *Baum, gepflanzt an den Wasserbächen,* der seine Frucht bringt zu seiner Zeit, und seine Blätter verwelken nicht. Und was er macht, das gerät wohl."

In Offenbarung 22,1-2 ist der an den Wasserbächen gepflanzte Baum der Baum des Lebens:

„Dann zeigte der Engel mir den Fluß mit dem Wasser des Lebens, der schimmerte wie Kristall, und floß aus dem Thron Gottes und des Lammes. ... Zwischen der Hauptstraße und dem Fluß stand der *Baum des Lebens,* der zwölf Sorten Früchte hervorbringt, jeden Monat eine andere Sorte; und die *Blätter des Baumes* waren zur *Heilung der Nationen."*

Zudem sagte *Jeschua,* dass die, welche seine Gebote *(Torah) tun,* Zugangsrecht zum Baum des Lebens haben werden. In Offenbarung 22,14 steht:

„Wie gesegnet sind die, die ihre Gewänder waschen (wörtl. a. d. Engl.: seine Gebote *tun),* damit sie das Recht haben, vom *Baum des Lebens* zu essen und durch die Tore in die Stadt einzugehen!"

Der Vater unseres Glaubens

In Römer 4,16 wird Abraham der Vater unseres Glaubens genannt. YHWH erwählte Abraham, weil er wusste, dass dieser seinen Kindern die Torah lehren würde. In 1. Mose 18,19 steht geschrieben:

> „Denn dazu habe ich ihn (Abraham) auserkoren, dass er seinen Kindern befehle und seinem Hause nach ihm, dass sie YHWHs Wege *(Torah) halten* und tun, was recht und gut ist, auf dass YHWH auf Abraham kommen lasse, was er ihm verheißen hat."

Abraham hielt die Torah ein. In 1. Mose 26,5 finden wir den Nachweis:

> „.... weil Abraham meiner Stimme gehorsam gewesen ist und gehalten hat meine Rechte, meine Gebote, meine Weisungen und mein Gesetz *(Torah)."*

Einige Grundaussagen der Torah

Im Folgenden sind einige Grundaussagen der Torah aufgelistet.
- YHWH ist heilig (3. Mose 19,2).
- YHWH ist Liebe (1. Johannes 4,7-8).
- YHWH ist gnädig, gerecht und barmherzig (Psalm 116,5).
- YHWH ist Licht (1. Johannes 1,5).

Die Torah lehrt über:
- Sünde (Römer 3,20; Galater 3,10; Jakobus 2,10; 1. Johannes 3,4)
- die Notwendigkeit des Messias (Römer 10,4)
- den Erlösungsplan durch den Messias (Psalm 40,6-8; Hebräer 10,5-7; Lukas 24,36+44)
- die Errettung durch Gnade und durch den Glauben (Römer 3,20+24+28; Galater 2,16; Epheser 2,8-9)
- das Leben aus dem Geist (Torah, geschrieben auf ein Herz aus Fleisch) (Römer 8,1-3)

- das Leben aus dem Fleisch (Torah, geschrieben auf ein Herz aus Stein) (Römer 8,5-9)
- das Wachstum zu geistlicher Reife (1. Mose 17,1; Psalm 19,8-9; Psalm 119,1-2; Epheser 4,11-15)

Torah bedeutet auch Fundament

Wie bereits in diesem Kapitel erwähnt, kommt Torah vom hebräischen Wort *„Jarah"*, was *„ein Fundament legen"* bedeutet. Die Propheten und die Schriften bauen auf diesem Fundament auf. Geistlich gesehen ist *Jeschua* die lebendig gewordene Torah und das feste Fundament YHWHs für alle, die an ihn glauben. In Jesaja 28,16 lesen wir:

„Darum spricht Adonai YHWH: Siehe, ich lege in Zion *einen Grundstein, einen bewährten Stein, einen kostbaren Eckstein, der fest gegründet ist.* Wer glaubt, der flieht nicht."

Das feste Fundament und der Eckstein ist *Jeschua*. Er ist die lebende Torah. In Epheser 2,19-20 steht geschrieben:

„So seid ihr nun nicht länger Ausländer und Fremde. Im Gegenteil, ihr seid Mitbürger mit Gottes Volk und Angehörige der Familie Gottes. Ihr habt auf der Grundlage der Gesandten und Propheten aufgebaut, wobei der *Eckstein, Jeschua, der Messias* selbst war."

YHWH gab uns ein Verständnis von seinem Königreich in Form von geistlichen Bildern und Mustern. Mit anderen Worten, das buchstäbliche oder natürliche Wort *(peschat)* wurde gegeben, damit das geistliche Wort *(sod)* mitgeteilt werden konnte. Deswegen kommunizierte YHWH die Torah auf unterschiedliche Art und Weise:

- durch Parabeln und Gleichnisse (Psalm 78,1-4; Markus 4,10-13)
- durch tiefe Reden (Sprüche 1,1-6; 1. Korinther 2,6-10+14)
- durch geistliche Bilder (Hesekiel 43,10-12)

Die Torah wurde also in Form von Gleichnissen, Reden und Bildern gegeben, damit sein Wort wirklich alle Menschen anspricht: die Gerechten, welche das größte Gebot der Liebe (5. Mose 6,4-9; Markus 12,28-31) im Geist und in der Wahrheit (Johannes 4,24) befolgen, und die bösen Menschen, welche die Dinge YHWHs als Torheit betrachten (1. Korinther 2,14).

Die vier Verständnisebenen der Torah

1. *peschat* – die buchstäbliche Ebene
2. *remes* – zwei Schriftstellen im Zusammenhang
3. *derusch* – Interpretationen der Schrift durch Auslegung und geistliche Anwendung
4. *sod* – tiefe, geistliche Bedeutung der Schrift

In der Torah wachsen

Wenn wir dem größten Gebot gehorchen, ihn von ganzem Herzen, mit unserer ganzen Seele und Kraft zu lieben, beginnt YHWH auf übernatürliche Weise, uns die Prinzipien seines Königreiches zu offenbaren. Durch unseren Gehorsam dem größten Gebot gegenüber führt uns der Heilige Geist so, dass wir in geistliche Reife hineinwachsen können. Dieses geistliche Wachstum ist von YHWH so angelegt, dass es schrittweise stattfindet und die Torah zur Grundlage hat. In Jesaja 28,9-10 steht geschrieben:

> „Wen, sagen sie, will der denn Erkenntnis lehren? Wem will er Offenbarung zu verstehen geben? Denen, die entwöhnt sind von der Milch, denen, die von der Brust abgesetzt sind. *Zawlazaw zawlazaw* (Gebot an Gebot), *kawlakaw kawlakaw* (Messschnur an Messschnur), hier ein wenig, da ein wenig!"

Es ist YHWHs Verlangen, dass wir, nachdem wir aus Gnade gerettet sind, in der Erkenntnis und im Verständnis seiner Wege wachsen, *„Gebot an Gebot"* und *„Messschnur an Messschnur"*. YHWH will, dass wir auf unserem Weg zu geistlicher Reife heranwachsen. In Hebräer 5,12-14 lesen wir:

„Denn obwohl ihr in der Zwischenzeit eigentlich Lehrer sein solltet, braucht ihr jemanden, der euch von neuem die Anfangsgründe des Wortes Gottes lehrt! Ihr braucht Milch, keine feste Speise! Wer Milch trinken muss, ist noch ein Kleinkind, ohne Erfahrung in der Anwendung des Wortes über die Gerechtigkeit. Feste Speise hingegen ist für die Reifen, für die, deren Fähigkeiten durch ständige Übung in der Unterscheidung von Gut und Böse ausgebildet wurden."

Der erneuerte Bund

Die meisten Christen bringen das Alte Testament in Verbindung mit der Torah, weniger jedoch das Neue Testament. Viele begreifen nicht, dass die Bibel selbst sagt, dass die Torah die Grundlage des Neuen Testaments ist. In Jeremia 31,31+33 steht geschrieben:

„Siehe, es kommt die Zeit, spricht YHWH, da will ich mit dem Hause Israel und mit dem Hause Juda einen *neuen Bund* schließen. ... *Das soll der Bund sein,* den ich mit dem Hause Israel schließen will nach dieser Zeit. YHWH spricht: Ich will mein *Gesetz (Torah)* in ihren Sinn geben und *in ihr Herz schreiben,* und sie sollen mein Volk sein und ich will ihr Elohim sein."

Der Hebräerbrief bekräftigt diese Aussage. In Hebräer 10,15-16 lesen wir:

„Und auch der Heilige Geist *zeugt* für uns; denn nachdem er gesagt hat: »Dies ist der Bund, den ich schließen will mit ihnen nach jenen Tagen, sagt Adonai: Ich will *meine Torah* in ihre *Herzen* schreiben, und sie in ihren Sinn schreiben.«"

Warum war der erneuerte Bund notwendig? Hatte YHWH etwas an seiner Torah zu bemängeln? Nein! YHWH ist ja selber der Geber der Torah. Er wollte die Torah nicht ändern, denn sie ist ein Baum des Lebens *(ez chaim).* YHWH wollte die *Herzen* seines Volkes ändern. Diese Wahrheit können wir anhand von Hebräer 8,7-8 verstehen, wo geschrieben steht:

„Wahrhaftig, wenn der erste Bund nicht Anlass zum Tadel gegeben hätte, wäre kein zweiter nötig gewesen. Denn Gott tadelt *die Menschen,* wenn er sagt: »Siehe! Die Tage kommen, spricht Adonai, da ich errichten will über dem Haus Jisrael und über dem Haus Juda einen *neuen Bund.*«"

YHWH fand also keine Fehler an der Torah. Er fand aber sehr wohl Mängel an den Herzen der Menschen, die seine Torah empfingen.

Der Alte und der erneuerte Bund

Viele Christen glauben, dass YHWH seine Torah mit dem Tod und der Auferstehung von *Jeschua* abgeschafft hat. Deshalb verstehen sie nicht den Unterschied zwischen dem älteren und dem erneuerten Bund. Die meisten Christen glauben, dass YHWH einen Verbesserungsbedarf an der Torah fand und dass aus diesem Grund bei seinem ersten Kommen als der leidende Messias auftreten musste.

Was ist denn nun der Unterschied zwischen dem Alten und dem Neuen Bund, wenn beide auf der Torah gegründet sind?

- der Alte Bund = die Torah, geschrieben auf ein Herz aus *Stein*
- der erneuerte Bund = die Torah, geschrieben auf ein Herz aus *Fleisch*

Das Problem im Alten Bund waren die Herzen der Menschen, die die Torah empfingen, und nicht die Torah selbst.

Als YHWH die Torah gab, hatte er von vornherein das menschliche Herz als Ziel. Der Alte Bund wurde auf ein Herz (Tafeln) aus Stein geschrieben. Aus diesem Grund wollte YHWH nun einen erneuerten Bund stiften, damit seine Torah auf ein Herz aus Fleisch geschrieben werden könnte. In Hesekiel 36,26-27 wird uns diese Wahrheit verständlich. Dort lesen wir:

„Und ich will euch ein neues Herz und einen neuen Geist in euch geben und will das *steinerne Herz* aus eurem Fleisch *wegnehmen* und euch ein *fleischernes Herz geben.* Ich will *meinen Geist in euch geben* und will solche Leute aus euch machen, die in meinen Geboten wandeln und meine Rechte halten und danach tun."

Im Gleichnis vom Sämann erklärte *Jeschua* uns die Kennzeichen von steinernen Herzen. In Markus 4,3-6 steht:

„Hört! Ein *Bauer* ging hinaus, um *seine Saat auszusäen*. Als er säte, fiel manche Saat neben den Weg; und die Vögel kamen und aßen sie auf. Andere Saat fiel auf *steinige Flekken*, wo nicht viel Erde war. Sie sproß rasch, weil die Erde flach war; doch als die Sonne aufging, wurden die jungen Pflanzen versengt; und weil ihre *Wurzeln nicht tief* waren, vertrockneten sie."

In Markus 4,14-17 erläuterte *Jeschua* die tiefere Bedeutung des steinigen Bodens (Herzens). Dort heißt es:

„Der *Sämann sät die Botschaft (Torah)*. Diejenigen neben dem Weg sind Leute, zu denen, kaum dass sie es gehört haben, der Widersacher kommt und die *Botschaft (Torah)*, die *in sie gesät* wurde, fortnimmt. Ebenso: Diejenigen, die die Saat auf *steinigen Flecken* empfangen, sind Leute, die die *Botschaft (Torah)* hören und sogleich freudig annehmen; doch sie haben keine Wurzeln in sich. Sie *bleiben eine Zeitlang standhaft*, doch sobald sich *Drangsal oder Verfolgung* um der *Botschaft (Torah)* willen auch nur von ferne zeigen, *fallen* sie sofort *ab*."

Jeschua zufolge sind also dies die Kennzeichen eines *steinernen* Herzens:

- Es hört das Wort.
- Es empfängt das Wort mit Freude.
- Es hat keine Wurzel.
- Sobald Verfolgung um der Torah willen entsteht, gibt es auf und wendet sich ab.

YHWHs Volk empfing die Torah mit einem steinernen Herzen

Als YHWH die Torah durch Mose gab, empfing das Volk die Torah mit Freude. In 2. Mose 24,3 steht geschrieben:
„Mose kam und sagte dem Volk alle Worte YHWHs und alle Rechtsordnungen. Da *antwortete* alles *Volk* wie aus einem Munde: *Alle Worte, die YHWH gesagt hat, wollen wir tun.*"

Die Herzensfreude der Kinder Israels darüber, die Torah zu empfangen und YHWH zu gehorchen wird noch deutlicher, wenn man die hebräische Wendung „*alle Worte, die YHWH gesprochen hat, wollen wir halten*" versteht. Diese lautet „*Naaseh v'Nishmah*", was soviel bedeutet wie „*wir sind damit einverstanden, sogar bevor wir sie gehört haben.*"

Das Herz der Kinder Israels war so eifrig, dass sie, als dieser sagte „Wollt ihr ...?" sofort mit Ja! antworteten, noch bevor sie gehört hatten, worum er sie bitten würde. Dies sollte die Haltung aller Christen und Juden sein. Was den Kindern Israels allerdings fehlte, war die Kraft des Heiligen Geistes, mit der sie YHWH von ganzem Herzen und mit aller Kraft lieben konnten.

In Markus 4,17 lehrte *Jeschua,* dass ein steinernes Herz bei Anfechtung und Verfolgung Anstoß nimmt. Genau das geschah mit den Kindern Israels in der Wildnis. Immer wieder wurden sie versucht und nahmen Anstoß an den Prüfungen und Bedrängnissen und verlangten, nach Ägypten zurückzukehren.

Als die zwölf Spione gesandt wurden, das Land Kanaan zu erkunden, kamen zehn von ihnen mit einem negativen Bericht zurück, dass nämlich die Kinder Israels nicht in der Lage seien, das Land Kanaan einzunehmen, obwohl YHWH dies Abraham versprochen hatte. Alle Spione und diejenigen, die ihrem Bericht glaubten, nahmen Anstoß an dem Versprechen YHWHs und verlangten, nach Ägypten zurückzukehren. In 4. Mose 14,1-4 steht geschrieben:

„Da fuhr die ganze Gemeinde auf und schrie, und das Volk weinte die ganze Nacht. Und alle Israeliten *murrten* gegen

Mose und Aaron und die ganze Gemeinde sprach zu ihnen: *Ach, dass wir in Ägyptenland gestorben wären* oder noch in dieser Wüste stürben! Warum führt YHWH uns in dieses Land, damit wir durch das Schwert fallen und unsere Frauen und unsere Kinder ein Raub werden? *Ist's nicht besser, wir ziehen wieder nach Ägypten?* Und einer sprach zu dem andern: Lasst uns einen Hauptmann über uns setzen und wieder nach Ägypten ziehen!"

Dies ist ein wesentliches Kennzeichen eines steinernen Herzens: Die Kinder Israels empfingen die Torah mit Freude und nahmen dennoch Anstoß an seinem Versprechen, als sie auf die Riesen des Landes Kanaan sahen.

Am Ende lehnt ein steinernes Herz die Torah sogar ganz ab. In Sacharja 7,11-12 steht geschrieben:

„Aber sie wollten nicht aufmerken und kehrten mir den Rücken zu und verstockten ihre Ohren, um nicht zu hören, und machten ihre *Herzen hart wie Diamant*, damit sie nicht hörten das Gesetz *(Torah)* und die *Worte*, die YHWH Zebaoth durch seinen Geist sandte durch die früheren Propheten. Daher ist so großer Zorn von YHWH Zebaoth gekommen."

Die zehn Gebote wurden also auf Tafeln (Herzen) aus Stein geschrieben (2. Mose 24,12 und 31,18; 5. Mose 4,13-14 und 5,22 und 9,10-11).

Ein Herz aus Stein offenbart unsere sündhafte Natur und lehnt die Torah ab. Der erneuerte Bund war notwendig, weil im älteren Bund ein Herz aus Stein die sündhafte Natur des Fleisches nicht überwinden konnte. YHWH wollte die steinernen Herzen durch Herzen aus Fleisch ersetzen. Dies wollte er tun, indem er seinen Heiligen Geist in uns legt. Er ist die Kraft, dass wir unser Leben so führen, dass wir den guten, und nicht den bösen Neigungen in uns nachgehen können.

Dies ist auch die Botschaft, die der Apostel Paulus in Römer 8,2-10 mitzuteilen versucht. Dort steht geschrieben:

„... die Torah des Geistes, die in der Vereinigung mit dem Messias Jeschua dieses Leben hervorbringt (ein Herz aus Fleisch), mich aus der »Torah« der Sünde und des Todes (ein steinernes Herz) befreit hat. Denn was die Torah nicht selbst tun konnte, weil ihr die Macht fehlte, die alte Natur zur Mitwirkung zu bewegen, tat Gott, indem er seinen eigenen Sohn als einen Menschen mit einer Natur, die unserer eigenen, sündigen gleich war, sandte. Gott tat das, um die Sünde abzutun, und indem er es tat, vollstreckte er die Strafe gegen die Sünde in der menschlichen Natur, damit die gerechte Forderung der Torah erfüllt werde in uns, die wir unser Leben nicht so führen, wie es unsere alte Natur will, sondern so wie es der Geist will. Denn diejenigen, die sich mit ihrer alten Natur identifizieren, richten ihren Sinn auf die Dinge der alten Natur, die aber, die sich mit dem Geist identifizieren, richten ihren Sinn auf die Dinge des Geistes. Seinen Sinn der alten Natur zu unterstellen, ist gleichbedeutend mit dem Tod, doch seinen Sinn dem Geist zu unterstellen, ist Leben und Schalom. Denn der Sinn, der von der alten Natur beherrscht wird, steht Gott feindlich gegenüber, weil er sich nicht der Torah Gottes unterwirft – ja, er kann es gar nicht. Damit können diejenigen, die sich mit ihrer alten Natur identifizieren, Gott nicht wohlgefallen. Ihr aber, identifiziert euch nicht mit eurer alten Natur, sondern mit dem Geist – vorausgesetzt, der Geist Gottes lebt in euch, denn jeder, der den Geist des Messias nicht hat, gehört nicht zu ihm. Wenn aber der Messias in euch ist, dann ist einerseits der Leib tot wegen der Sünde; und andererseits gibt der Geist Leben, weil Gott euch für gerecht erachtet."

Der Unterschied zwischen dem älteren Bund und dem erneuerten Bund ist der Unterschied zwischen den beiden Naturen in uns. Dies ist auch die Botschaft, welche Paulus in Galater 4,22-26+29 mitteilt, wo wir lesen können:

„Die Torah sagt, dass Avraham zwei Söhne hatte, einen von der Sklavin und einen von der Freien. Der von der Sklavin wurde geboren gemäß der begrenzten Fähigkeit von Menschen, der von der Freien aber wurde geboren durch die Wunder wirkende Macht Gottes, der seine Verheißung erfüllte. Nun, um einen Midrasch (allegorisierende Auslegung) zu diesen Dingen zu machen: Die beiden Frauen sind zwei Bündnisse (oder zweierlei Naturen). Eine ist vom Sinai und trägt die Kinder für die Sklaverei – das ist Hagar. Hagar ist der Berg Sinai in Arabien; sie entspricht dem gegenwärtigen Jeruschalajim, denn sie dient als Sklavin gemeinsam mit ihren Kindern. Das Jeruschalajim aber, das oben ist, ist frei, und das ist unsere Mutter. ... Doch so wie damals derjenige, der nach der begrenzten menschlichen Fähigkeit geboren war, den verfolgte, der durch die übernatürliche Macht des Geistes geboren war, ist es auch jetzt."

In Römer 7 sagt Paulus, dass die Torah heilig ist und die Gebote heilig, gerecht und geistlich sind. Er sagt auch, dass die Torah Frucht bringt gemäß dem inwendigen Menschen. In Römer 7, die Verse 12, 14 und 22 steht geschrieben:

„So ist also die *Torah heilig;* das heißt, das Gebot ist heilig, gerecht und gut. ... Denn wir wissen, dass die *Torah vom Geist ist;* doch was mich betrifft, so bin ich an die alte Natur gebunden, als ein Sklave an die Sünde verkauft. ... In meinem *inneren Selbst* stimme ich vollkommen mit Gottes *Torah* überein."

Der Zweck des erneuerten Bundes

Der erneuerte Bund ist die Torah, geschrieben auf ein Herz aus Fleisch. Dies wird von YHWH erreicht, indem er seinen Heiligen Geist in uns legt, so dass er uns lehren kann, wie wir in den Wegen YHWHs gehen können. In Hesekiel 11,19-20 steht geschrieben:

„Und ich will ihnen ein anderes Herz geben und *einen neuen Geist in sie* geben und will das steinerne Herz wegnehmen aus ihrem Leibe und ihnen ein *fleischernes Herz* geben, damit sie *in meinen Geboten wandeln* und *meine Ordnungen halten* und *danach tun.* Und sie sollen mein Volk sein und ich will ihr Elohim sein."

Ein Herz aus Stein ist todbringend, aber ein Herz aus Fleisch bringt Leben hervor. Darüber spricht Paulus in 2. Korinther 3,3+6:

„Ihr macht deutlich, dass ihr ein Brief vom Messias seid, unserer Fürsorge übergeben, geschrieben nicht mit Tinte, sondern durch den *Geist des lebendigen Gottes,* nicht auf steinerne Tafeln, sondern in *menschliche Herzen.* ... Er hat uns sogar fähig gemacht, Arbeiter zu sein, die einem *Neuen Bund* dienen, dessen Wesen nicht ein geschriebener Text, sondern der Geist ist. Denn der geschriebene Text bringt den Tod, *der Geist* aber *schenkt Leben.*"

Die Rolle des Heiligen Geistes im Neuen Bund

1. Der Heilige Geist bezeugt, dass der erneuerte Bund die auf unser Herz geschriebene Torah ist (Jeremia 31,31+33; Hebräer 10,15-16).
2. Der Heilige Geist wurde auf die Erde gesandt, um die Wahrheit zu lehren (Johannes 14,16-17+26; 15,26 und 16,13).
3. YHWH wollte seine Torah auf unser Herz schreiben durch seinen Heiligen Geist, welchen man den Geist der Wahrheit nennt (Johannes 14,16-17+26; 15,26 und 16,13).
4. Wir brauchen aus folgenden Gründen den Heiligen Geist in uns:
   a. ...als Kraft zur Überwindung der sündhaften Natur.
   b. ...um geistliche Frucht in unserem Leben zu bringen (Galater 5,22-25).
   c. ...um die Torah zu verstehen, darin zu wachsen und Offenbarungen zu empfangen.

Kapitel 4

DER SABBAT IST UNSERE RUHE

Für eine volle Wiederherstellung der Häuser *Juda* und *Israel* müssen beide Häuser ein tieferes Verständnis für die wöchentliche Sabbatruhe entwickeln, die YHWH anordnete. Das *Haus Juda* muss begreifen, dass die Fülle der geistlichen Sabbatruhe in *Jeschua* liegt. Das *Haus Israel* muss seinerseits verstehen, dass der biblische Ruhetag, den YHWH seinem Volk gab, von Freitagabend bis Samstagabend andauert. Außerdem muss das *Haus Israel* die geistliche Bedeutung des wöchentlichen Sabbats studieren und verstehen, dass YHWH seinem Volk die Sabbatruhe als ein prophetisches Muster für seinen Erlösungsplan gab, der durch *Jeschua* vollbracht werden muss.

Folgende biblischen Wahrheiten müssen wieder aufgerichtet werden:

1. Der Sabbat ist der siebte Tag der Woche und als Ruhetag bestimmt (1. Mose 2,1-3).
2. Der Sabbat ist ein geheiligter (abgesonderter) Tag für YHWH (1. Mose 2,3).
3. Der Sabbat ist ein ewiger Bund zwischen YHWH und seinem Volk und ist für alle Zeit als Verordnung einzuhalten (2. Mose 31,16-17).
4. Der Sabbat ist ein Fest (*mo'ed*, Verabredung) YHWHs, welches auf wöchentlicher Basis einzuhalten ist (3. Mose 23,1-3).
5. Wir erfahren die Sabbatruhe, wenn wir YHWH gehorchen, seine Gebote halten und den Zusagen glauben, die er uns

in der Torah gegeben hat. (3. Mose 26,1-12; Psalm 95,6-11; Hebräer 3,7-19 und 4,1-12).
6. Der Sabbat ist ein geistliches Bild von *Jeschua* (Kolosser 2,16-17).
7. Der Sabbat ist die geistliche Ruhe für die Gläubigen (Matthäus 11,28-30). Nachdem *Jeschua* das Werk am Kreuz vollendet hatte, zu dem YHWH ihn gesandt hatte, setzte er sich (ruhte, hielt Sabbat) zur Rechten YHWHs (Johannes 17,1+4, 19,30; Psalm 110,1; Hebräer 1,1-3; 10 und 12-13).
8. Der Sabbat ist der Tag YHWHs (Jesaja 58,13-14).
9. Der Sabbat wird als Braut personifiziert, deren Bräutigam der jüdische Messias *Jeschua* ist. Er ist zudem eine geistliche Blaupause für das messianische Zeitalter *(Athid Lavo)* und der kommenden Welt *(Olam Habah)*.
10. Der Sabbat wird in der Zeit der neuen Himmel und der neuen Erde sowie in aller Ewigkeit gehalten werden (Jesaja 66,22-23; Offenbarung 21,1-3).

Der Sabbat ist der siebte Tag und ein Ruhetag

In 1. Mose 1,1-31 und 2,1-3 finden wir die Geschichte der sieben Schöpfungstage. In der Schöpfungsgeschichte lernen wir, dass der biblische Tag am Abend beginnt und „am Morgen" endet (1. Mose 1, Verse 5, 8, 13, 19, 23 und 31) (ein Tag besteht aus einem nächtlichen und einem hellen Teil; Anm. d. Übers.). Im Anschluss an die sechs Tage der Schöpfung ruhte YHWH am siebten Tag und heiligte ihn. In 1. Mose 2,1-3 steht geschrieben:

> „So wurden vollendet Himmel und Erde mit ihrem ganzen Heer. Und so vollendete Elohim am siebenten Tag seine Werke, die er machte, und *ruhte am siebten Tag*e von allen seinen Werken, die er gemacht hatte. Und Elohim *segnete den siebten Tag und heiligte ihn,* weil er an ihm ruhte von allen seinen Werken, die Elohim geschaffen und gemacht hatte."

Als YHWH am siebten Schöpfungstag ruhte, segnete er diesen und heiligte ihn (1. Mose 2,3). Das hebräische Wort für „heiligte" (Nr. 6942 in *Strong's Konkordanz Hebräisch)* ist *kadesch*, welches von *kodesch* (Nr. 6944) stammt. Das hebräische *kadesch* bzw. *kodesch* bedeutet *„rein machen, weihen, widmen, reinigen, absondern, heilig machen oder heiligen".* Dies ist so zu verstehen, dass YHWH den Sabbat weihte, widmete, absonderte und heiligte. Dabei wollte er stets, dass der siebte Tag der Woche ein abgesonderter Tag sei.

Der Sabbat ist ein ewiger Bund zwischen YHWH und seinem Volk

Der Sabbat wird in der jüdischen Tradition als Braut personifiziert. Der hebräische Begriff für die jüdische Heiratszeremonie *(kidduschin)* bedeutet eigentlich „Heiligung" oder „geheiligt". Das hebräische *kidduschin* stammt von der Wortwurzel her aus den drei Buchstaben *Kaf, Dalet* und *Schin*. Das hebräische Wort für geheiligt *(kadesch)* bzw. heilig *(kodesch)* wird von derselben Wurzel dieser drei Buchstaben abgeleitet. Aus diesem Grunde interpretieren die traditionellen Rabbiner die biblische Aussage „Elohim segnete den Sabbattag und *heiligte* ihn" dahingehend, dass YHWH den Sabbat mit seinem Volk vermählt hat.[1]

In der jüdischen Hochzeitszeremonie wird die Braut als Königin und der Bräutigam als König angesehen. Deshalb sind *„Königin"* und *„Braut"* zwei gebräuchliche Begriffe zur Beschreibung des Sabbattages. Daher repräsentiert der Sabbat das weibliche Element der Schöpfung.[2]

Der Talmud (rabbinische Überlieferung) erzählt, dass der berühmte Rabbiner Hanina am Vorabend des Sabbats stets seine besten Kleider anzog und sagte *„Kommt, lasst uns gehen und die Königin Sabbat willkommen heißen"*, während Rabbi Jannai üblicherweise aufstand und sprach *„Komm, O Braut! Komm, O Braut!"* Ausgehend von dieser Gewohnheit wurden Lieder für den Sabbat komponiert, die symbolisch den gebräuchlichen Hochzeitsliedern nachempfunden waren. Das Berühmteste von ihnen ist das Lied „*Lecha Dodi*" (Komm, meine Geliebte).³

Im traditionellen Judentum haben die Rabbiner verstanden, dass YHWH mit dem *Haus Jakob (Haus Israel* und *Haus Juda)* am Berg Sinai einen Ehebund einging. In Jeremia 2,1-2 steht geschrieben:

„Und das Wort YHWHs geschah zu mir: Geh hin und predige öffentlich der Stadt Jerusalem und sprich: So spricht YHWH: Ich gedenke der Treue deiner Jugend und der Liebe deiner Brautzeit *(kidduschin)*, wie du mir (dem Bräutigam) folgtest in der Wüste (am Berg Sinai), im Lande, da man nicht sät."

Bei der jüdischen Hochzeitszeremonie muss man zuerst geheiligt werden, bevor man heiraten kann. In 2. Mose 19,10-11+14 heißt es:

„Und YHWH sprach zu Mose: Geh hin zum Volk und *heilige* sie heute und morgen, dass sie ihre Kleider waschen und bereit seien für den dritten Tag; denn am dritten Tage wird YHWH vor allem Volk herabfahren auf den Berg Sinai. ... Mose stieg vom Berge zum Volk herab und *heiligte* sie und sie wuschen ihre Kleider."

Bei jüdischen Hochzeiten wird die Braut vor der Eheschließung durch eine *mikwah* (Tauchbad) geheiligt. *Mikwah* ist hebräisch und bedeutet *„Wasserbecken"*. Die *mikwah* ist ein zeremonieller Reinigungsakt.⁴

Außerdem gibt es zwei Zeugen. Sie werden die „Freunde des Bräutigams" genannt. Ihre Rolle ist es, die Braut vorzubereiten und sie bis zur Begegnung mit dem Bräutigam unter der *chupa* (Hochzeitsbaldachin) zu begleiten, wo die Heirat stattfindet. Als YHWH mit dem *Haus Jakob* am Berg Sinai eine Ehe schloss, wurde Mose als einer der „Freunde des Bräutigams", nämlich als Freund YHWHs angesehen. In 2. Mose 19,17 können wir lesen, wie Mose die Rolle erfüllt und die Braut (das *Haus Jakob)* zur Begegnung mit YHWH am Berg Sinai geleitet.

„Und Mose führte das Volk aus dem Lager Elohim entgegen und es trat unten an den Berg".

Der Berg Sinai wurde symbolisch als ein Hochzeitsbaldachin *(chupa)* angesehen.[5]

Wenn bei einer jüdischen Zeremonie Braut und Bräutigam heiraten, haben sie stets eine *Ketuba* (Ehevertrag), welche die Rahmenbedingungen der Ehe regelt. Im traditionellen Judentum erkannten die Rabbiner, dass eine solche *Ketuba* zwischen YHWH und dem *Haus Jakob* nichts anderes war als die Torah. Die Bestimmungen und Bedingungen der Ehe zwischen YHWH und dem *Haus Jakob* sind in 5. Mose 28 und 3. Mose 26 niedergeschrieben. In diesen beiden Kapiteln benennt YHWH ausführlich die Segnungen für Treue und die Flüche für Untreue YHWH gegenüber.

Das Hochzeitsritual ist erst abgeschlossen, wenn der Bräutigam der Braut etwas Wertvolles schenkt und sie es annimmt. Das häufigste Geschenk ist dabei ein Ring. Dieser ist ein Zeichen und Andenken ewiger Liebe und eine Erinnerung an die Ehe. Wenn der Bräutigam den Ring an den Finger der Braut steckt, ist das Hochzeitsritual vollendet.

Symbolisch wurde der Ring, den die Braut vom Bräutigam erhielt, als Sabbat angesehen. Das Halten des Sabbats wird als Andenken, Zeichen der Erinnerung und ewige Liebe zwischen dem Bräutigam und der Braut betrachtet.

Der Sabbat ist eines der zehn Gebote, die am Sinai gegeben wurden, um die Ehe zwischen YHWH und dem *Haus Jakob* im Gedächtnis zu bewahren. In 2. Mose 20,8 steht geschrieben:

„Gedenke des Sabbattages, dass du ihn heiligst."

Der Sabbat ist ein ewiger Bund zwischen YHWH und dem *Haus Jakob,* der für immer gehalten werden muss. In 2. Mose 31,12-18 lesen wir:

„Und YHWH redete mit Mose und sprach: Sage den Israeliten: Haltet meinen Sabbat; denn er ist ein Zeichen (ein Ehering) zwischen mir und euch von Geschlecht zu Geschlecht, damit ihr erkennt, dass ich YHWH bin, der euch *heiligt.* Darum haltet *meinen Sabbat,* denn *er soll euch heilig sein.* Wer ihn entheiligt, der soll des Todes sterben. Denn wer eine Arbeit am Sabbat tut, der soll ausgerottet werden aus seinem Volk.

Sechs Tage soll man arbeiten, aber am siebten Tag ist Sabbat, völlige Ruhe, heilig dem YHWH. Wer eine Arbeit tut am Sabbattag, soll des Todes sterben. Darum sollen die Israeliten *den Sabbat halten, dass sie ihn auch bei ihren Nachkommen halten als ewigen Bund.* Er ist ein ewiges Zeichen zwischen mir und den Israeliten. Denn in sechs Tagen machte YHWH Himmel und Erde, aber am siebten Tage ruhte er und erquickte sich. Und als YHWH mit Mose zu Ende geredet hatte auf dem Berge Sinai, gab er ihm die beiden Tafeln des Gesetzes; die waren aus Stein und beschrieben von dem Finger Elohims."

Der Sabbat ist ein Fest und eine heilige Versammlung

Der Sabbat ist auch ein Festtag YHWHs. In 3. Mose 23,1-4 steht geschrieben:

„Und YHWH redete mit Mose und sprach: Sage den Israeliten und sprich zu ihnen: Dies sind *die Feste YHWHs,* die ihr ausrufen sollt als heilige Versammlungen; dies sind *meine Feste:* Sechs Tage sollst du arbeiten; *der siebente Tag* aber ist ein feierlicher Sabbat, *heilige Versammlung.* Keine Arbeit sollt ihr an ihm tun; denn es ist ein Sabbat für YHWH, überall, wo ihr wohnt. Dies sind aber *die Feste YHWHs,* die ihr ausrufen sollt als heilige Versammlungen an ihren Tagen."

Es gibt zwei wichtige hebräische Wörter in 3. Mose 23,1-4, die mit *Feste* und *Versammlung* übersetzt werden und die uns die Wichtigkeit des Sabbats erklären. Das Wort in 3. Mose 23,2 ist das hebräische *mo'ed* (Nr. 4150 in *Strong's Konkordanz Hebräisch).* Es bedeutet *„eine Verabredung, eine festgelegte Zeit oder Zeitspanne, ein Zyklus, eine vereinbarte Zeit oder ein genauer Zeitpunkt".*

In 3. Mose 23,2 sagt uns die Bibel aber nicht nur, dass der Sabbat eine *mo'ed,* sondern auch eine heilige Versammlung ist. Das hebräische Wort für heilig ist wie bereits erwähnt *kodesch.* Das hebräische Wort für Versammlung ist *miqra* (Nr. 4744 in *Strong's).* Dies bedeutet *„ein öffentliches Treffen oder eine Probe".*

Der Sabbat ist also das Gebot *(mizvah)*, dass wir als sein Volk diese heilige Versammlung regelmäßig einüben, und zwar zu einer vereinbarten und abgesonderten Zeit.

Wenn nun der Sabbat ein Probe ist, was sollen wir dann genau einüben? Der Sabbat ist eine Probe all dessen, was YHWH uns in der Torah gab, damit wir auf seinen Wegen gehen, unser Vertrauen auf ihn setzen und die Erlösung durch empfangen.

Wer ist YHWH?

Das hebräische Wort YHWH (Nr. 3068 in *Strong's Konkordanz Hebräisch)* ist ein heiliger Name. Die Bibel teilt uns in 5. Mose 6,4 mit, dass YHWH Einer *(echad)* ist. Dieses hebräische Wort *echad* (Nr. 259) kommt vom Wurzelwort *achad* (Nr. 258), welches *„vereinen, eins machen"* bedeutet. Also sagt uns der Vers aus 5. Mose, dass YHWH *„eins gemacht"* bzw. *eine* zusammengesetzte Einheit ist. In Sprüche 30,4 steht geschrieben:

„Wer hat alle Enden der Welt bestimmt? Wie heißt er? Und *wie heißt sein Sohn?* Weißt du das?"

Jeschua ist der im Fleisch manifestierte YHWH. Der Name YHWH, wie er in 2. Mose 3,14 genannt wird, bedeutet: *„Ich werde* (immer der Gleiche) *sein, der ich* (heute) *bin."* Dazu Hebräer 13,8:

„Jeschua ist derselbe gestern, heute und für immer."

In 1. Korinther 12,3 wird uns mitgeteilt, dass *Jeschua* YHWH ist. Hier lautet der Bibeltext:

„... niemand, der durch den Geist Gottes spricht, sagt jemals: »Jeschua ist verflucht!«, und niemand kann sagen: »Jeschua ist Herr (YHWH)«, es sei denn durch den *Ruach Ha Kodesch."*

In Philipper 2,8-11 finden wir eine *jüdische Midrasch* (Erklärung), die von einem traditionellen jüdischen Gebet kommt. In diesem Philippertext erfahren wir, dass *Jeschua* YHWH ist.

„Und als er als ein Mensch erschien, erniedrigte er sich noch mehr, indem er selbst dem Tod gehorsam war – dem Tod am Pfahl (Baum), wie ein Verbrecher! Deshalb hat Gott ihn auf den höchsten Platz erhoben und ihm den Namen über alle Namen gegeben; damit sich in der Verehrung des Namens, der Jeschua gegeben wurde, jedes Knie beugen wird – im Himmel, auf Erden und unter der Erde – und jede Zunge bekennen wird, dass *Jeschua der Messias Adonai (YHWH)* ist, zur Ehre Gottes des Vaters."

Der Ölberg ist im traditionellen Judentum als der Berg des Messias bekannt. Als *Jeschua* nach seiner Auferstehung in den Himmel fuhr (Apostelgeschichte 1,6-12), sagten die Engel, dass er bei seinem zweiten Kommen als der königliche Messias auf gleiche Weise zurückkommen werde, nämlich zum Ölberg. Dies finden wir in Sacharja 14,3-4 und 9:

"Und YHWH wird ausziehen und kämpfen gegen diese Heiden, wie er zu kämpfen pflegt am Tage der Schlacht. Und seine Füße (die Füße YHWHs) werden stehen zu der Zeit auf dem Ölberg. ... Und YHWH wird König sein über alle Lande. Zu der Zeit wird ein einziger YHWH sein und sein Name einer."

Jeschua ist der Herr über den Sabbat

Die Rabbiner des traditionellen Judentums lehren, dass sich die alten Weisen (ungeachtet aller Genauigkeit im Einhalten des Sabbats) stets bewusst waren, dass der Sabbat für den Menschen gemacht war und nicht der Mensch für den Sabbat. Sie bestanden sogar darauf, dass im Notfall oder bei Gefahr jede Regel sofort gebrochen werden könne.[6] Zur Untermauerung dieser Regelentschärfung zitierten sie gerne einen Vers aus 3. Mose 18,5, wo es heißt:

"Darum sollt ihr meine Satzungen halten und meine Rechte. Denn der Mensch, der sie tut, wird durch sie leben."

Jeschua unterstützte diese Interpretation, wie man in Markus 2,23-28 und 3,1+4-5 nachlesen kann:

"An einem Schabbat ging Jeschua durch Weizenfelder; und als sie so gingen, begannen seine *Talmidim* (Jünger), Ähren auszureißen. Die Peruschim (Pharisäer) sagten zu ihm:

»Schau! Warum verletzen sie den Schabbat (und damit die Torah)?« Er sagte zu ihnen: »Habt ihr nie gelesen, was David tat, als er und die bei ihm hungrig waren und Speise brauchten? Er betrat das Haus Gottes als Evjatar *Kohen Gadol* war, und aß das Brot der Gegenwart, das zu essen jedem verboten ist außer den *Kohanim* (Priestern), und er gab sogar seinen Begleitern davon.« Dann sagte er zu ihnen: »*Der Schabbat wurde für die Menschen gemacht, nicht die Menschen für den Schabbat;* so ist der Sohn des Menschen Herr sogar über den Schabbat.« Wieder ging Jeschua in eine Synagoge, und dort war ein Mann mit einer verkrüppelten Hand. ... Dann sagte er zu ihnen: »Was ist am Schabbat erlaubt? Gutes zu tun oder Böses zu tun? Leben zu retten oder zu töten?« Doch sie sagten nichts. ... Er sagte zu dem Mann: »Strecke deine Hand aus.« Als er sie ausstreckte, wurde sie wiederhergestellt."

Wir haben nun gesehen, dass der Sabbat ein Fest YHWHs ist. Außerdem ist YHWH der Messias *Jeschua*. Dieser ist auch der Herr über den Sabbat. Infolgedessen müssen sowohl das *Haus Israel* als auch das *Haus Juda* begreifen, dass sie den wöchentlichen Sabbat halten und feiern müssen.

Die Segnungen des Sabbats

YHWH verspricht seinem Volk viele wunderbare Segnungen für die Einhaltung des wöchentlichen Sabbats. So lesen wir in 3. Mose 26,2-12:

„*Haltet meine Sabbate* und habt Ehrfurcht vor meinem Heiligtum. Ich bin YHWH. *Werdet ihr in meinen Satzungen wandeln und meine Gebote halten und tun,* so will ich euch Regen geben zur rechten Zeit und das Land soll sein Gewächs geben und die Bäume auf dem Felde ihre Früchte bringen. Und die Dreschzeit soll reichen bis zur Weinernte, und die Weinernte soll reichen bis zur Zeit der Saat. Und ihr sollt Brot die Fülle haben und sollt sicher in eurem Lande wohnen. *Ich will Frieden geben* in eurem Lande, dass ihr schlaft und euch niemand aufschrecke. Ich will die wilden Tiere aus eurem Lande wegschaffen, und kein Schwert soll durch euer Land gehen. Ihr sollt eure Feinde jagen, und sie sollen vor euch her dem Schwert verfallen. Fünf von euch sollen hundert jagen, und hundert von euch sollen zehntausend jagen; denn eure Feinde sollen vor euch her dem Schwert verfallen. Und ich will mich zu euch wenden und will euch fruchtbar machen und euch mehren und will *meinen Bund mit euch halten*. Und ihr werdet noch von dem Vorjährigen essen und, wenn das Neue kommt, das Vorjährige wegtun müssen. *Ich will meine Wohnung unter euch haben* und will euch nicht verwerfen. Und *ich will unter euch wandeln und will euer Elohim sein, und ihr sollt mein Volk sein.*"

YHWH segnet sein Volk, wenn wir ihm gehorchen. In Jesaja 1,19 steht geschrieben:

„Wollt ihr mir gehorchen, so sollt ihr des Landes Gut genießen."

In Jeremia 17,7-8 heißt es:

„Gesegnet aber ist der Mann, der sich auf YHWH verlässt und dessen Zuversicht YHWH ist. Der ist wie ein Baum, am Wasser gepflanzt, der seine Wurzeln zum Bach hin streckt. Denn obgleich die Hitze kommt, fürchtet er sich doch nicht, sondern seine Blätter bleiben grün; und er sorgt sich nicht, wenn ein dürres Jahr kommt, sondern bringt ohne Aufhören Früchte."

Und Jesaja 26,3-4 lautet:

„Wer festen Herzens ist, dem bewahrst du Frieden; denn er verlässt sich auf dich. Darum verlasst euch auf YHWH immerdar; denn YHWH ist ein Fels ewiglich."

Ungehorsam verhindert die Sabbatruhe

Der Sabbat ist ein Tag der Ruhe. In 1. Mose 2,2 steht der bekannte Vers:

„Und so vollendete Elohim am siebten Tage seine Werke, die er machte, und *ruhte* am siebten Tage von allen seinen Werken, die er gemacht hatte."

YHWH verbindet das Eintreten in seine Ruhe mit dem Glauben an die Torah. In Jesaja 28,9-13 steht:

„Wen will der denn Erkenntnis (Torah) lehren? Wem will er Offenbarung zu verstehen geben? Denen, die entwöhnt sind von der Milch, denen, die von der Brust abgesetzt sind? *Zawlazaw zawlazaw* (Gebot an Gebot), *kawlakaw kawlakaw* (Messschnur an Messschnur), hier ein wenig, da ein wenig! Jawohl, YHWH wird einmal mit unverständlicher Sprache und mit einer fremden Zunge reden zu diesem Volk, er, der zu ihnen gesagt hat: »Das ist die Ruhe; schafft *Ruhe* den Müden, und das ist die Erquickung!« Aber sie wollten nicht hören."

Übrigens steht bei dem Wort Ruhe in diesem Abschnitt im Urtext *menucha* (Nr. 4496 in *Strong's Konkordanz Hebräisch*). Dies bedeutet „*ein Wohnort, Leichtigkeit, Stille, Ruheplatz, ein beruhigter beständiger Ort, Frieden, Heimat.*"

YHWH verbindet also das Vertrauen auf ihn und den Gehorsam der Torah gegenüber mit dem Eintreten in seine Ruhe. In Psalm 95,7-11 heißt es:

„Denn er ist unser Elohim und wir das Volk seiner Weide und Schafe seiner Hand. *Wenn ihr doch heute auf seine Stimme hören wolltet: »Verstockt euer Herz nicht*, wie zu Meriba geschah, wie zu Massa in der Wüste, wo mich eure Väter versuchten und prüften und hatten doch mein Werk gesehen. Vierzig Jahre war dies Volk mir zuwider, dass ich sprach: Es sind Leute, deren Herz immer den Irrweg will und die meine Wege nicht lernen wollen, sodass ich schwor in meinem Zorn: *Sie sollen nicht zu meiner Ruhe kommen.*«"

Die gleiche Aussage finden wir in Hebräer 3,7ff bis 4,12:

„Deshalb, wie der *Ruach Ha Kodesch* sagt: »Heute, wenn ihr die Stimme Gottes hört, verhärtet eure Herzen nicht, wie ihr es getan habt im Bitteren Hader an jenem Tag in der Wüste, als ihr Gott auf die Probe stelltet. Ja, eure Väter stellten mich auf die Probe; sie forderten mich heraus, und sie sahen mein Werk vierzig Jahre lang! Deshalb war ich angeekelt von dieser Generation – ich sagte: ›Ihre Herzen gehen allezeit in die Irre, sie haben kein Verständnis dafür, wie ich die Dinge tue‹; und in meinem Zorn schwor ich, dass sie nicht eingehen sollten im meine Ruhe.« Hütet euch, Brüder, dass nicht in einem von euch ein böses Herz ohne Vertrauen sei, das euch zum Abfall vom lebendigen Gott verführen könnte! Ermahnt einander statt dessen jeden Tag, solange es Heute heißt, damit keiner von euch durch die Täuschug der Sünde verhärtet werde. Denn wir sind Teilhaber am Messias geworden, vorausgesetzt allerdings, dass wir festhalten an der Überzeugung, mit der wir angefangen haben, bis das Ziel erreicht ist. Wenn es nun heißt: »Heute, wenn ihr die Stimme Gottes hört, verhärtet eure Herzen nicht, wie ihr es getan habt im Bitteren Hader«, wer waren die Menschen, die, nachdem sie gehört hatten, so bitterlich haderten? Alle, die Mosche aus Ägypten herausbrachte. Und von wem war Gott vierzig Jahre lang angeekelt? Von denen, die sündigten – ja, sie fielen tot um in der Wüste! *Und wem schwor er, dass sie nicht eingehen würden in seine Ruhe? Denen, die ungehorsam waren.* So sehen wir also, dass sie unfähig waren einzugehen, aus Mangel an Vertrauen. Deshalb laßt uns entsetzt zurückschrecken vor der Möglichkeit, dass, obgleich die Verheißung, in seine Ruhe einzugehen, bestehen bleibt, über einen von euch geurteilt wird, er sei zurückgeblieben; denn die Gute Nachricht ist auch uns verkündet, ebenso wie ihnen. Doch die Botschaft, die sie hörten, nützte ihnen nichts, weil die, die sie hörten, sie nicht mit Vertrauen verbanden. *Denn es sind wir, die vertraut haben, die in die Ruhe eingehen.* Es ist geradeso, wie er sagte: »Und in meinem Zorn schwor ich, dass sie nicht eingehen sollten in meine Ruhe.« Er schwor das, obwohl seine Werke existierten seit der Gründung des Universums. *Denn es gibt eine Stelle, an der es über den siebten Tag heißt: »Und Gott ruhte am siebten Tag* von allen seinen Werken.« Und unser gegenwärtiger Text sagt einmal mehr: »Sie werden nicht eingehen in meine Ruhe.« Deshalb, weil es noch aussteht, dass manche eingehen, und weil die, die die Gute Nachricht früher empfangen haben, nicht eingegangen sind, setzt er abermals einen bestimmten Tag fest, »Heute«, und sagt auf diese Weise viel später durch David, in dem Text, der bereits gegeben ist: »Heute, wenn ihr die Stimme Gottes hört, verhärtet eure Herzen nicht.« Denn wenn Jehoschua ihnen Ruhe gegeben hätte, hätte Gott später nicht von einem anderen »Tag« gesprochen. *Also ist dem Gottesvolk noch eine Schabbat-Ruhe geblieben.* Denn der, der in Gottes Ruhe eingegangen ist, hat auch von seinen eigenen Werken geruht, wie Gott von den seinen. Deshalb lasst uns unser Bestes tun, in diese Ruhe einzugehen; damit niemand wegen desselben Ungehorsams zurückbleibe. Sieh, das *Wort Gottes* ist lebendig! Es ist am Werk und ist schärfer als ein zweischneidiges Schwert – es schneidet durch bis zu dem Punkt, wo sich Geist und Seele und Gelenk und Mark begegnen, und es zögert nicht, die inneren Überlegungen und Verhaltensweisen des Herzens zu richten."

Der Messias ist unsere Sabbatruhe

Jesaja 11,1+10 spricht über den Messias und darüber, dass seine Ruhe herrlich sein wird:

„Und es wird ein Reis hervorgehen aus dem Stamm Isais und ein Zweig aus seiner Wurzel Frucht bringen. ... Und es wird geschehen zu der Zeit, dass das Reis aus der Wurzel Isais dasteht als Zeichen für die Völker. Nach ihm werden die Heiden fragen, und *seine Ruhe wird herrlich sein.*"

In Matthäus 11,28-30 heißt es:

„*Kommt zu mir*, ihr alle, die ihr kämpft und beladen seid, und ich will euch Ruhe geben. Nehmt mein Joch auf euch und lernt von mir, denn ich bin freundlich und von Herzen demütig, und *ihr werdet Ruhe* für eure Seelen *finden*. Denn mein Joch drückt nicht, und meine Last ist leicht."

In Johannes 14,23 steht geschrieben:

„*Jeschua* antwortete ihm: »Wenn jemand mich liebt, wird er mein Wort halten; und mein Vater wird ihn lieben, und wir werden zu ihm kommen und Wohnung bei ihm nehmen.«"

Und wiederum in Matthäus 7,24-27:

„Jeder, der diese meine Worte hört und nach ihnen handelt, wird sein wie ein vernünftiger Mann, der sein Haus auf Fels baute. Der Regen fiel, die Flüsse traten über die Ufer, die Winde wehten und schlugen gegen das Haus, doch es stürzte nicht ein, denn sein Fundament war auf Fels errichtet. Jeder aber, der diese meine Worte hört und nicht nach ihnen handelt, wird wie ein dummer Mann sein, der sein Haus auf Sand baute. Der Regen fiel, die Flüsse traten über die Ufer, der Wind wehte und schlug gegen das Haus, und es stürzte ein – und sein Fall war schrecklich!"

An diese Stelle ist noch zu ergänzen, was weiter oben schon einmal angedeutet wurde, dass nämlich der Sabbat ein geistlicher Vorschatten von YHWHs Erlösungsplans durch *Jeschua* ist. In Kolosser 2,16-17 lesen wir:

„So laßt euch nun von niemandem richten im Zusammenhang mit Essen oder Trinken oder in Hinsicht auf ein jüdisches Fest oder *Rosch-Chodesch* (Neumond, Monatsanfang) oder *Schabbat*. *Diese sind nur ein Schatten der Dinge, die kommen, der Leib selbst aber ist der Messias.*"

Jeschua kam beim ersten Mal auf die Erde, um der leidende Messias zu sein. Dann vollendete er das Werk, zu dem YHWH ihn gesandt hatte. In Johannes 17, 1+4 heißt es:

„Nachdem *Jeschua* diese Dinge gesagt hatte, blickte er zum Himmel auf und sagte: »Vater, die Zeit ist gekommen. Verherrliche deinen Sohn, damit dein Sohn dich verherrliche. ... Ich habe dich auf Erden verherrlicht, indem *ich das Werk, das zu tun du mir aufgegeben hast, vollendet habe.*«"

Nachdem *Jeschua* das Werk vollendet hatte, setzte er sich zur Rechten YHWHs. In Psalm 110,1 kann man dies sehr schön nachvollziehen.

„YHWH sprach zu meinem Herrn: »Setze dich zu meiner Rechten, bis ich deine Feinde zum Schemel deiner Füße mache.«"

In Hebräer 1,1-3 und 10,12-13 lesen wir:

„Vor alters hat Gott auf viele und verschiedene Weise durch die Propheten zu den Vätern gesprochen. Nun aber, in der *Acharit Ha Jamim* (am Ende der Tage), hat er durch seinen Sohn zu uns gesprochen, dem er alles gegeben hat und durch den er das Universum erschaffen hat. Dieser Sohn ist das Leuchten der *Schechinah*, die Verkörperung des Wesens Gottes selbst, der alles, was ist, durch sein mächtiges Wort erhält; und als er durch sich selbst die Reinigung von den Sünden vollbracht hatte, setzte er sich zur rechten Hand der *Ha Gedulah Ba Meromim*. ... Dieser eine hingegen *setzte sich, nachdem er für alle Zeit ein einziges Opfer für die Sünden dargebracht hatte, zur rechten Hand Gottes,* um dort zu warten, bis seine Feinde zum Fußschemel für seine Füße gemacht werden."

Ein weiterer Sabbatsegen

Das Sabbatgebot gilt sowohl für das *Haus Juda* als auch für das *Haus Israel*. YHWH verspricht dem Juden und dem Christen, der den Sabbat hält, noch einen weiteren Segen. In Jesaja 56,1-8 lesen wir:

„So spricht YHWH: Wahrt das Recht und übt Gerechtigkeit; denn mein Heil ist nahe, dass es komme, und meine Gerechtigkeit, dass sie offenbart werde. Wohl dem Menschen, der dies tut, und dem Menschenkind, das daran festhält, *das den Sabbat hält* und nicht entheiligt und seine Hand hütet, nichts Arges zu tun! Und der Fremde, der sich YHWH zugewandt hat, soll nicht sagen: YHWH wird mich getrennt halten von seinem Volk. Und der Verschnittene soll nicht sagen: Siehe, ich bin ein dürrer Baum. Denn so spricht YHWH: *Den Verschnittenen, die meine Sabbate halten* und erwählen, was mir wohlgefällt, und an meinem Bund festhalten, denen will ich in meinem Hause und in meinen Mauern ein Denkmal und einen Namen geben; das ist besser als Söhne und Töchter. Einen ewigen Namen will ich ihnen geben, der nicht vergehen soll. Und die Fremden, *die sich YHWH zugewandt haben,* ihm zu dienen und seinen Namen zu lieben, damit sie seine Knechte seien, *alle, die den Sabbat halten,* dass sie ihn nicht entheiligen, und die an meinem Bund festhalten, die will ich zu meinem heiligen Berge bringen und will sie erfreuen in meinem Bethaus, und ihre Brandopfer und Schlachtopfer sollen mir wohlgefällig sein auf meinem Altar; denn *mein Haus wird ein Bethaus heißen für alle Völker.* Adonai YHWH, der die Versprengten Israels sammelt, spricht: Ich will noch mehr zu der Zahl derer, die versammelt sind, sammeln."

Die Sabbatkerzen

Im traditionellen Judentum wird der Sabbat von der Frau des Hauses willkommen geheißen, wenn sie zwei Sabbatkerzen anzündet.[7] Dabei spricht sie den folgenden Segen:

„Gesegnet bist du, YHWH unser Elohim, König des Universums, der du uns durch deine Gebote geheiligt und uns befohlen hast, das Licht anzuzünden."[8]

Es gibt zahlreiche Interpretationen für das Anzünden der beiden Kerzen. Eine davon ist die, dass eine Kerze für die Torah und die andere für die Propheten steht. *Jeschua* erklärte, dass die Torah und die Propheten geschrieben wurden, um von ihm zu sprechen. In Lukas 24,27+44-47 steht geschrieben:

„Dann erklärte er *(Jeschua)* ihnen, angefangen bei Mosche und den ganzen Propheten, die Dinge, die in der Tenach über ihn gefunden werden können. ... *Jeschua* sagte zu ihnen: »Das habe ich gemeint, als ich noch bei euch war und euch sagte, dass alles, was Mosche, die Propheten und die Psalmen über mich in der Torah geschrieben haben, erfüllt werden musste.« Dann öffnete er ihren Verstand, so dass sie die Tenach verstehen konnten, und sagte ihnen: »Es bedeutet folgendes: Der Messias muss leiden und am dritten Tag von den Toten auferstehen; und in seinem Namen soll die Buße, die zur Vergebung der Sünden führt, Menschen aus allen Völkern verkündet werden, angefangen in Jeruschalajim.«"

Jeschua betete, dass die Kinder YHWHs durch das Halten seiner Gebote und der Torah geheiligt werden. In Johannes 14,15 und 17,1-4+17 heißt es:

„Wenn ihr mich liebt, werdet ihr meine Gebote halten. ... Nachdem *Jeschua* diese Dinge gesagt hatte, blickte er zum Himmel

auf und sagte: »Vater, die Zeit ist gekommen. Verherrliche deinen Sohn, damit dein Sohn dich verherrliche, so wie du ihm Vollmacht über die ganze Menschheit gegeben hast, damit er ewiges Leben all jenen geben möge, die du ihm gegeben hast. *Und ewiges Leben ist dies: dich zu kennen, den wahren Gott, und ihn, den du gesandt hast, Jeschua den Messias.* Ich habe dich auf Erden verherrlicht, indem *ich das Werk,* das zu tun du mir aufgetragen hast, *vollendet habe.* ... *Sondere sie aus für die Heiligkeit* durch die Wahrheit – dein Wort ist Wahrheit."

Im allerletzten Vers hat *Jeschua* aus Psalm 119,142 zitiert:

„Deine Gerechtigkeit ist eine ewige Gerechtigkeit, und dein Gesetz *(Torah)* ist *die Wahrheit.*"

Geistlich betrachtet richten die beiden Sabbatkerzen den Blick also nicht nur auf Mose und die Propheten, sondern auch auf *Jeschua* und die Hochzeit seiner Braut mit ihm. Offenbarung 19,7-9 lautet:

„Wir wollen uns freuen und froh sein! Wir wollen ihm die Ehre geben! Denn die Zeit für die Hochzeit des Lammes ist gekommen, und seine Braut hat sich bereitet – feines Leinen, glänzend und rein, gab man ihr zu tragen. Das feine Leinen sind die gerechten Taten (das Halten der Gebote) des Gottesvolkes."

Man nennt die beiden Sabbatkerzen auch *Lichter* oder *Lampen.* Wenn die Frau den Segen über den Kerzen spricht, sagt sie:

„Gesegnet bist du, YHWH unser Elohim, der uns geboten hat, das *Licht* anzuzünden."

Licht, Lampe oder *Leuchte* sind in der Bibel sehr wichtige geistliche Bilder. Sie stehen unter anderem für diese neun Dinge:

1. Die Torah

In Psalm 119,105 lesen wir: „Dein Wort ist meines Fußes *Leuchte* und ein *Licht* auf meinem Wege."

2. Das Halten der Torah

In Sprüche 6,23 heißt es: „Denn das Gebot ist eine *Leuchte* und die Weisung *(Torah)* ein *Licht,* und die Vermahnung ist der Weg des Lebens."

3. Das Evangelium

Der 2. Brief an die Korinther 4,3-4+6 drückt das so aus: „Wenn unsere Gute Nachricht also tatsächlich verschleiert ist, ist sie nur denen verschleiert, die verlorengehen (die kein Licht haben). Sie finden nicht zum Vertrauen, weil der Gott des *Olam Haseh* (jetzigen Zeitalters) ihren Sinn verblendet hat, um sie daran zu hindern, das *Licht* zu sehen, das von der Guten Nachricht von der Herrlichkeit des Messias, der das Bild Gottes ist, ausgeht. ... Denn es ist Gott, der einst sagte: »Es möge *Licht* aus der Finsternis scheinen«, der sein *Licht* in unsere Herzen scheinen ließ, das *Licht* der Erkenntnis der Herrlichkeit Gottes die im Antlitz des Messias *Jeschua* leuchtet."

4. Der Geist oder das Herz des Menschen

In Sprüche 20,27 lesen wir: „Eine *Leuchte* YHWHs *ist des Menschen Geist;* er durchforscht alle Kammern des Innern."

5. Jeschua

In Johannes 8,12 und 12,35-36+46 steht geschrieben: „Wieder sprach *Jeschua* zu ihnen: »Ich bin das *Licht* der Welt; wer immer mir folgt, wird niemals in Finsternis wandeln, sondern wird das *Licht* haben, das Leben gibt.« ... *Jeschua* sagte zu ihnen: »Das *Licht* wird nur noch kurze Zeit unter euch sein. Geht, solange ihr das *Licht* habt, oder die Finsternis wird euch überwältigen; wer in der Finsternis geht, weiß nicht, wohin er geht. Solange ihr das *Licht* habt, setzt euer Vertrauen auf das *Licht;* damit ihr Menschen des *Lichts* werdet. ... Ich bin als ein *Licht* in die Welt gekommen, damit jeder, der mir vertraut, nicht in der Finsternis bleibe.«"

6. Das Leben der Gläubigen

In Matthäus 5,14-16 stehen die bekannten Verse: „*Ihr seid das Licht* der Welt. Eine Stadt, die auf einem Hügel erbaut ist, kann nicht verborgen werden. Und wenn Menschen eine Lampe anzünden, so bedecken sie sie nicht mit einem Gefäß, sondern stellen sie auf einen Leuchter, damit sie jedem im Haus scheint. So lasst auch euer *Licht* leuchten vor den Menschen, damit sie das Gute, das ihr tut, sehen und euren Vater im Himmel loben."

7. Die jüdische Hochzeit

Die jüdische Hochzeit wird in der Bibel auch mit dem Licht in Verbindung gebracht. Man kann dies in Jeremia 25,10 nachvollziehen: „Ich will wegnehmen allen fröhlichen Gesang, die Stimme des Bräutigams und der Braut, das Geräusch der Mühle und das *Licht* der *Lampe.*"

8. Die Hochzeit von *Jeschua* und seiner Braut

In Matthäus 25,1-13 wird die Hochzeit von *Jeschua* und seiner Braut mit den zehn Jungfrauen verglichen, die ihre Lampen mitgebracht hatten. Wir lesen in Matthäus 25,1: „Zu jener Zeit wird das Reich des Himmels *(malkut shamajim)* sein wie zehn Brautjungfern, die ihre *Lampen* nahmen und hinausgingen, dem Bräutigam entgegen."

9. Jerusalem

Im traditionellen jüdischen Gedankengut wird Jerusalem als die Stadt der Braut betrachtet. Dazu Offenbarung 21, Verse 2, 9-11 und 23: „Und ich sah die heilige Stadt, das Neue Jeruschalajim, herabkommen aus dem Himmel von Gott, *bereitet wie eine Braut, schön gekleidet für ihren Ehemann. ...* Einer der sieben Engel näherte sich mir und sagte: »Komm! *Ich will dir die Braut zeigen, die Frau des Lammes.*« Er trug mich fort im Geist auf die Spitze eines großen, hohen Berges und zeigte mir die heilige Stadt, Jeruschalajim, die herabkam aus dem Himmel von Gott. Sie hatte die *Schechinah* Gottes, so dass ihr *Strahlen* war wie das eines unvergleichlich kostbaren Juwels, eines kristallklaren Diamanten. ... Die Stadt braucht weder den Schein der Sonne noch des Mondes, denn Gottes *Schechinah* gibt ihr *Licht* und ihre *Lampe* ist das Lamm."

Zwei Kerzen für Ephraim und Juda

Nach einer anderen Interpretation des Kerzenanzündens am Sabbat steht eine Kerze für Juda, das *Haus Juda* und die andere für Ephraim, das *Haus Israel* und für die Wiedervereinigung der beiden Häuser, die in Hesekiel 37,15-16+19 vorhergesagt ist:

„Und das Wort YHWHs geschah zu mir: Du Menschenkind, nimm dir ein Holz und schreibe darauf: »Für *Juda* und Israel, die sich zu ihm halten.« Und nimm noch ein Holz und schreibe darauf: »Holz *Ephraims*, für Josef und das ganze Haus Israel, das sich zu ihm hält.« ... So sprich zu ihnen: So spricht Adonai YHWH: Siehe, ich will das Holz Josefs, das in der Hand Ephraims ist, nehmen samt den Stämmen Israels, die sich zu ihm halten, und will sie zu dem Holz Judas tun und ein Holz daraus machen, und *sie sollen eins sein in meiner Hand.*"

Die traditionellen jüdischen Sabbatgebete enthalten die Bitte an YHWH um die Wiedervereinigung der beiden Häuser.

Der Tag YHWHs

Der Sabbat ist der Tag YHWHs. Dies können wir in Jesaja 58,13-14 nachlesen:

„Wenn du deinen Fuß am *Sabbat* zurückhältst und nicht deinen Geschäften nachgehst an *meinem heiligen Tage* und den Sabbat »Lust« nennst und *den heiligen Tag YHWHs* »Geehrt«; wenn du ihn dadurch ehrst, dass du nicht deine Gänge machst und nicht deine Geschäfte treibst und kein leeres Geschwätz redest, dann wirst du deine Lust haben an YHWH, und ich will dich über die Höhen auf Erden gehen lassen und will dich speisen mit dem Erbe deines Vaters Jakob; denn YHWHs Mund hat's geredet."

Der Tag YHWHs ist ein wichtiges Thema in der Bibel, besonders in den Büchern der Propheten. Meistens geht es bei diesem Tag um das nahende Kommen des Messias, das Gericht an den Nationen, die Zeit der Bedrängnis und das messianische Zeitalter. Da man den Sabbat auch den Tag YHWHs nennt, ist er ein Vorschatten des messianischen Zeitalters.

Den Begriff *Tag YHWHs* kann man in den folgenden Bibelversen finden: Jesaja 2,12; 13,6+9; Hesekiel 13,5 und 30,3; Joel 1,15; 2,1+11 und 3,14; Amos 5,18+20; Obadja 1,15; Zefanja

1,7+14; Sacharja 14,1; Maleachi 4,5; 1. Thessalonicher 5,2 und 2. Petrus 3,10.

In den Propheten wird auf den Tag YHWHs oft durch eine verschlüsselte Kurzform, nämlich *„an jenem Tag"* Bezug genommen. Eigentlich ist diese Kurzform eine jüdische Floskel für den Tag YHWHs. Die Ereignisse während dieser Zeitspanne „am Tag YHWHs" sind ein Hauptthema im Buch Jesaja. Der Prophet gebraucht diesen Ausdruck sehr häufig, um auf ebendiesen Tag hinzuweisen. Man findet den Ausdruck in vielen Versen Jesajas: 2,11+17 und 20; 3,7+18; 4,1-2; 5,30; 7,18+21 und 23; 10,20+27; 11,10-11+16; 12,1+4; 17,4+9; 19,16+18-19 und 21+23-24; 20,6; 22,8+12 und 20+25; 23,15; 24,21; 25,9; 26,1; 27,1-2 und 12-13; 28,5; 29,18; 30,23 und 25-26; 31,7 und 52,6.

Es gibt noch eine weitere jüdische Floskel, die sich auf den Tag YHWHs bezieht und zwar der Ausdruck *„zu jener Zeit"*, den man auch mehrmals in der Bibel finden kann: Jesaja 18,7; Jeremia 3,17; 4,11; 8,1; 31,1; 50,4+20; Daniel 12,1; Joel 3,1; Zefanja 1,12 und 3,20.

Vom Abend bis zum Morgen

Der biblische Tag beginnt am Abend und endet am „Morgen" (1. Mose 1, Verse 1, 5, 8, 13, 19, 23 und 31). Gleichermaßen beginnt auch der Sabbat am Abend und endet am „Morgen" (Zeit des Lichts). Jeder einzelne der sieben Schöpfungstage ist ein geistliches Bild auf eine 1000-jährige Zeit. In Psalm 90,4 lesen wir:

> „Denn tausend Jahre sind vor dir wie der Tag, der gestern vergangen ist, und wie eine Nachtwache."

Der siebte Schöpfungstag, der Sabbat, ist ein geistliches Bild des 1000-jährigen messianischen Zeitalters. Der Apostel Petrus bringt den Tag YHWHs mit dem Kommen des Messias und dem messianischen Zeitalter in Verbindung. In 2. Petrus 3,7-10 steht geschrieben:

„Und durch dasselbe Wort werden der gegenwärtige Himmel und die gegenwärtige Erde, die bewahrt worden sind, bewahrt für das Feuer am Tag des Gerichts, wenn die gottlosen Menschen vernichtet werden. Außerdem, liebe Freunde, *vergeßt dies nicht: Beim Herrn ist ein Tag wie tausend Jahre und tausend Jahre sind wie ein Tag.* Der Herr verzieht nicht in der Erfüllung seiner Verheißung, wie manche Leute glauben; im Gegenteil, er ist geduldig mit euch; denn er will nicht, dass alle vernichtet werden, sondern dass sich jeder einzelne von seinen Sünden abkehrt. Doch der Tag des Herrn wird kommen »wie ein Dieb«. Am jenem Tag wird der Himmel mit einem Brausen verschwinden, die Elemente werden schmelzen und sich auflösen, und die Erde und alles, was auf ihr ist, wird verbrannt werden."

Sabbat und biblische Prophetie

Der Sabbat wurde uns zum besseren Verständnis der biblischen Endzeit-Prophetie gegeben, da er ein Vorschatten auf diejenige Zeit ist, die als der Tag YHWHs oder das messianische Zeitalter bezeichnet werden. Zudem beginnt der biblische Tag am *Abend* (eine Zeit der Dunkelheit) und endet am *Morgen* (eine Zeit des Lichts). Könnte es daher sein, dass der Tag YHWHs oder das 1000-jährige messianische Zeitalter auch am Abend beginnt und am Morgen endet?

In meinem Buch *„Die sieben Feste des Messias"* erkläre ich, dass eines der Themen von *Rosch HaSchana* (das Posaunenfest, 3. Mose 23,23-25) *HaMelech,* also der König ist. Dieses Fest ist die biblisch vereinbarte Zeit, zu der *Jeschua* gekrönt werden wird. (Psalm 47 ist übrigens der Krönungspsalm).

Nach der Krönungszeremonie von *Jeschua* in Offenbarung 4 und 5 werden in den Kapiteln 6 bis 18 die Ereignisse der Trübsalszeit und das Gericht an den Nationen beschrieben. Die Rückkehr von *Jeschua* als der königliche Messias ist dann in Offenbarung 19 nachzulesen. Sehr viele Christen haben eine verkehrte Vorstellung von diesen Ereignissen, da sie zu großen Teilen nicht verstanden haben, dass der Sabbat als ein prophetischer Vorschatten des messianischen Zeitalters gegeben wurde. Außerdem fehlt hier in den meisten Fällen das Verständnis, dass der biblische Sabbat tatsächlich der siebte Wochentag ist und vom Sonnenuntergang am Freitag bis zum Sonnenuntergang am Samstag reicht.

Bezeichnungen für den Tag YHWHs

Es gibt viele verschiedene Bezeichnungen für den Tag YHWHs. Einige beschreiben schwere Zeiten mit Prüfungen, Schwierigkeiten, Bedrängnis und Dunkelheit (Abend = Zeit der Dunkelheit), während andere bessere Zeiten mit Frieden und Ruhe anzeigen (Morgen = Zeit des Lichts).

Hier 15 Bezeichnungen für die schweren Zeiten:

1. Tag der Heimsuchung und Verwüstung (Jesaja 10,3)
2. Tag des grimmigen Zorns (Jesaja 13,13)
3. Tag des Kummers und der verzweifelten Sorge (Jesaja 17,11)
4. Tag des Unglücks (Jesaja 22,5; Jeremia 51,2; Zefania 1,14-15)
5. Tag des großen Schlachtens (Jesaja 30,25)
6. Tag der Rache YHWHs (Jesaja 34,8; 61,2; 63,4)
7. Tag des Zornes (Zefanja 1,15 u. 18)
8. Tag der Dunkelheit und der Düsternis (Joel 2,1-2; Zefania 1,14-15)
9. Tag des Gewölks und der dichten Finsternis (Joel 2,1-2; Zefania 1,14-15)
10. Großer und schrecklicher Tag (Joel 3,4; Maleachi 3,23)
11. Tag der Schlacht (Sacharja 14,3)
12. Tag von Jakobs Not (Jeremia 30,7; Daniel 12,1)
13. Tag der Verwüstung und Verödung (Zefanja 1,15)
14. Tag der Trompeten und des Alarms (Zefanja 1,16)
15. Tag des Gerichtes und des Verderbens gottloser Menschen (2. Petrus 3,7)

Nun seien einmal elf positive Bezeichnungen aufgelistet:
1. Tag, an dem YHWH Ruhe verschafft (Jesaja 14,3)
2. Tag des Ostwindes (Jesaja 27,8)
3. Tag des Heils (Jesaja 49,8)
4. Tag der Wolken (Hesekiel 30,3; Hebräer 12,1)
5. Tag, an dem ich mich verherrliche (Hesekiel 39,13)
6. Tag seiner Vorbereitung (Nahum 2,3)
7. Tag, an dem der Menschensohn offenbart wird (Lukas 17,30)
8. Tag unseres Herrn *Jeschua* (1. Korinther 1,8; 2. Korinther 1,14; Philipper 1,6)
9. Tag der Erlösung (Epheser 4,30)
10. Tag des Messias (Philipper 1,10; 2,16)
11. Tag YHWHs (2. Petrus 3,12)

Nach der Rückkehr von *Jeschua* auf die Erde, und zwar als königlicher Messias, werden Friede und Harmonie dauerhaft auf Erden sein.

Hier nun acht Schriftstellen, die von jener Friedenszeit sprechen:
1. Die Tiere werden untereinander und mit den Menschen in Frieden leben (Jesaja 11,6-8).
2. Das Ackerland wird fruchtbar und ertragreich sein (Hesekiel 34,25-27).
3. YHWHs Volk soll sicher und in Frieden wohnen (Hesekiel 34,25+28).
4. Die ganze Welt wird von der Erkenntnis YHWHs erfüllt sein (Jesaja 11,9; Jeremia 31,33-34).
5. Es wird Friede sein und keine Kriege geben (Jesaja 2,3-4; Micha 4,3).
6. Die Torah wird von Jerusalem aus gelehrt werden (Jesaja 2,2-3; Micha 4,1-2).
7. Auf der Erde wird es ständig hell sein (Sacharja 14,6-8).
8. *Jeschua* wird der König über der ganzen Erde sein (Daniel 7,13-14+18 und 27; Sacharja 14,9; Offenbarung 2,27; 11,15; 12,5 und 19,15-16).

Der Tag YHWHs beginnt also einerseits mit einer Zeit der Prüfungen, Schwierigkeiten und der Bedrängnis und endet andererseits mit einer Zeit des Friedens und des Wohlergehens, der Sicherheit ohne Kriege, der Erkenntnis der Torah und des Lichts. Dass jener Tag sowohl Dunkelheit als auch Licht sein wird, widerspricht sich nicht, wenn wir verstehen, dass der Sabbat ein Ausdruck für den Tag YHWHs ist und dass jeder Sabbat am Abend beginnt und am hellen Tag endet.

Daher wird es recht wahrscheinlich sein, dass der abendliche Teil des Tages YHWHs, die ersten sieben Jahre des 1000-jährigen messianischen Zeitalters die Bedrängniszeit oder die Geburtswehen des Messias sind und die verbleibenden 993 Jahre der morgendliche Teil des Tages YHWHs. An jenem hellen Tag wird *Jeschua* – genannt Tagstern (2. Petrus 1,19; wörtl. a.d. Engl.) und heller Morgenstern (Offenbarung 22,16) – als königlicher Messias auf die Erde zurückkehren und seine Füße auf den Ölberg setzen (Sacharja 14,4).

Der Sabbat in aller Ewigkeit

Als YHWH seinem Volk den Sabbat gab, verkündete er, dass dies eine *ewige* und *immerwährende* Anordnung sei. In 2. Mose 31,15-17 lesen wir dies:

„Sechs Tage soll man arbeiten, aber am siebenten Tag ist Sabbat, völlige Ruhe, heilig für YHWH. Wer eine Arbeit tut am Sabbattag, soll des Todes sterben. Darum sollen die Israeliten *den Sabbat halten*, dass sie ihn auch bei ihren Nachkommen halten *als ewigen Bund.* Er ist ein *ewiges Zeichen* zwischen mir und den Israeliten. Denn in sechs Tagen machte YHWH Himmel und Erde, aber am siebenten Tage ruhte er und erquickte sich."

Selbst in den Tagen des neuen Himmels und der neuen Erde wird der Sabbat gehalten werden. In Offenbarung 21,1 heißt es zunächst einmal:

„Dann sah ich einen neuen Himmel und eine neue Erde, denn die alte Erde war vergangen und das Meer war nicht mehr da."

In jenen Tagen des neuen Himmels und der neuen Erde wird YHWH verlangen, dass alle Fleisch den Sabbat hält. In Jesaja 66,22-23 finden wir den erstaunlichen Nachweis:

„Denn wie der neue Himmel und die neue Erde, die ich mache, vor mir Bestand haben, spricht YHWH, so soll auch euer Geschlecht und Name Bestand haben. Und *alles Fleisch* wird einen Neumond nach dem andern und *einen Sabbat nach dem andern* kommen, um vor mir anzubeten, spricht YHWH."

Möge *Jeschua* bald kommen und sein Königreich aufrichten und von Jerusalem aus ewigen Frieden und die Lehre der Torah für alle Nationen bringen, damit beide Häuser Israels für immer in die Sabbatruhe YHWHs eingehen können. Amen!

Kapitel 5

DER 7000-JÄHRIGE HEILSPLAN YHWHs

Als YHWH Adam und Eva schuf, ordnete er an, dass es von dieser Erschaffung bis zum Ende des messianischen Zeitalters 7000 Jahre seien. Vor der Erschaffung des Menschen war die vergangene Ewigkeit und nach dem messianischen Zeitalter wird die künftige Ewigkeit (*Olam Habah*) sein. Die letztere wird eine Rückkehr zum Paradies der früheren Ewigkeit sein, die durch den Garten Eden vor dem Sündenfall repräsentiert wird. Der Zeitlauf geht sozusagen voran in die Vergangenheit. Das, was einmal war, wird auch wieder sein. In Prediger 1,9 heißt es:

> „Was geschehen ist, eben das wird hernach sein. Was man getan hat, eben das tut man hernach wieder, und es geschieht nichts Neues unter der Sonne."

Das traditionelle Judentum hat verstanden, dass die ersten 6000 Jahre als das gegenwärtige Zeitalter bekannt sind. Diese 6000 Jahre werden in drei Zeitalter von jeweils 2000 Jahren unterteilt. Die ersten 2000 Jahre reichen von der Erschaffung Adams bis zur Zeit Abrahams und werden als das Zeitalter der Verwüstung (*Tohu*) bezeichnet. Die folgenden 2000 Jahre von Abraham bis zur erwarteten Ankunft des Messias sind als das Zeitalter der Torah bekannt und die letzten 2000 Jahre des gegenwärtigen Zeitalters werden als die Tage des Messias beschrieben. Die allerletzten 1000 Jahre nennt man schließlich das messianische Zeitalter (zur Erinnerung: *Athid Lavo*).

Die folgende Darstellung veranschaulicht den 7000-jährigen Heilsplan YHWHs:

```
                 2000    4000    6000    7000
Olam Habah > |     |       |       |       |< Olam Habah
                 Tohu    Torah  Messias Athid Lavo
```

Sieben Schöpfungstage als Bild für 7000 Jahre

Der 7000-jährige Heilsplan YHWHs ist ein wesentliches Konzept und eine grundlegende Wahrheit für das Verständnis von biblischer Prophetie und Eschatologie (Lehre von den letzten Dingen). Die Rabbiner des traditionellen Judentums haben verstanden, dass YHWH die sieben Schöpfungstage aus 1. Mose gab, um sein Volk zu unterweisen, dass von der Erschaffung des Menschen bis zum Ende des messianischen Zeitalters 7000 Jahre vergehen. Dabei steht jeder Schöpfungstag für 1000 Jahre. Dies ergibt sich durch die Verknüpfung von Psalm 90,4 mit den sieben Schöpfungstagen.

„Denn *tausend Jahre* sind vor dir wie *der Tag*, der *gestern* vergangen ist, und wie eine Nachtwache."

Die rabbinische Literatur lehrt ebenfalls, dass jeder Schöpfungstag 1000 Jahre repräsentiert. Im Talmud steht geschrieben (Sanhedrin 97): „Übereinstimmend mit R. Kattina wurde gelehrt: So wie das jeweils siebte Jahr ein Jahr der Freilassung ist, so verhält es sich auch mit den Jahrtausenden: von 7000 Jahren soll während 1000 Jahren eine Brache herrschen, wie geschrieben steht: Und YHWH alleine soll an jenem Tag erhoben sein." (Jesaja 2,11)

In dem Artikel „Das Kommen des Messias" von Rabbiner Sholom Klass (erschienen in der *Jewish Press*, New York), erläutert der Autor dieselbe Sichtweise, dass nämlich auf der Grundlage von Psalm 90,4 jeder Schöpfungstag für 1000 Jahre steht.

Auch der anerkannte orthodox-jüdische Rabbiner Moses Ben Nachmann erklärt dies. (Dieser ist in der jüdischen Tradition unter den Initialien RaMBaN bekannt, 1194-1270.) Hier ein Ausschnitt aus seinem Artikel:

„Ramban erklärt, dass YHWH bei der Erschaffung der Welt in 1. Mose ein Bild für die Zukunft hinterlassen hat. Jeder Schöpfungstag repräsentiert 1000 Jahre der gesamten Existenz der Welt. Der erste Tag war geringfügig, da niemand die Torah kannte. YHWH schuf das Licht, das von einem Ende der Erde zum anderen schien. Am zweiten Tag schuf er den Himmel, welcher die Wasser teilte. Dies steht für Noah, der von den boshaften Menschen abgesondert wurde, die im Wasser zugrunde gingen. Am dritten Tag kamen Gras und Früchte hervor. Sie repräsentieren Abraham, wie der Psalm sagt: »Ein Zadik (Gerechter) wächst wie das Gras«, und aus ihm ging die Frucht der Torah hervor, bis seine Kinder die Torah am Berg Sinai annahmen. Am vierten Tag entstanden die Planeten und Sterne, welche die zwei heiligen Tempel repräsentieren, von denen das Licht zur Bewahrung der Welt ausging. Am fünften Tag kamen Tiere, Fische und Vögel auf, welche anzeigen, dass sich der Mensch über die Erde ausbreiten und vermehren werde wie die Fische des Meeres. Aber sie würden grausam wie die Tiere sein und YHWH nicht suchen. Am sechsten Tag erschuf YHWH den Menschen. Dies symbolisiert das gegenwärtige Zeitalter, in dem der Messias kommt und der Mensch seinen höchsten Wissensgipfel erreichen wird. Der siebte Tag, der Sabbat, repräsentiert das »Olam Habah«, die künftige Welt, welche der messianischen Ära folgen wird. Möge YHWH uns beschützen und diese glorreichen Tage bald herbeiführen."

Einen weiteren Hinweis auf die jüdische Sichtweise, jeden Schöpfungstag mit 1000 Jahren zu verbinden, finden wir in dem rabbinischen Buch *Barnabas* (Kapitel 13):

„Und sogar am Anfang der Schöpfung erwähnt YHWH den Sabbat. Und er machte in sechs Tagen die Werke seiner Hände; und er vollendete sie am siebten Tag, und er ruhte am siebten Tag und heiligte ihn. Bedenkt, meine Kinder, was das bedeutet: »Er vollendete sie in sechs Tagen«. Dies bedeutet, dass YHWH in sechstausend Jahren alle Dinge zu

Ende bringen wird. Denn bei ihm ist ein Tag tausend Jahre, wie er selbst bezeugt, indem er sagt: Siehe, dieser Tag soll wie tausend Jahre sein. Deswegen, Kinder, werden in sechs Tagen, das heißt, in 6000 Jahren, alle Dinge vollbracht sein. Und was hat das zu bedeuten, dass er sagt »und er ruhte am siebten Tag«? Er meint damit dies: Wenn sein Sohn kommen und die Gottlosen richten wird, dann wird er an jenem siebten Tag ruhen."

Im Neuen Testament finden wir einen weiteren Hinweis für die Richtigkeit der genannten Sichtweise. In 2. Petrus 3,8-10 lesen wir:

„Außerdem, liebe Freunde, *vergeßt* dies *nicht: Beim Herrn* ist *ein Tag* wie *tausend Jahre* und tausend Jahre sind wie ein Tag. Der Herr verzieht nicht in der Erfüllung seiner Verheißung, wie manche Leute glauben; im Gegenteil, er ist geduldig mit euch; denn er will nicht, dass alle vernichtet werden, sondern dass sich jeder einzelne von seinen Sünden abkehrt. Doch der Tag des Herrn wird kommen »wie ein Dieb«. An jenem Tag wird der Himmel mit einem Brausen verschwinden, die Elemente werden schmelzen und sich auflösen, und die Erde und alles, was auf ihr ist, wird verbrannt werden."

Der jüdische Kalender

In dem Buch „Dates of Seasons" der Zentralkonferenz der amerikanischen Rabbiner erklärt Alexander Guttmann in seinem Artikel auf den Seiten 7-10 den Ursprung und das Verständnis des jüdischen Kalenders. Hier ein längerer Auszug aus seinem Artikel.

„Der Hauptzweck des jüdischen Kalenders war schon immer, die Termine der Feste zu plazieren. Der gegenwärtige Kalender hat seine Wurzeln in der Torah, wurde aber von jüdischen Autoritäten durch die Zeitalter hindurch modifiziert. Die wichtigsten Regeln wurden von den Weisen und Rabbinern des Altertums aufgestellt und von mittelalterlichen Gelehrten ergänzt. In Zeiten des Talmuds war die Regelung des Kalenders das exklusive Recht der jüdischen Leiterschaft in Israel. Seit jener Zeit sah man in diesen Regelungen eine ganz besonders wichtige Aufgabe für das Judentum.

Die hebräischen Monate sind zunächst einmal Mond-Monate, da sie jeweils mit dem Neumond beginnen. Da jedoch einige Feste wie z. B. Passah oder Sukkot in der richtigen landwirtschaflichen Saison stattfinden müssen, nämlich übereinstimmend mit dem Sonnenjahr, ist offensichtlich, dass der jüdische Kalender ein Mond- und ein Sonnenkalender sein muss. Dies bedeutet, dass das Mondjahr (etwa 354 Tage) und das Sonnenjahr (etwa 365 Tage) aufeinander abgestimmt werden müssen; ein komplexer Prozess, der sehr genau von den Rabbinern der alten Zeit und des Mittelalters gesteuert wurde.

Ein jüdischer Tag hat vierundzwanzig Stunden und beginnt am Abend. Die Länge eines Mondmonats wird traditionell mit 29 Tagen, 12 Stunden und 793 Teilen einer Stunde (von 1080) berechnet. Dies ist exakt die Zeitspanne zwischen zwei Neumonden. Da es äußerst kompliziert ist, jeden neuen Monat zu einer jeweils anderen Tageszeit beginnen zu lassen, ordneten die Weisen der alten Zeit an, dass die Länge des Monats abwechselnd 29 oder 30 Tage sein soll. Da der Mondmonat etwas länger als 29 Tage und 12 Stunden ist, berücksichtigt man diesen Zeitrest, indem man die Monate Cheschwan und Kislev flexibel hält. Diese können entweder 29 oder 30 Tage andauern.

Die Einführung eines dauerhaften jüdischen Kalenders wurde immer dringlicher, als die Juden begannen, sich über die ganze Welt auszubreiten. In zunehmendem Maße der Zerstreuung wurden auch die regelmäßigen Kontakte zur jüdischen Leiterschaft in Israel schwieriger. Diese hatte nach wie vor die alleinige Hoheit über die Kalenderregelungen. Der wichtigste Schritt in dem Reformprozess zu einem dauerhaften Kalender war die Aufnahme des sogenannten »Interkalations-Zyklus«. Dies geschah im achten Jahrhundert und diente der Harmonisierung von Sonnen- und Mondkalender. Die Aufnahme dieses Zyklus machte die exakte

Beobachtung des Neumondes und der Zeichen des nahenden Frühlings überflüssig, denn diese Maßnahme sorgte für eine einheitliche Regelung: in jedes 3., 6., 8., 11., 14., 17. und 19. Jahr wurden ein Schaltjahr und ein zusätzlicher Monat (Adar) eingefügt.

In der Bibel werden die Monate meistens durch Nummerierung benannt. Ebenso gibt es Zeitangaben wie zum Beispiel: »zwei Jahre vor dem Erdbeben« oder »im Todesjahr des Königs Usija«. Es gibt jedoch auch Verweise auf altertümliche Monatsnamen wie Ziv, Etanim und Aviv oder auch auf Namen wie Kislev, Tevet, Adar, Nisan, Sivan und Elul, welche babylonischen Ursprungs sind. Seit dem ersten Jahrhundert benutzte der hebräische Kalender schließlich diese Monatsnamen: Nisan, Iyar, Sivan, Tamuz, Av, Elul, Tischri, Cheschvan, Kislev, Tevet, Schevat und Adar.

Die jüdische Tradition, die Kalenderjahre ab der Erschaffung der Welt zu zählen, hat ihre Wurzeln in frühen talmudischen Zeiten. Als jüdische Methode setzte sich dies aber erst mehrere Jahrhunderte später durch, nämlich als Antwort auf die christliche Zeitrechnung. Diese begann im achten Jahrhundert. Die Christen fingen in jener Zeit an, ihre Dokumente mit AD (Anno Domini, im Jahr des Herrn) zu datieren. Somit war es kein Zufall, dass es ab dem achten und neunten Jahrhundert immer mehr jüdische Dokumente mit dem Kommentar »seit Erschaffung der Welt« gab. Manchmal wurden sie mit AM beschriftet. Anno Mundi bedeutet im Jahr der Welt. Offensichtlich war die Berechnung von Zeitangaben auf der Grundlage von christlich-theologischen Prinzipien für die Juden nicht akzeptabel. Dennoch dauerte es bis zum zwölften Jahrhundert, bis die Datierung »seit Erschaffung der Welt« von Juden in der ganzen Welt akzeptiert wurde.

Heute hält nur noch eine Minderheit der Juden an dieser Datierart fest. Jüdische Texte benutzen häufig die Bezeichnung BCE (Before the Christian Era), um eine Datierung mit Bezug zum Christentum zu vermeiden.

Zur Bezifferung eines Jahres nach dem jüdischen Kalender anhand eines gegebenen Jahres nach dem christlichen

Kalender braucht man die Zahl 3760. Man addiert diese zur christlichen Jahreszahl und erhält so das entsprechende jüdische Jahr. Im Jahr 2000 lief folglich gerade das jüdische Jahr 5760. Im umgekehrten Falle zieht man 3760 von der jüdischen Jahreszahl ab und kommt so auf die christliche Jahreszahl. Da das jüdische Jahr immer an Rosch HaSchana neu beginnt, muss man von Rosch HaSchana bis zum 31. Dezember mit der Zahl 3761 arbeiten.

Im Land Palästina war es in der frühen Zeit die Pflicht der Autoritäten, den Neumond und somit den neuen Monat zu bestätigen und zu heiligen. Aber noch wichtiger war ihre Aufgabe, das monatliche Datum des Neumondes jeder jüdischen Gemeinschaft mitzuteilen. Dies war äußerst wichtig, da der Neumond die Daten für die Feste bestimmte. Man hatte den Juden in Palästina den Neumond durch das Anzünden von Signalfeuern auf Hügeln und Gipfeln mitgeteilt. Nachdem allerdings die Samaritaner ihre eigenen Feuer bewusst zur falschen Zeit angezündet hatten, um die Juden zu verwirren, musste die Nachricht des Neumondes durch Boten überbracht werden. Diese Änderung wurde im Übrigen von Juda Hanasi eingeführt.

Da es oft geschah, dass die Boten wegen Hindernissen auf dem Weg oder Kriegen ihre Zielorte außerhalb Palästinas nicht rechtzeitig erreichen konnten, wurde für die Juden in der Diaspora zu jedem Fest noch ein zusätzlicher Tag hinzugefügt. So konnte sichergestellt werden, dass zumindest einer der beiden Tage, an denen sie das Fest begingen, wirklich der richtige Tag war. In Palästina war die Addition dieses »zweiten Tages« zu den Festen hingegen nicht nötig, weil die Nachricht vom Neumond jedes Gebiet von Palästina rechtzeitig erreichte, d. h. vor allem vor den jeweiligen Festtagen. Die einzige Ausnahme war Rosch HaSchana, welches immer auf den ersten Tag des Monats Tischri fällt. Diese Tatsache machte eine rechtzeitige Mitteilung des Neumondes selbst in Palästina unmöglich.

In der späteren talmudischen Periode wurde dann ein stabiler, wissenschaftlich festgelegter Kalender aufgenommen, sodass der Bedarf an jenem »zweiten Tag« nicht mehr vorhanden war. Aber für die Juden in der Diaspora schafften die Autoritäten diese zusätzlichen Tage nicht ab, weil sie dem Prinzip treu waren, die Sitten ihrer Vorfahren nicht zu ändern." Soweit der Artikel von A. Guttmann.

Die gegenwärtige jüdische Datierweise wurde von den Juden erst nach dem zwölften Jahrhundert akzeptiert. Da der jüdische Kalender im Laufe der Zeit so vielen Änderungen unterlag, kann man davon ausgehen, dass der moderne jüdische Kalender nicht mehr „seit Erschaffung der Welt" rechnet. Und dies um so mehr, als dass die Juden bei dieser Datierart nicht alle Jahre ihrer babylonischen Gefangenschaft in die Rechung einbezogen haben.

Wir stellen fest, dass YHWH von der Bibel her eine Zeit von 6000 Jahren von der Erschaffung Adams bis zum Beginn des messianischen Zeitalters angeordnet hat. Der Versuch, den genauen Zeitpunkt Null des ersten Schöpfungstages zu definieren, um herauszufinden, wie dicht wir heute schon am messianischen Zeitalter sind, ist hinfällig, wie auch die gemachten Ausführungen belegen. YHWH alleine weiß genau, wo wir stehen und wann das messianische Zeitalter beginnt.

Die 6000-jährige Ära

In einer Lehrreihe „Merica's biblische Blaupause" erläutert der orthodox-jüdische Rabbiner Daniel Lapin die Bedeutung der ersten 6000 Jahre des 7000-jährigen Heilsplanes YHWHs. Dabei untersucht er den ersten Vers der Bibel, 1. Mose 1,1 in der hebräischen Sprache. In der deutschen Übersetzung lautet der Vers wie folgt:

„Im Anfang schuf Elohim den Himmel und die Erde."

Im Hebräischen liest sich der Vers so:

„*Bereschit b'rah elohim et haschamajim v'et ha'erez.*"

Lapin erklärt, dass der erste Buchstabe des hebräischen Alphabets, *Alef,* in diesem Vers gleich sechsmal und in einer seltenen

Abfolge vorkommt, und zwar wie folgt: *Alef* ist der dritte Buchstabe der zwei ersten hebräischen Wörter, *Bereschit* und *B'rah*. Dann ist *Alef* der erste Buchstabe der nächsten zwei hebräischen Wörter, *elohim* und *et* und zuletzt der zweite Buchstabe der zwei letzten hebräischen Wörter, *v'et* und *ha'erez*.

Im traditionellen jüdischen Denken steht der hebräische Buchstabe *Alef* für Weisheit. In der Bibel sind die Weisheit und das Halten der Torah häufig miteinander verknüpft. In 5. Mose 4,1+5-8 heißt es:

„Und nun höre, Israel, die Gebote und Rechte, die ich euch lehre, dass ihr sie tun sollt, auf dass ihr lebt und hineinkommt und das Land einnehmt, das euch YHWH, der Elohim eurer Väter, gibt. ... Sieh, ich hab euch gelehrt Gebote und Rechte, wie mir YHWH geboten hat, dass ihr danach tun sollt im Lande, in das ihr kommen werdet, um es einzunehmen. So *haltet sie* nun und tut sie! Denn dadurch werdet ihr als *weise* und verständig gelten bei allen Völkern, dass, wenn sie alle diese Gebote hören, sie sagen müssen: Ei, was für weise und verständige Leute sind das, ein herrliches Volk! Denn wo ist so ein herrliches Volk, dem ein Elohim so nahe ist wie uns YHWH, unser Elohim, sooft wir ihn anrufen? Und wo ist so ein großes Volk, das so gerechte Ordnungen und Gebote hat wie dies ganze Gesetz (Torah), das ich euch heute vorlege?"

In dieser Schriftstelle wird zum Beispiel das Halten der Torah mit Weisheit und Verständnis verbunden. Wie bereits erwähnt, assoziiert man im jüdischen Denken den hebräischen Buchstaben *Alef* immer mit Weisheit. Dies erklärt auch, warum YHWH diesen Buchstaben mehrmals für 1. Mose 1 ausgewählt hat, nämlich um für die Weisheit zu werben, die mit dem Halten der Torah einhergeht.

Wie sind nun das *Alef* und die Weisheit mit den 6000 Jahren verknüpft? Zur Wiederholung: *Alef* ist der dritte Buchstabe in den ersten beiden hebräischen Wörtern, *Bereschit* und *B'rah*. Dieses doppelte Vorkommen repräsentiert die Zeit der ersten 2000 Jahre des Heilsplans, bekannt als Tohu. In jener Zeit gab es bei den Menschen keine Kenntnis von der Torah YHWHs.

Alef ist wie gesagt der erste Buchstabe der nächsten beiden hebräischen Wörter, *elohim* und *et*. Dieses wiederum doppelte Vorkommen steht für die nächsten 2000 Jahre, bekannt als das Zeitalter der Torah, als die Kenntnis von der Torah und deren Befolgung ihren höchsten Stand innerhalb der gesamten 6000 Jahre erreichte.

Schließlich ist *Alef* der zweite Buchstabe der letzten beiden hebräischen Wörter von 1. Mose 1,1, nämlich *v'et* und *ha'erez*. Dieses erneut doppelte Auftreten des besagten Buchstabens weist auf die Zeit der letzten 2000 Jahre hin, die auch als die Tage des Messias *(Yemot Maschiach)* bekannt sind. Während jener Zeitspanne gab es eine große religiöse Debatte unter den Menschen, ob sie der Torah oder dem säkularen Weltlauf folgen sollten.

Die Jünger *(talmidim)* von *Jeschua* waren Juden und hatten somit ein Verständnis von YHWHs 7000-jährigen Erlösungsplan. Sie wussten, dass sie selbst im sogenannten gegenwärtigen Zeitalter *(Olam Haseh)* lebten, welches vom messianischen Zeitalter abgelöst würde. Da sie mit *Jeschua* selbst sprechen konnten, fragten sie ihn, welche sichtbaren Zeichen sie zu erwarten hätten, wenn das gegenwärtige Zeitalter zum Abschluß käme und das messianische Zeitalter bevorstünde. In Matthäus 24,3 lesen wir dies einmal nach:

„Als er auf dem Ölberg saß, kamen die *Talmidim* (Jünger) allein zu ihm. »Sage uns«, sagten sie, »wann werden diese Dinge geschehen? Und was wird das Zeichen sein, dass du kommst und dass die *Olam Haseh* zu Ende geht?«"

Jeschua gab ihnen im Rest von Matthäus 24 und 25 eine detaillierte Antwort. In der berühmten Endzeitrede sprach er über Kriege, Verfolgung, Bedrängnisse und das Kommen des Menschensohnes. In Kapitel 24,36 heißt es:

„Doch wann jener Tag und jene Stunde kommt, weiß niemand – nicht die Engel im Himmel, nicht der Sohn, nur der Vater."

Nun aber noch einmal zurück zum ersten Kommen des Menschensohnes. Nach dem traditionellen jüdischen Verständnis sollte der Messias 4000 Jahre nach der Erschaffung des Menschen kommen. Im *Talmud, Sanhedrin 97*, lesen wir dies:

„Der Tanna debe Elijahu lehrt: Die Welt muss 6000 Jahre bestehen. In den ersten 2000 Jahren gab es keine Torah. Dann kam Abraham und begann im Alter von 52 Jahren die Menschen zur Anbetung YHWHs zu bekehren. Das Zeitalter der Torah blühte 2000 Jahre lang, bevor das Zeitalter des Messias kommen sollte, und zwar bis heute ebenso 2000 Jahre lang."

Kurz vor dem ersten Kommen des Messias' gab es im jüdischen Volk eine sehr starke Erwartung seines Kommens. Der Rabbiner Sholom Klass schreibt: „Der Glaube an einen persönlichen Messias erreichte seine gespannteste Phase während jener Periode, als Rom seine despotischen Prokuratoren schickte, um Judäa zu beherrschen. Das Joch dieser Unterdrückung lastete so schwer, dass die Juden einen gottgesandten Retter erwarteten, der sie von jener römischen Tyrannei befreien würde."

Die ersten 4000 Jahre

Nun wollen wir einmal die biblische Chronologie untersuchen, um herauszufinden, ob *Jeschua* tatsächlich 4000 Jahre nach der Erschaffung des Menschen auf die Erde kam. Dies wurde ja bereits an mehren Stellen als erwiesen angenommen. Die Absicht dieser Chronologie ist nicht, anhand der Bibel die gesamte Zeitspanne von 4000 Jahren exakt nachzuweisen. Aber ich führe diese auf, um eine biblische Grundlage für die Glaubwürdigkeit der Hypothese von den 4000 Jahren zu schaffen.

Von Adam bis Abraham
von Adam bis Seth	130 Jahre (1. Mose 5,3)
von Seth bis Enosch	105 Jahre (1. Mose 5,6)
von Enos bis Kenan	90 Jahre (1. Mose 5,9)

von Kenan bis Mahalalel	70 Jahre (1. Mose 5,12)
von Mahalalel bis Jared	65 Jahre (1. Mose 5,15)
von Jared bis Henoch	162 Jahre (1. Mose 5,18)
von Henoch bis Metuschelach	65 Jahre (1. Mose 5,21)
von Metuschelach bis Lamech	187 Jahre (1. Mose 5,25)
von Lamech bis Noah	182 Jahre (1. Mose 5,28-29)
von Noah bis zur Flut	600 Jahre (1. Mose 7,6)
von der Flut bis Arpachschad	2 Jahre (1. Mose 11,10)
von Arpachschad bis Schelach	35 Jahre (1. Mose 11,12)
von Schelach bis Eber	30 Jahre (1. Mose 11,14)
von Eber bis Peleg	34 Jahre (1. Mose 11,16)
von Peleg bis Regu	30 Jahre (1. Mose 11,18)
von Regu bis Serug	32 Jahre (1. Mose 11,20)
von Serug bis Nahor	30 Jahre (1. Mose 11,22)
von Nahor bis Terach	29 Jahre (1. Mose 11,24)
von Terach bis Abraham	70 Jahre (1. Mose 11,26)

Von Adam bis Abraham vergingen insgesamt 1948 Jahre. Dies ist umso interessanter, als dass die Geburt des modernen Staates Israel nach dem gregorianischen Kalender im Jahre 1948 stattfand.

Von Abraham bis Ägypten

von Abraham bis Isaak	100 Jahre (1. Mose 21,5)
von Isaak bis Jakob	60 Jahre (1. Mose 25,26)
von Jakob bis Ägypten	130 Jahre (1. Mose 47,28)

Von Abraham bis zum Beginn der Gefangenschaft in Ägypten waren es genau 290 Jahre.

Von Ägypten bis zum Auszug

Kehat (Jakobs Enkel) ging nach Ägypten	(1. Mose 46,8+11)
Kehats Sohn Amram hat Mose geboren	(2. Mose 6,18+ 20)
von Mose bis zum Auszug 80 Jahre	(2. Mose 7,7)

Jakobs Enkel hieß Kehat. Kehat ist wiederum der Großvater von Mose. Da die Bibel über die Phase von Jakob bis Mose keine exakten Zeitangaben macht, wird hier für diese Generationen eine variable Zeit von 63 Jahren angenommen. Die Zeit von Mose bis zum Auszug von Ägypten wird in 2. Mose 7,7 mit der Zahl 80 beziffert.

Von der Wüste bis Josuas Tod

in der Wüste	40 Jahre (4. Mose 32,13)
von der Wüste bis Josuas Tod	30 Jahre (Josua 14,7; 24,29)

Vom Auszug aus Ägypten, also ab der Wüstenzeit bis zu Josuas Tod vergingen 70 Jahre.

Die Zeit der Richter

unter König Kuschan-Rischatajim	8 Jahre (Richter 3,8)
unter Otniel	40 Jahre (Richter 3,10-11)
unter König Eglon	18 Jahre (Richter 3,14)
unter Ehud	80 Jahre (Richter 3,15,30)
unter König Jabin	20 Jahre (Richter 4,1-3)
unter Deborah	40 Jahre (Richter 4,4, 5,31)
unter den Midianitern	7 Jahre (Richter 6,1)
unter Gideon	40 Jahre (Richter 6,7; 8,28)
unter Abimelech	3 Jahre (Richter 8,32; 9,22)
unter Tola	23 Jahre (Richter 10,1-2)
unter Jair	22 Jahre (Richter 10,3)
unter den Ammonitern	18 Jahre (Richter 10,5-8)
unter Jeftah	6 Jahre (Richter 12,7)
unter Ibzan	7 Jahre (Richter 12,8-9)
unter Elon	10 Jahre (Richter 12,11)
unter Abdon	8 Jahre (Richter 12,13-14)
unter den Philistern	40 Jahre (Richter 13,1)
unter Samson	20 Jahre (Richter 16,30-31)
unter Samuel	40 Jahre (1. Samuel 4,15+18)

Von der Zeit der Richter bis Samuel waren es 450 Jahre (vgl. Apostelgeschichte 13,20).

Die Könige von Juda

unter König Saul	40 Jahre (Apostelgeschichte 13,21)
unter König David	40 Jahre (1. Chronik 29,26-27)
unter König Salomo	40 Jahre (1. Könige 11,42-43)
unter König Rehabeam	17 Jahre (1. Könige 14,21)
unter König Abija	3 Jahre (1. Könige 15,1-2)
unter König Asa	41 Jahre (1. Könige 15,8-10)
unter König Joschafat	25 Jahre (1. Könige 22,41-42)
unter König Joram	8 Jahre (2. Chronik 21,5)
unter König Ahasja	1 Jahr (2. Chronik 22,1-2)
unter Königin Atalja	6 Jahre (2. Chronik 22,12)
unter König Joasch	40 Jahre (2. Chronik 24,1)
unter König Amasja	29 Jahre (2. Chronik 25,1)
unter Usiah	52 Jahre (2. Chronik 26,3)
unter Jotam	16 Jahre (2. Chronik 27,1)
unter Ahas	16 Jahre (2. Chronik 28,1)
unter Hiskia	29 Jahre (2. Chronik 29,1)
unter Manasse	55 Jahre (2. Chronik 33,1)
unter Amon	2 Jahre (2. Chronik 33,21)
unter König Josia	31 Jahre (2. Chronik 34,1)
unter König Joahas	3 Monate (2. Chronik 36,2)
unter König Jojakim	11 Jahre (2. Chronik 36,3-7)
unter König Jojachin	3 Monate (2. Chronik 36,9)
unter König Zedekia	11 Jahre (2. Chronik 36,11)

Die Zeit der Könige von Juda betrug insgesamt 513 Jahre. Die jüdische Geschichte sagt uns, dass die Juden danach weitere 586 Jahre lang in der babylonischen Gefangenschaft lebten.

Die Zeit von Adam bis Jeschua

Hier nun eine Aufstellung der gesamten Zeitphase von Adam bis Jeschua.

von Adam bis Abraham	1948 Jahre
von Abraham bis Ägypten	290 Jahre
von Ägypten bis Moses	63 Jahre
von Moses bis zum Auszug	80 Jahre

vom Auszug bis Josuas Tod	70 Jahre
von Richter bis Samuel	450 Jahre
die Könige von Juda	513 Jahre
von babyl. Gefangenschaft bis Jeschua	586 Jahre

Von Adam bis Jeschua ergibt sich nun eine Zahl von insgesamt 4000 Jahren. Demzufolge können wir schließen, dass es einen glaubhaften biblischen Beleg dafür gibt, dass Jeschua ungefähr 4000 Jahre nach der Erschaffung Adams auf die Erde kam. Dies entspricht der traditionellen jüdischen Erwartung aus dem Talmud, Sanhedrin 97, dass der jüdische Messias nach einer Zeit von 4000 Jahren, und zwar zu Beginn der letzten 2000-jährigen Phase innerhalb des 6000-jährigen Zeitalters auf die Erde kommt.

Das Kommen des Messias

Weiter oben in diesem Kapitel haben wir die 6000 Jahre des gegenwärtigen Zeitalters in 1. Mose 1,1 studiert. Die Betrachtung dieses Verses im Hebräischen mit dem sechsmaligen *Alef* ergab, dass wir es mit einer Zeit von 3 x 2000 Jahren innerhalb des 6000-jährigen Zeitplans zu tun haben. Dieser wunderbare Vers gibt aber noch weit mehr her, und zwar die Anspielung auf das Kommen des Messias 4000 Jahre nach der Erschaffung Adams. Hier also noch einmal der Vers aus 1. Mose 1,1 auf Hebräisch:

„*Bereschit b'rah elohim et haschamajim v'et ha'erez.*"

Wenn diese sieben hebräischen Wörter jeweils für 1000 Jahre stehen, dann steht das vierte hebräische Wort, nämlich „*et*" für die Zeit von 4000 Jahren. Es wird mit dem ersten und letzten Buchstaben des hebräischen Alphabets buchstabiert, *Alef* und *Tav*. In Offenbarung 1,5+7-8 lesen wir dazu:

„Und von *Jeschua dem Messias*, dem treuen Zeugen, dem Erstgeborenen aus den Toten und dem Herrscher über die Könige der Erde. Ihm, der uns liebt, der uns aus den Sünden befreit hat auf Kosten seines Blutes. ... Sieh! Er kommt mit den Wolken! Jedes Auge wird ihn sehen, einschließlich derer, die ihn durchbohrt haben; und alle Stämme des Landes werden um Ihn trauern. Ja! Amen! »Ich bin das ›A‹ und das ›Z‹, sagt Adonai, Gott der himmlischen Heerscharen, der, der ist, der war und der kommt«" (In der Übersetzung von David Stern wird das griechische „Alpha" und „Omega" konsequent mit „A" und „Z" wiedergegeben, damit der erste und letzte Buchstabe deutlich wird. Anm. d. Übers.)

Alpha und *Omega* sind der erste und letzte Buchstabe im griechischen Alphabet. Da *Jeschua* in Israel geboren wurde und Jude war, wird er sicherlich hebräisch gesprochen haben. Wenn man nun den Vers aus Offenbarung 1,8 vom Griechischen ins Hebräische übersetzt, sagte *Jeschua*, dass er das *Alef* und das *Tav* ist. In wörtlichene Sinne *(peschat)* bezeichnet das hebräische Wort „*et*" in der hebräischen Grammatik ein direktes Objekt. Da *Jeschua* nun in Offenbarung 1,8 von sich selbst sagt, dass er das *Alef* und das *Tav* ist, können wir 1. Mose 1,1 also auch so übersetzen:

„Im Anfang *(Bereschit)* schuf Elohim *(b'rah elohim)* den Messias *(et = Alef, Tav)* ..."

In Sacharja 12,10 erscheint das hebräische Wort „*et*" übrigens noch ein zweites Mal in Bezug auf den Messias. Hier steht geschrieben:

„Und sie werden mich *(et = Alef + Tav)* ansehen, den sie durchbohrt haben, und sie werden um ihn klagen, wie man klagt um ein einziges Kind, und werden sich um ihn betrüben, wie man sich betrübt um den Erstgeborenen."

Im traditionellen jüdischen Denken war der Messias immer eines der sieben Dinge, die vor Grundlegung der Welt erschaffen wurden *(Talmud, Pesachim 54)*. In Offenbarung 13,8 heißt es:

„ ... dem Lamm *(Jeschua)*, das geschlachtet wurde *vor der Gründung der Welt.*"

Nun zu der Zeitbestimmung für das Kommen des Messias. Dazu einige Anmerkungen aus der jüdischen Geschichte. Die Juden wurden in drei Stufen in die babylonische Gefangenschaft geführt.

Die erste Wegführung geschah im vierten Jahr von König Jojakim. Dies war das erste Regierungsjahr von König Nebukadnezar von Babylon (2. Chronik 36,5-7; Jeremia 25,1). Dies ereignete sich um das Jahr 605 v. J.

Die zweite Zerstreuung geschah im siebten Regierungsjahr des Königs Nebukadnezar von Babylon (Jeremia 52,28). Zu jener Zeit wurden 3023 Menschen nach Babylon weggeführt. Im achten Regierungsjahr des Königs Nebukadnezar wurde Jerusalem belagert (2. Könige 24,14) und 10.000 Menschen wurden zusammen mit König Jojachin in die Gefangenschaft nach Babylon geführt. Dieses Ereignis findet man in 2. Könige 24,8-14. Es geschah um 597 v. J. Die Belagerung der Stadt Jerusalem dauerte bis ins elfte Jahr von König Zedekia (2. Könige 25,1-2).

Die dritte Auswanderung geschah im 19. Regierungsjahr des Königs Nebukadnezar. Dies war das elfte Regierungsjahr von König Zedekia gewesen. Jerusalem und der Tempel wurden zu dieser Zeit zerstört (2. Könige 25,8-11). Es ereignete sich im Jahre 586 v. J.

YHWH teilte dem Propheten Jeremia mit, dass die Gefangenschaft in Babylon auf 70 Jahre bestimmt war (Jeremia 25,1+11). Diese 70 Jahre Exil waren auf Israels Mißachtung des Sabbatjahres für das Land zurückzuführen (3. Mose 25,1-4; 2. Chronik 36,20-21).

Am Ende jener 70 Jahre besiegte Kyrus (König von Persien) Babylon und erlaubte den Juden, nach Jerusalem zurückzukehren, um den Tempel wieder aufzubauen (2. Chronik 36,22-23; Esra 1,1-3 und 5,13-14; Jeremia 29,10; Daniel 9,2).

Der Erlass des Kyrus erging im Jahr 538 v. J. Der Tempelbau begann zwei Jahre später (Esra 3,8) im Jahr 536 v. J.

Die Juden kehrten nach der siebzigjährigen babylonischen Gefangenschaft allerdings nicht als gesamtes Volk nach Israel zurück. Nur ein Überrest wanderte wieder in die Heimat. Die Rückkehrer kamen in drei Phasen aus dem Exil zurück.

Die erste Phase fand unter dem persischen König Kyrus statt. Dies kann man in den Kapiteln 1-6 des Buches Esra finden. Die damaligen Anführer von Israel waren Serubbabel und Jeschua

(Esra 3,2). Sie hatten große Schwierigkeiten (Esra 4,3-5 und 5,2). Der Tempel wurde nach einiger Zeit wieder aufgebaut (Esra 6,14-15). Herodes vergrößerte und verschönerte diesen Tempel dann viel später (Johannes 2,18-20).

Von der ersten Wegführung bis zum Beginn des Wiederaufbaues des Tempels vergingen 70 Jahre (605-536 v. J.). Der Tempel wurde 586 v. J. zerstört und im sechsten Regierungsjahr des Königs Darius von Persien wieder aufgebaut (Esra 6,14-15). Dies bedeutet, dass die Fertigstellung im Jahr 516 v. J. erfolgte. Von der Zerstörung bis zum fertigen Wiederaufbau des Tempels waren es also ebenfalls 70 Jahre.

Die zweite Phase der Rückkehr aus der Gefangenschaft findet man in Esra 7. Dies geschah im siebten Regierungsjahr des persischen Königs Artaxerxes (Esra 7,1-7) und ist im Jahr 458 v. J. anzusetzen. Damals konnten alle, die es wollten (auf der Grundlage des königlichen Dekrets von Artaxerxes aus Esra 7,11-13) von Babylon zurückkehren. Hier betrug die Zahl der Rückkehrer 1758 Menschen (Esra 8,1-20).

Die dritte Phase der Heimkehr aus der Gefangenschaft kann man im Buch Nehemia nachlesen. Die Juden begannen im zwanzigsten Regierungsjahr des Artaxerxes zurückzukommen. Dies geschah im Jahre 444 v. J. Die Namen der Rückkehrer sind in Nehemia 7 aufgelistet. Einen Erlass von König Artaxerxes zum Wiederaufbau des Tempels findet man in Nehemia 2,1-8 und in Kapitel 5,14.

Von dem Befehl des Wiederaufbaus aus dem Jahre 444 v. J. bis zum Tod von Jeschua wurden 69 Wochen oder 483 Jahre vorhergesagt. Diese Prophezeiung ist in Daniel 9,1-4 und 20-26 wiedergegeben:

„Im ersten Jahr des Darius, des Sohnes des Ahasveros, aus dem Stamm der Meder, der über das Reich der Chaldäer König wurde, in diesem ersten Jahr seiner Herrschaft achtete ich, Daniel, in den Büchern auf die Zahl der Jahre, von denen YHWH geredet hatte zum Propheten Jeremia, dass nämlich Jerusalem siebzig Jahre wüst liegen sollte. Und ich kehrte mich zu Elohim, um zu beten und zu flehen unter Fasten und in Sack und Asche. Ich betete aber zu YHWH, meinem Elohim, und bekannte und sprach: Ach, YHWH, du großer und heiliger Elohim, der du Bund und Gnade bewahrst denen, die dich lieben und deine Gebote halten! ... Als ich noch so redete und betete und meine und meines Volkes Israel Sünde bekannte und mit meinem Gebet für den heiligen Berg meines Elohims vor YHWH lag, eben als ich noch so redete in meinem Gebet, da flog der Mann Gabriel, den ich zuvor im Gesicht gesehen hatte, um die Zeit des Abendopfers dicht an mich heran. Und er unterwies mich und redete mit mir und sprach: Daniel, jetzt bin ich ausgegangen, um dir zum rechten Verständnis zu verhelfen. Denn als du anfingst zu beten, erging ein Wort, und ich komme, um dir's kundzutun; denn du bist von Elohim geliebt. So merke nun auf das Wort, damit du das Gesicht verstehst. Siebzig Wochen sind verhängt über dein Volk und über deine heilige Stadt; dann wird dem Frevel ein Ende gemacht und die Sünde abgetan und die Schuld gesühnt, und es wird ewige Gerechtigkeit gebracht und Gesicht und Weissagung erfüllt und das Allerheiligste gesalbt werden. So wisse nun und gib Acht: Von der Zeit an, *als das Wort erging, Jerusalem werde wieder aufgebaut werden, bis der Messias, der Fürst, kommt, sind es sieben Wochen; und zweiundsechzig Wochen* lang wird es wieder aufgebaut sein mit Plätzen und Gräben, wiewohl in kummervoller Zeit. *Und nach den zweiundsechzig Wochen wird der Messias ausgerottet werden* und nicht mehr sein. Und das Volk eines kommenden Fürsten wird die Stadt und das Heiligtum zerstören, aber dann kommt das Ende durch eine Flut, und bis zum Ende wird es Krieg geben und Verwüstung, die längst beschlossen ist." (Anm. d. Übers.: Die Lutherübersetzung wurde hier der englischen Vorlage angeglichen. Dazu sehr gute Erläuterungen z. B. in Liebi: „Der verheißene Erlöser" (Schwengeler, Berneck 1983 bzw. Lizenzauflage: Beröa, Zürich, 1994) und „Jerusalem – Hindernis für den Weltfrieden?" (Schwengeler, Berneck, 5. Aufl. 2003))

Jeschua wurde 69 Wochen nach dem Befehl, Jerusalem wiederaufzubauen gekreuzigt. Dies geschah in exakter Übereinstimmung mit der Prophetie des Daniel. Als *Jeschua* in der letzten Woche seines Lebens die Stadt Jerusalem betrat, weinte er über der Stadt, weil sie den „Tag ihrer Heimsuchung" nicht kannte. In Lukas 19,37-38 und 41-44 lesen wir:

„Und als sie sich Jeruschalajim näherten, wo die Straße vom Ölberg hinabführt, fing die ganze Schar der *Talmidim* an zu singen und Gott mit lauter Stimme für all die mächtigen Werke, die sie gesehen hatten, zu loben: »Gesegnet ist der König, der im Namen Adonais kommt!« »Schalom im Himmel!« und »Ehre in den höchsten Orten!« ... Als Jeschua näher gekommen war und die Stadt sehen konnte, weinte er über sie und sagte: »Wenn du nur heute wüsstest, was für den Schalom nötig ist! Doch für jetzt ist es deiner Einsicht verborgen. Denn die Tage werden über dich kommen, in denen deine Feinde eine Mauer um dich errichten, dich einkreisen und von allen Seiten belagern und dich dem Erdboden gleichmachen, dich und deine Kinder in deinen Mauern, und sie werden nicht einen Stein auf dem anderen stehen lassen – und alles, weil du *deine Gelegenheit* nicht erkanntest, *als Gott sie dir bot!*«"

Biblische Bilder für die 6000 Jahre

In der Bibel gibt es viele geistliche Bilder auf den 6000-jährigen Zeitabschnitt vor dem messianischen Zeitalter. YHWH hat sie uns gegeben, damit wir seinen Erlösungsplan besser verstehen. Hier nun also einige Beispiele für diese Bilder.

Noah und die Flut

Noah war 600 Jahre alt, als die Flut über die Erde hereinbrach. In 1. Mose 7,11-12 lesen wir:

„Im *sechshundertsten* Lebensjahr Noahs, am siebzehnten Tag des zweiten Monats, an diesem Tag brachen alle Brunnen der großen Tiefe auf und taten sich die Fenster des Himmels auf, und ein Regen kam auf Erden vierzig Tage und vierzig Nächte."

Diese 600 Jahre sind ein geistliches Bild darauf, dass nach den entsprechenden 6000 Jahren Gericht und Bedrängnis über die Erde kommen werden.

Mose am Berg Sinai

Nach sechs Tagen wurde Mose auf den Berg Sinai gerufen, um inmitten der Wolke in der Gegenwart *(kivod)* YHWHs zu sein. In 2. Mose 24,13+15 heißt es:

> „Da machte sich Mose auf mit seinem Diener Josua und stieg auf den Berg YHWHs. ... Als er nun auf den Berg kam, bedeckte die Wolke den Berg, und die Herrlichkeit YHWHs ließ sich nieder auf dem Berg Sinai, und die Wolke bedeckte ihn *sechs Tage;* und am siebenten Tage erging der Ruf YHWHs an Mose aus der Wolke. Und Mose ging mitten in die Wolke hinein und stieg auf den Berg und blieb auf dem Berge vierzig Tage und vierzig Nächte."

Auch hier finden wir ein geistliches Bild darauf, dass nach wiederum 6000 Jahren seine Herrlichkeit auf Jeschuas Braut sein wird und diese in die Wolken hinweg genommen wird, um in der Gegenwart YHWHs zu sein (Daniel 7,13; Matthäus 24,30; Hebräer 12,1; Offenbarung 1,5+7).

In 1. Thessalonicher 4,16-17 steht geschrieben:

> „Denn der Herr selbst wird aus dem Himmel herabkommen mit einem immer lauter werdenden Ruf, mit einem Ruf von einem der Engelsfürsten, und mit Gottes Schofar; diejenigen, die in der Vereinigung mit dem Messias gestorben sind, werden als erste auferweckt; dann werden die, die noch lebendig sind, mit ihnen in den Wolken entrückt, dem Herrn in der Luft entgegen; und auf diese Weise werden wir allezeit beim Herrn sein."

Es gehört zum traditionellen jüdischen Denken, dass die beiden Themen „Auferstehung der Toten" und „das Blasen der letzten Posaune" mit dem Fest der Posaunen *(Rosch HaSchana)* zusammenhängen. Deswegen ist der Vers aus dem 1. Thessalonicher eine Anspielung auf die Auferstehung der Toten, die nach einer Zeit von 6000 Jahren am Fest der Posaunen stattfinden wird.

Für eine detailliertere Studie der biblischen Feste möchte ich bei dieser Gelegenheit zur Lektüre meines Buches „Die sieben Feste des Messias" ermutigen.

Die Jünger und die Verklärung

Nach sechs Tagen nahm *Jeschua* Petrus, Jakobus und Johannes mit auf einen hohen Berg und wurde dort vor ihnen umgewandelt. In Matthäus 17,1-4 können wir dies nachlesen:

„Sechs Tage später nahm Jeschua Kefa, Ja-akov und seinen Bruder Jochanan und ging mit ihnen allein auf einen hohen Berg. Vor ihren Augen begann sich seine Gestalt zu verändern – sein Antlitz leuchtete wie die Sonne, und seine Kleider wurden weiß wie Licht. Da schauten sie und sahen Mosche und Elijahu, die mit ihm sprachen. Kefa sagte zu Jeschua:»Es ist gut, dass wir hier sind, Herr. Ich werde drei Schutzhütten aufstellen, wenn du willst – eine für dich, eine für Mosche und eine für Elijahu.«"

Dies ist abermals ein geistliches Bild dafür, dass die Auferstehung der Toten nach 6000 Jahren stattfinden und die Braut von *Jeschua* während des messianischen Zeitalters mit ihm herrschen und regieren wird. Das Laubhüttenfest *(Sukkot)* wird im Übrigen mit dem messianischen Zeitalter verbunden. In Offenbarung 5,10 steht geschrieben:

„Du hast sie zu einem Königreich gemacht, über das Gott herrscht, zu *Kohanim*, die ihm dienen; und sie werden über die Erde herrschen."

Die Auferweckung des Lazarus

Die bekannte Geschichte von Lazarus aus Johannes 11 trug sich in folgendem zeitlichen Rahmen zu:
1. Lazarus ist zwei Tage lang krank (Johannes 11,1-6).
2. Vier Tage lang ist er dann tot (Johannes 11,14 u. 39).
3. Nach diesen insgesamt sechs Tagen erweckt *Jeschua* Lazarus wieder zum Leben (Johannes 11,10-44).

Hier also noch ein weiteres Bild darauf, dass die Auferstehung der Toten nach entsprechend 6000 Jahren erfolgen wird.

Die letzte 1000-jährige Phase innerhalb des gesamten 7000-jährigen Heilsplanes YHWHs wird dann der *„abschließende Tag"* sein (Psalm 90,4; 2. Petrus 3,8). Martha, die Schwester von Lazarus, redete mit *Jeschua* und legte dar, dass die Auferstehung der Toten am *„letzten Tag"* stattfinden werde. Wir lesen in Johannes 11,21-27:

> „Marta sagte zu Jeschua: »Herr, wenn du hier gewesen wärst, wäre mein Bruder nicht gestorben. Doch sogar jetzt weiß ich, dass Gott dir alles, worum du Gott bittest, gibt.« Jeschua sagte zu ihr: »Dein Bruder wird wieder auferstehen.« Marta sagte: »Ich weiss, dass er bei der *Auferstehung am Jüngsten Tag* wiederauferstehen wird.« Jeschua sagte zu ihr: »ICH BIN die Auferstehung und das Leben! Wer immer sein Vertrauen auf mich setzt, wird leben, auch wenn er stirbt; und jeder, der lebt und mir vertraut, wird niemals sterben. Glaubst du das?« Sie sagte zu ihm: »Ja, Herr, ich glaube, dass du der Messias bist, der Sohn Gottes, der in die Welt kommt.«"

Sechs Jahre Sklavenarbeit

YHWH erklärt in der Torah, dass ein hebräischer Sklave sechs Jahre lang arbeiten und im siebten Jahr freigelassen werden soll. In 2. Mose 21,2 heißt es:

> „Wenn du einen hebräischen Sklaven kaufst, so soll er dir *sechs Jahre* dienen; im siebenten Jahr aber soll er freigelassen werden ohne Lösegeld."

Dieses geistliche Bild erklärt, dass YHWH als Strafe für Adams Sünde festlegte, dass der Mensch 6000 Jahre lang ein Sklave auf Erden sein würde. Danach würde er aus seiner Knechtschaft befreit werden. Dass dem so ist, wird in 1. Mose 3,17-19 deutlich:

> „Und zum Mann sprach er: Weil du gehorcht hast der Stimme deiner Frau und gegessen von dem Baum, von dem ich dir gebot und sprach: Du sollst nicht davon essen – verflucht sei der Acker um deinetwillen! Mit Mühsal sollst du dich von

ihm nähren dein Leben lang. Dornen und Disteln soll er dir tragen, und du sollst das Kraut auf dem Felde essen. Im Schweiße deines Angesichts sollst du dein Brot essen, bis du wieder zu Erde werdest, davon du genommen bist. Denn du bist Erde und sollst zu Erde werden."

Die Menschheit ist 6000 Jahre lang unter der Knechtschaft der Sünde und der Sklaverei (Johannes 8,34; Römer 6,16), weil Adam der Versuchung der Schlange nachgab. Danach aber wird der Mensch während des messianischen Zeitalters frei sein von der Sklaverei, wenn Satan gebunden sein wird (Offenbarung 20,2) und Jeschua 1000 Jahre lang herrschen und regieren wird (Offenbarung 20,4).

König Joasch

König Joasch wurde während der ersten sechs Jahre seines Lebens im Tempel versteckt. Zu Beginn seines siebten Lebensjahres wurde er ganz jung zum König über Israel gekrönt. In 2. Könige 11,1-4 und 12,1 steht:

„Als aber Atalja, Ahasjas Mutter, sah, dass ihr Sohn tot war, machte sie sich auf und brachte alle aus dem königlichen Geschlecht um. Aber Joscheba, die Tochter des Königs Joram, Ahasjas Schwester, nahm *Joasch,* den Sohn Ahasjas, und stahl ihn aus der Mitte der Söhne des Königs, die getötet wurden, und brachte ihn mit seiner Amme in die Bettenkammer und verbarg ihn vor Atalja, sodass er nicht getötet wurde. Und er war bei Joscheba versteckt im Hause YHWHs *sechs Jahre* lang. Atalja aber war Königin über das Land. Im siebenten Jahr aber sandte Jojada hin und nahm die Hauptleute über hundert von der Garde und der Leibwache und ließ sie zu sich ins Haus YHWHs kommen und schloss einen Bund mit ihnen und nahm einen Eid von ihnen im Hause YHWHs und zeigte ihnen den Sohn des Königs. ... Und Joasch war sieben Jahre alt, als er König wurde."

In dieser Geschichte ist König Joasch ein Bild auf *Jeschua.* Im traditionellen jüdischen Denken ist der Messias wie schon einmal erwähnt eines der sieben Dinge, die vor der Schöpfung der Welt geschaffen wurden. Der Zeitplan seines Kommens ist ebenfalls eines der sieben Dinge, die dem Menschen verborgen sind *(Talmud, Pesachim 54)*. Deswegen dürfen wir diesen König als ein geistliches Bild auf *Jeschua* interpretieren, der vor seiner Königsherrschaft auf der Erde auch entsprechend 6000 Jahre verborgen bleibt (Sacharja 14,9).

Am Ende der 6000 Jahre wird *Jeschua* am Posaunenfest zum König gekrönt werden. Im traditionellen jüdischen Denken ist das Posauenfest der Krönungstag des Königs. Diese Krönung von Jeschua wird in Offenbarung 5,1-5 beschrieben:

„Dann sah ich in der rechten Hand dessen, der auf dem Thron sitzt, eine Rolle, die auf beiden Seiten beschrieben und mit sieben Siegeln versiegelt war; und ich sah einen mächtigen Engel, der verkündete mit lauter Stimme: »Wer ist würdig, die Rolle zu öffnen und ihre Siegel zu brechen?« Doch niemand im Himmel, auf Erden oder unter der Erde war fähig, die Rolle zu öffnen oder hineinzusehen. Ich weinte, weil niemand für würdig erfunden wurde, die Rolle zu öffnen oder hineinzusehen. Einer der Ältesten sagte zu mir: »Weine nicht. Sieh, *der Löwe vom Stamm Jehudah, die Wurzel Davids,* hat das Recht errungen, die Rolle und ihre sieben Siegel zu öffnen.«"

Jeschua ist der Könige der Könige und der Herr der Herren (Sacharja 14,9; Philipper 2,9-11; Offenbarung 19,11-16).

Die Stufen zu Salomos Thron

König Salomos Thron hatte insgesamt sieben Stufen. Aber nur die siebte Stufe war sein Thron. In 2. Chronik 9,18 steht Folgendes:

„Und der Thron hatte *sechs Stufen* und einen goldenen Fußschemel am Thron, und er hatte Lehnen auf beiden Seiten am Sitz und zwei Löwen standen neben den Lehnen."

Dieses geistliche Bild zeigt uns, dass auch wir eine Treppe von sechs Stufen erklimmen müssen, nämlich während einer Zeit von 6000 Jahren, bis wir die siebte Stufe erreichen, das messianische Zeitalter, wenn *Jeschua* als König der Könige gekrönt wird.

König Salomo als Bild auf den Messias
König Salomo ist auch ein weitreichendes Bild auf den Messias Jeschua. Hier einige Beispiele, die den Vergleich verdeutlichen.

1. Salomo saß auf dem Thron seines Vaters David (1. Könige 2,12) und ihm wurde der Thron gegeben (1. Könige 3,6-7).
   Jeschua wird ebenso auf dem Thron seines Vaters David sitzen und auch ihm wird der Thron gegeben werden (Lukas 1,30-32; Apostelgeschichte 2,29-30).

2. Salomos Königreich wurde gefestigt (1. Könige 2,12) und der Thron Davids sollte vor YHWH immer bestehen bleiben (1. Könige 2,45).
   Auch das Köngreich von *Jeschua* wird kein Ende haben (Jesaja 9,6-7; Lukas 1,33).

3. Salomo regierte über alle Königreiche und sie dienten ihm alle Tage seines Lebens (1. Könige 5,1).
   Jeschua wird einst über alle Königreiche herrschen und sie werden ihm für immer dienen (Daniel 2,44; 7,14+27).

4. Das Wort „Salomo" ist die Nr. 8010 in der *Strong's Hebräisch-Konkordanz* und bedeutet „friedlich, friedevoll". Es stammt von Nr. 7965 „shalom", welches „Friede" bedeutet.
   In Jesaja 9,6 wird *Jeschua* als „Friedefürst" bezeichnet.

5. Salomo war ein König inmitten seines Volkes (1. Könige 3,7-8).
   Jeschua wird auch inmitten seines Volkes König sein (Jesaja 12,6; Psalm 89,19; Sacharja 2,14-15).

6. Salomo war der weiseste König auf der ganzen Erde (1. Könige 3,5 und 9-13; 4,29-31; 10,23; 2. Chronik 9,22-23).
   Auch *Jeschua* wird als die Weisheit YHWHs bezeichnet (1. Korinther 1,24; Kolosser 2,2-3).

7. Der weise König baute den Tempel und hatte Ruhe nach allen Seiten hin (1. Könige 5,4-5; 6,9+14).
   Jeschua wird auch einen Tempel aufbauen, nämlich den des messianischen Zeitalters und auch er wird nach allen Seiten hin Ruhe haben (Sacharja 6,12-13).

8. Salomo wurde viel Weisheit und Verständnis gegeben, um über gut und böse zu richten (1. Könige 3,9-13).
   Jeschua hat auch viel Weisheit und Verständnis, um in Gerechtigkeit zu richten (Jesaja 11,1-6).
9. Die ganze Welt suchte Salomo auf, um seine Weisheit zu hören (1. Könige 10,24).
   Während des messianischen Zeitalters wird die ganze Welt von der Weisheit *Jeschuas* sprechen (Psalm 145,1 u. 11-13).
10. Im Laufe der Regierungszeit Salomos saß jeder Mann „unter seinem Weinstock und Feigenbaum" (1. Könige 5,5).
    „Unter seinem Weinstock und Feigenbaum" ist seither auch eine jüdische Redewendung für das 1000-jährige messianische Zeitalter.
    Während der Königsherrschaft von *Jeschua* im messianischen Zeitalter wird auch jeder Mann „unter seinem Weinstock und Feigenbaum" sitzen (Micha 4,4; Johannes 1,47-49).

Josuas Überschreitung des Jordans
Die Jordanüberquerung der Kinder Israels ist noch ein weiteres Bild auf 6000 Jahre Heilsgeschichte.
1. Josua 3,1 = Tag 1
2. Josua 3,2 = Nach drei Tagen (Tag 4) überqueren die Kinder Israels den Jordan.
   In dieser Schriftpassage ist Josua *(Jehoschua)* ein Bild auf *Jeschua*. Josua ist die Nr. 3091 in *Strong's Hebräischer Konkordanz*. Der Name „Jesus" entspricht bei *Strong's* der Nr. 2424 in der *Griechischen Konkordanz* des neuen Testaments und korrespondiert mit dem hebräischen Namen Josua.
   Josua wurde nach Moses Tod der Anführer der Kinder Israel und führte YHWHs erwähltes Volk in das verheißene Land. Diese vier Tage sind ein geistliches Bild dafür, dass *Jeschua* 4000 Jahre nach der Erschaffung Adams auf die Erde kommt.
3. Aus Josua 3,3-4 wird erkenntlich, dass zwischen der Bundeslade und den Kindern Israel ein Abstand von 2000 Ellen war.

Diese 2000 Ellen bedeuten, dass sich die Juden als gesamtes Volk von der Bundeslade entfernen würden. Am Ende von 6000 Jahren wird das jüdische Volk als gesamte Nation *Jeschua* als Messias annehmen. In Hosea 5,15 bis 6,1-3 lesen wir:

„Ich will wieder an meinen Ort gehen, bis sie ihre Schuld erkennen und mein Angesicht suchen; wenn's ihnen übel ergeht, so werden sie mich suchen: »Kommt, wir wollen wieder zu YHWH; denn er hat uns zerrissen, er wird uns auch heilen, er hat uns geschlagen, er wird uns auch verbinden. Er macht uns lebendig nach zwei Tagen (2000 Jahre nach dem ersten Kommen), er wird uns am dritten Tage (dem messianischen Zeitalter) aufrichten, dass wir vor ihm leben werden. Lasst uns darauf Acht haben und danach trachten, YHWH zu erkennen; denn er wird hervorbrechen wie die schöne Morgenröte und wird zu uns kommen wie ein Regen, wie ein Spätregen, der das Land feuchtet.«"

4. In Josua 3,5 lesen wir:

„Heiligt euch, denn *morgen* wird YHWH unter euch Wunder tun."

Und in Josua 3,7 steht:

„YHWH sagte zu Josua, *an diesem Tag* werde ich beginnen, dich in den Augen von ganz Israel groß zu machen."

Der *morgige* und *dieser Tag* = 4 Tage + 2000 Ellen entsprechen 6000 Jahre.

Nach 6000 Jahren wird YHWH *Jeschua* in den Augen von ganz Israel groß machen.

Die Geburt Jakobs

Und noch ein weiteres Bild auf die 6000 Jahre: die Geburt Jakobs. Jakob ist wie anfangs erwähnt Israel (1. Mose 32,27-28).

1. Isaak ist 40 Jahre alt, als er Rebekka *(Rivkah)* heiratet (1. Mose 25,20).

Isaak ist ein Hinweis auf *Jeschua*. Die 40 Jahre sind eine Andeutung, dass *Jeschua* bei seinem ersten Kommen als der leidende Messias zur Erde kommt.
2. Rebekka *(Rivkah)* ist 20 Jahre lang unfruchtbar, bevor Jakob geboren wird (1. Mose 25,21.26).
Nach 20 Jahren wird Rebekka mit Jakob schwanger. Dies zeigt an, dass 2000 Jahre nach dem ersten Kommen des Messias die ganze jüdische Nation *Jeschua* als Messias annehmen wird.

Die Hochzeit in Galiläa

Das Evangelium von Johannes *(Jochanan)* beschreibt in Kapitel 1,19 bis 2,1 ein Ereignis, das über einen Zeitraum von sieben Tagen hinweg geschieht.
1. Johannes 1,19 = Tag 1
2. Johannes 1,19 = Tag 2
3. Johannes 1,35 = Tag 3
4. Johannes 1,43 = Tag 4
   Nach dem vierten Tag zieht *Jeschua* nach Galiläa weiter. Galiläa ist die Nr. 1551 in *Strong's Hebräischer Konkordanz* und bedeutet „Kreis". Ein Kreis ist ein Synonym für den Himmel. Jene vier Tage sind ein geistliches Bild dafür, dass *Jeschua* auf die Erde kommt, nachdem er 4000 Jahre lang (seit der Erschaffung Adams) im Kreis bzw. im Himmel war.
5. In Johannes 2,1 lesen wir von einer Hochzeit in Kana, in Galiläa am dritten Tag. Dieser dritte Tag ist nach den vier vorausgegangenen Tagen der siebte Tag. An diesem Tag endet nämlich die Hochzeit.
   Dies ist ein geistliches Bild dafür, dass *Jeschua* nach einer Zeit von 6000 Jahren in die volle Ehebeziehung mit seinem Volk eintreten wird, wenn er während des messianischen Zeitalters mit seiner Braut herrschen und regieren wird. Im traditionellen jüdischen Denken ist das Posaunenfest der Tag der vollumfänglichen Hochzeit YHWHs mit seinem Volk.

Jakobs Kinder von Lea
In 1. Mose 29 hat Lea sieben Kinder. Dies ist ein Hinweis von YHWH auf die 7000 Jahre des gesamten Erlösungsplans.
1. Der erste Sohn war *Ruben* (1. Mose 29,32). Ruben ist bei *Strong's* die Nr. 7205, welches von zwei hebräischen Wörtern stammt, nämlich Nr. 7200 „sehen" und Nr. 1121 „ein Sohn". Ruben bedeutet also *„einen Sohn sehen"*.
2. Der zweite Sohn hieß *Simeon* (1. Mose 29,33). Simeon ist *Strong's* Nr. 8095 im *Wörterbuch Hebräisch* und leitet sich von Nr. 8085 ab, „Schema", was „hören" bedeutet. Der Name Simeon bedeutet also *„das Hören oder hörend"*.
3. Der dritte Sohn wurde *Levi* genannt (1. Mose 29,34). Levi ist die Nr. 3878 und kommt von Nr. 3867 „Lavah", was „sich verbinden, zusammenschließen" bedeutet. Der Name Levi bedeutet also *„sich verbinden"*.
4. Der vierte Sohn hieß *Juda* (1. Mose 29,35). Juda (Nr. 3063) meint das hebräische „Jehudah", was in der Übersetzung *„preisen/Lobpreis"* ergibt.

    Juda ist der vierte Sohn von Lea. YHWH prophezeite durch Jakob, dass das Zepter (Autorität zu herrschen) nicht von Juda weichen würde und dass der Messias vom Stamm Juda sein werde. In 1. Mose 49,10 heißt es:
    „Es wird das Zepter von Juda nicht weichen noch der Stab des Herrschers von seinen Füßen, bis dass der Schilo (Messias) komme, und ihm werden die Völker anhangen."
    Ebenso wie Juda der vierte Sohn von Lea war, kam *Jeschua* 4000 Jahre nach der Erschaffung Adams auf die Erde und wurde durch den Stamm Juda geboren (Hebräer 7,14; Offenbarung 5,5). Nach vier Kindern macht Leas Mutterschoß eine Pause (1. Mose 29,35). Dies bedeutet, dass die Juden den Messias *Jeschua* bei seinem ersten Kommen nicht als ganze Nation empfangen würden.
5. Der fünfte Sohn war *Issachar* (1. Mose 30,18). Issachar entspricht der Nr. 3485, welches von Nr. 7939 kommt und „Miete oder Lohn" bedeutet. Issachar bedeutet also *„mein Erwerb oder mein Lohn"*.

Dieser Name weist darauf hin, dass nach dem ersten Kommen von *Jeschua* das jüdische Volk als ein „vermietetes/angestelltes" Volk unter die Nationen zerstreut werden würde.

6. Der sechste Sohn hieß *Sebulon* (1. Mose 30,19-20). Nr. 2074 kommt von Nr. 2082 „wohnen". Sebulon bedeutet also *„das Wohnen/Wohnung"*.

Dieses prophetische Bild zeigt an, dass YHWH nach einer Zeit von 6000 Jahren während des messianischen Zeitalters durch *Jeschua* mit seinem Volk wohnen wird.

7. Das siebte Kind ist eine Tochter namens *Dina* (1. Mose 30,21). Die Nr. 1783 ist verwandt mit Nr. 1779 „Din", was „richten" bedeutet. Dina bedeutet also *„richten/Richterin"*.

Der Name Dina bedeutet, dass *Jeschua* nach einer Zeit von 6000 Jahren mit seiner Braut leben und wohnen wird, wobei er mit ihr herrschen und regieren und die Nationen richten wird. In 1. Korinther 6,2-3 lesen wir

„Wisst ihr nicht, dass das Gottesvolk das Universum richten wird? ... Wisst ihr nicht, dass wir Engel richten werden, ganz zu schweigen von Alltagsangelegenheiten?"

Dazu nun Offenbarung 5,10:

„Du hast sie zu einem Königreich gemacht, über das Gott herrscht, zu *Kohanim* (Priestern), die ihm dienen; und sie werden über die Erde herrschen."

Und in Offenbarung 20,4 finden wir:

„Dann sah ich Throne, und die, die auf ihnen saßen, empfingen Vollmacht zu richten. Und ich sah die Seelen derer, die enthauptet worden waren, weil sie für Jeschua gezeugt und das Wort Gottes verkündigt hatten, und auch die Seelen derer, die das Tier oder sein Bild nicht angebetet und das Zeichen auf ihren Stirnen oder Händen nicht empfangen hatten. Sie wurden lebendig und herrschten mit dem Messias tausend Jahre lang."

Damit die volle Wiederherstellung für das Haus Juda und für das Haus Israel kommen kann, müssen die Christen ihr traditionelles Zeitverständnis des Dispensationalismus' („Zeitalter des Gesetzes und Zeitalter der Gnade") durch den 7000-jährigen Heilsplan von YHWH ersetzen. Unterdessen müssen die Juden verstehen, dass *Jeschua* 4000 Jahre nach der Erschaffung Adams als der leidende Messias auf die Erde kam – genau zu der Zeit, als sie darauf warteten, dass YHWH den Messias senden würde.

Möge YHWH in unseren Tagen die Erlösung, Wiederherstellung, Versöhnung und Einheit bald für beide Häuser Israels bringen. Amen!

Kapitel 6

JESCHUA, UNSER JÜDISCHER MESSIAS

Jeschua war Jude. Er wurde als Jude geboren, lebte als Jude und starb als Jude. Wenngleich die meisten Christen akzeptieren, dass *Jeschua* Jude war, ehren sie YHWH jedoch nicht in dem Punkt, dass sie sich auch mit der jüdischen Natur des Messias' identifizieren würden. Andererseits erkennen viele Juden *Jeschua* nicht als Juden an. Und diejenigen, die es tun, realisieren nicht, dass er dazu noch ein torahtreuer Jude war. Beide Häuser Israels sollten sich also in einem viel größeren Maße mit der jüdischen Natur des Messias auseinandersetzen.

In diesem Kapitel werden wir die jüdische Natur von *Jeschua* untersuchen. Wenn *Jeschua* einst auf die Erde zurückkehrt, um während des Messianischen Zeitalters 1000 Jahre lang zu herrschen und zu regieren, wird er dies als ein torahtreuer Jude tun und allen Nationen die Torah lehren (Jesaja 2,2-4).

Jeschua wurde als Jude geboren

Jeschua wurde aus dem Samen Davids und in der Stadt Davids geboren, nämlich Betlehem. Zu jener Zeit waren seine Eltern verlobt. In einer jüdischen Ehe ist die Verlobung immer die erste Stufe. *Jeschua* wurde gemäß der jüdischen Sitte am achten Tag beschnitten *(brit mila)*. Der Name Jesus ist im Hebräischen *Jeschua*. Dieses hebräische Wort bedeutet „Erlösung" oder „Rettung". *Jeschua* wurde geboren, um der Retter der Welt und der Messias für beide Häuser Israels zu sein.

Jeschua wurde aus dem Samen Davids geboren

Die Juden glauben, dass der jüdische Messias aus dem Samen Davids stammt. Auch die Christen glauben dies. In 1. Chronik 17,7-14 lesen wir:

> „So sprich nun zu meinem Knecht David: So spricht YHWH Zebaoth: Ich habe dich von der Weide hinter den Schafen weggenommen, dass du ein Fürst über mein Volk Israel sein solltest, und ich bin mit dir gewesen, wo du hingegangen bist, und habe deine Feinde ausgerottet vor dir und dir einen Namen gemacht, wie die Großen auf Erden Namen haben. Und ich will meinem Volk Israel eine Stätte geben und will es pflanzen, dass es dort wohnen soll, und es soll sich nicht mehr ängstigen, und die Gewalttätigen sollen es nicht mehr bedrängen wie vormals und zu den Zeiten, als ich Richter über mein Volk Israel verordnete. Und ich will alle deine Feinde demütigen und verkündige dir, dass YHWH dir ein Haus bauen will. Wenn aber deine Tage um sind, dass du zu deinen Vätern hingehst, so will ich dir einen Nachkommen, einen deiner Söhne, erwecken; dem will ich sein Königtum bestätigen. Der soll mir ein Haus bauen, und ich will seinen Thron bestätigen ewiglich. Ich will sein Vater sein und er soll mein Sohn sein. Und ich will meine Gnade nicht von ihm wenden, wie ich sie von dem gewandt habe, der vor dir war, sondern ich will ihn einsetzen in mein Haus und in mein Königtum ewiglich, dass sein Thron beständig sei ewiglich."

Das Versprechen YHWHs an David wird in Psalm 89,21 und 35-38 wiederholt:

> „Ich habe gefunden meinen Knecht David, ich habe ihn gesalbt mit meinem heiligen Öl. ... Ich will meinen Bund nicht entheiligen und nicht ändern, was aus meinem Munde gegangen ist. Ich habe einmal geschworen bei meiner Heiligkeit und will David nicht belügen: Sein Geschlecht soll ewig bestehen und

sein Thron vor mir wie die Sonne, wie der Mond, der ewiglich bleibt, und wie der treue Zeuge in den Wolken."

Jeschua wurde dem Fleisch nach also aus dem Samen Davids geboren. Römer 1,3-4 beschreibt dies deutlich:

„Sie handelt von seinem Sohn, dem Leib nach *stammte er von David ab;* er ist *Jeschua der Messias, unser Herr."*

In Hebräer 7,14 lesen wir:

„Denn jeder weiss, dass *unser Herr aus Juda hervorging."*

Und in Offenbarung 5,5:

„Einer der Ältesten sagte zu mir: »Weine nicht. Sieh, der *Löwe vom Stamm Jehudah, die Wurzel Davids,* hat das Recht errungen, die Rolle ... zu öffnen.«"

Als *Jeschua* geboren wurde, sprach der Engel Gabriel zu Maria *(Mirjam),* der jüdischen Mutter von *Jeschua.* Dies steht in Lukas 1,30-33:

„Der Engel sagte zu ihr: »Hab keine Angst, Mirjam, denn du hast besondere Gunst gefunden bei Gott. Sieh! Du wirst schwanger werden, du wirst *einen Sohn gebären* und du sollst ihn *Jeschua* nennen. Er wird groß sein, er wird Sohn von Ha Eljon gennant werden. Adonai, Gott, wird ihm den Thron *seines Vorvaters David* geben; und er wird herrschen über das Haus Ja-akovs für immerdar – sein Reich wird kein Ende nehmen.«"

Jeschua bedeutet Erlösung

Im hebräischen Denken gibt man einer Person einen Namen, um den Charakter, die Identität, die Absicht oder die Bestimmung einer Person anzuzeigen. Die Bestimmung von *Jeschua* ist es, das *Haus Jakob* zu erlösen und die Welt von ihren Sünden zu retten. In Matthäus *(Mattitjahu)* 1,21 steht geschrieben:

„Sie wird einen Sohn gebären, und du sollst ihn *Jeschua* nennen (das bedeutet »Adonai rettet«), weil er sein Volk von seinen Sünden *erretten* wird."

Abraham bedeutet Vater einer Menge

Als nächstes werden wir die Namen der Patriarchen Abraham, Isaak und Jakob untersuchen, um zu verstehen, dass im hebräischen Denken ein Name den Charakter oder die Bestimmung einer Person anzeigt. Abram entspricht der Nr. 87 in *Strong's Hebräischer Konkordanz*. Dies ist das hebräische Wort *Avram* und bedeutet „erhabener Vater". Als YHWH einen Bund mit Abram schloss, änderte Er seinen Namen in Abraham. Dies ist die Nr. 85 bei *Strong's* und bedeutet „Vater einer Menge". YHWH fügte zum Namen Abraham den hebräischen Buchstaben *He* („h") hinzu. *He* bedeutet „Atem oder Leben".

Als YHWH diesen Namen geändert hatte, teilte er Abraham mit, dass er dessen Charakter, Identität und Bestimmung ändern werde. Er tat dies, indem er dem Leben Abrahams „Atem und Leben" hinzufügte und ihn zum „Vater einer Menge" machte. In 1. Mose 17,1-2+4-7 lesen wir:

„Als nun Abram neunundneunzig Jahre alt war, erschien ihm YHWH und sprach zu ihm: Ich bin der allmächtige Elohim; wandle vor mir und sei vollkommen. Und ich will meinen Bund zwischen mir und dir schließen und will dich über alle Maßen mehren. ... Siehe, ich habe meinen Bund mit dir, und du sollst *ein Vater vieler Völker* werden. Darum sollst du nicht mehr Abram heißen, sondern Abraham soll dein Name sein; denn ich habe dich gemacht *zum Vater vieler Völker*. Und ich will dich sehr fruchtbar machen und will aus dir Völker machen und auch Könige sollen von dir kommen. Und ich will aufrichten meinen Bund zwischen mir und dir und deinen Nachkommen von Geschlecht zu Geschlecht, dass es ein ewiger Bund sei, sodass ich dein und deiner Nachkommen Elohim bin."

Isaak bedeutet Lachen

Isaak, der Sohn von Abraham und Sarah, ist bei *Strong's* die Nr. 3327. Das hebräische Wort *Yitzhak* bedeutet „Lachen oder Gelächter". Als YHWH Abraham mitteilte, dass Sarah in hohem Alter ein Kind haben werde, „lachte" Sarah (1. Mose 18,9-14). Deswegen nannten Abraham und Sarah ihr Kind Isaak oder „Lachen". Als Isaak geboren wurde, sagte Sarah, dass YHWH sie zum „lachen" gebracht habe (mit der tieferen Bedeutung „sich mit großer Freude freuen"). Also würden alle, die diesen Namen hören würden, mit ihr „lachen". In 1. Mose 18,9-14 heißt es:

„Da sprachen sie zu ihm (Abraham): Wo ist Sara, deine Frau? Er antwortete: Drinnen im Zelt. Da sprach er: Ich will wieder zu dir kommen übers Jahr; siehe, dann soll Sara, deine Frau, einen Sohn haben. Das hörte Sara hinter ihm, hinter der Tür des Zeltes. Und *sie waren beide, Abraham und Sara, alt* und hochbetagt, sodass es *Sara nicht mehr ging nach der Frauen Weise*. Darum *lachte sie* bei sich selbst und sprach: Nun da ich alt bin, soll ich noch der Liebe pflegen, und mein Herr ist auch alt! Da sprach YHWH zu Abraham: Warum *lacht Sara* und spricht: Meinst du, dass es wahr sei, dass ich noch gebären werde, die ich doch alt bin? Sollte YHWH etwas unmöglich sein? Um diese Zeit will ich wieder zu dir kommen übers Jahr; dann soll Sara einen Sohn haben."

Und in Kapitel 21,1-3+6 lautet der Text:

„Und YHWH suchte Sara heim, wie er gesagt hatte, und tat an ihr, wie er geredet hatte. Und Sara ward schwanger und gebar dem Abraham in seinem Alter einen Sohn um die Zeit, von der YHWH zu ihm geredet hatte. Und *Abraham nannte seinen Sohn*, der ihm geboren war, *Isaak,* den ihm Sara gebar. ... Und Sara sprach: YHWH hat mir ein *Lachen* zugerichtet; denn wer es hören wird, der wird mit mir lachen."

Jakob bedeutet „Verdränger"

Jakob ist die Nr. 3290 in *Strong's Hebräischer Konkordanz*. Das hebräische Wort *Ja'akov* bedeutet „Verdränger, Verführer, Täuscher, Betrüger oder Fersengreifer". Jakob erhielt den Namen „Fersengreifer", weil er bei seiner Geburt die Ferse des Zwillingsbruders Esau fasste. In 1. Mose 25,21-26 können wir dies nachlesen:

„Isaak aber bat YHWH für seine Frau, denn sie war unfruchtbar. Und YHWH ließ sich erbitten, und Rebekka, seine Frau, ward schwanger. Und die Kinder stießen sich miteinander in ihrem Leib. Da sprach sie: Wenn mir's so gehen soll, warum bin ich schwanger geworden? Und sie ging hin, YHWH zu befragen. Und YHWH sprach zu ihr: Zwei Völker sind in deinem Leibe, und zweierlei Volk wird sich scheiden aus deinem Leibe; und ein Volk wird dem andern überlegen sein, und der Ältere wird dem Jüngeren dienen. Als nun die Zeit kam, dass sie gebären sollte, siehe, da waren Zwillinge in ihrem Leibe. Der erste, der herauskam, war rötlich, ganz rau wie ein Fell, und sie nannten ihn Esau. Danach kam heraus sein Bruder, der *hielt mit seiner Hand die Ferse* des Esau, und sie nannten ihn *Jakob*. Sechzig Jahre alt war Isaak, als sie geboren wurden."

Im Laufe seines Lebens sehnte sich Jakob sehr danach, den Segen des Bundes zu erben, den YHWH mit Abraham geschlossen hatte. Wenngleich Jakobs Herz ehrenhaft darin war, diesen Segen zu ersehnen und YHWH auf diese Weise verehrte, ist dennoch seine Methode, diesen Segen zu erlangen, am besten mit „Verdränger, Verführer, Täuscher oder Betrüger" zu beschreiben.

Da Esau der Erstgeborene war, gehörte ihm auch das Familienerbe. Jakob beabsichtigte jedoch, den Segen des Erstgeborenen für sich zu erlangen. Deswegen bat er seinen Bruder Esau, ihm sein Erstgeburtsrecht zu verkaufen. Esau war indes gerade hungrig gewesen und brauchte etwas zu essen.

Esau steht für den fleischlichen Gläubigen. Sein Herz war mehr davon vereinnahmt, seine vorübergehenden irdischen Bedürfnisse zu stillen, als die ewigen Zusagen des Bundes zu erben. Also verkaufte er sein Estgeburtsrecht, um seinen Hunger zu stillen. Jakob war hingegen mehr darauf bedacht, den Segen seines Vaters zu erben. Wir lesen in 1. Mose 25,28-34:

„Und Isaak hatte Esau lieb und aß gern von seinem Wildbret; Rebekka aber hatte Jakob lieb. Und Jakob kochte ein Gericht.

Da kam Esau vom Feld und war müde und sprach zu Jakob: Lass mich essen das rote Gericht; denn ich bin müde. Daher heißt er Edom. Aber Jakob sprach: Verkaufe mir heute dein Geburtsrecht. *Esau antwortete: Siehe, ich muss doch sterben; was soll mir da das Geburtsrecht?* Jakob sprach: So schwöre mir zuvor. Und er schwor ihm und *verkaufte so Jakob seine Erstgeburt.* Da gab ihm Jakob Brot und das Linsengericht, und er aß und trank und stand auf und ging davon. So *verachtete Esau seine Erstgeburt.*"

In 1. Mose 27,1-36 verdrängt Jakob dann tatsächlich Esau aus dem Segen seines Vaters Isaak.

„Und es begab sich, als Isaak alt geworden war und seine Augen zu schwach zum Sehen wurden, rief er Esau, seinen älteren Sohn, und sprach zu ihm: Mein Sohn! Er aber antwortete ihm: Hier bin ich. Und er sprach: Siehe, ich bin alt geworden und weiß nicht, wann ich sterben werde. So nimm nun dein Gerät, Köcher und Bogen, und geh aufs Feld und jage mir ein Wildbret und mach mir ein Essen, wie ich's gern habe, und bring mir's herein, dass ich esse, auf dass dich meine Seele segne, ehe ich sterbe. Rebekka aber hörte diese Worte, die Isaak zu seinem Sohn Esau sagte. Und Esau ging hin auf's Feld, dass er ein Wildbret jagte und heimbrächte. Da sprach Rebekka zu Jakob, ihrem Sohn: Siehe, ich habe deinen Vater mit Esau, deinem Bruder, reden hören: Bringe mir ein Wildbret und mach mir ein Essen, dass ich esse und dich segne vor YHWH, ehe ich sterbe. So höre nun, mein Sohn, auf mich und tu, was ich dich heiße. Geh hin zu der Herde und hole mir zwei gute Böcklein, dass ich deinem Vater ein Essen davon mache, wie er's gerne hat. Das sollst du deinem Vater hineintragen, dass er esse, auf dass er dich segne vor seinem Tod. Jakob aber sprach zu seiner Mutter Rebekka: Siehe, mein Bruder Esau ist rau, doch ich bin glatt; so könnte vielleicht mein Vater mich betasten, und ich würde vor ihm dastehen, als ob ich ihn *betrügen* wollte, und brächte über mich einen Fluch und nicht einen Segen. Da sprach seine Mutter zu ihm: Der Fluch sei auf mir, mein Sohn; gehorche nur meinen Worten, geh und hole mir. Da ging er hin und holte und brachte es seiner Mutter. Da machte seine Mutter ein Essen, wie es sein Vater gerne hatte, und nahm Esaus, ihres älteren Sohnes, Feierkleider, die sie bei sich im Hause hatte, und zog sie Jakob an, ihrem jüngeren Sohn. Aber die Felle von den Böcklein tat sie ihm um seine Hände und wo er glatt war am Halse. Und so gab sie das Essen mit dem Brot, wie sie es gemacht hatte, in die Hand ihres Sohnes Jakob. Und er ging hinein zu seinem Vater und sprach: Mein Vater! Er antwortete: Hier bin ich. Wer bist du, mein Sohn? Jakob sprach zu seinem Vater: Ich bin Esau, dein erstgeborener Sohn; ich habe getan, wie du mir gesagt hast. Komm nun, setze dich und iss von meinem Wildbret, auf dass mich deine Seele segne. Isaak aber sprach zu seinem Sohn: Wie hast du so bald gefunden, mein Sohn? Er antwortete: YHWH, dein Elohim, bescherte mir's. Da sprach Isaak zu Jakob: Tritt herzu, mein Sohn, dass ich dich betaste, ob du mein Sohn Esau bist oder nicht. So trat Jakob zu seinem Vater Isaak. Und als er ihn betastet hatte, sprach er: Die Stimme ist Jakobs Stimme, aber die Hände sind Esaus Hände. Und er erkannte ihn nicht; denn seine Hände waren rau wie Esaus, seines Bruders, Hände. Und er segnete ihn und sprach: Bist du mein Sohn Esau? Er antwortete: Ja, ich bin's. Da sprach er: So bringe mir her, mein Sohn, zu essen von deinem Wildbret, dass dich meine Seele segne. Da brachte er's ihm und er aß; und er trug ihm auch Wein hinein und er trank. Und Isaak, sein Vater, sprach zu ihm: Komm her und küsse mich, mein Sohn! Er trat hinzu und küsste ihn. Da roch er den Geruch seiner Kleider und segnete ihn und sprach: Siehe, der Geruch meines Sohnes ist wie der Geruch des Feldes, das YHWH gesegnet hat. Elohim gebe dir vom Tau des Himmels und von der Fettigkeit der Erde und Korn und Wein die Fülle. Völker sollen dir dienen, und Stämme sollen dir zu Füßen fallen. Sei ein Herr über deine Brüder, und deiner Mutter Söhne sollen dir zu Füßen fallen. Verflucht sei, wer dir flucht; gesegnet sei, wer dich segnet! Als nun Isaak den Segen über Jakob vollendet hatte und Jakob kaum hinausgegangen war von seinem Vater Isaak, da kam Esau, sein Bruder, von seiner Jagd und machte auch ein Essen und trug's hinein zu seinem Vater und sprach zu ihm: Richte dich auf, mein Vater, und iss von dem Wildbret deines Sohnes, dass mich deine Seele segne. Da antwortete ihm Isaak, sein Vater: Wer bist du? Er sprach: Ich bin Esau, dein erstgeborener Sohn. Da entsetzte sich Isaak über die Maßen sehr und sprach: Wer? Wo ist denn der Jäger, der mir gebracht hat, und ich habe von allem gegessen, ehe du kamst, und hab ihn gesegnet? Er wird auch gesegnet bleiben. Als Esau diese Worte seines Vaters hörte, schrie er laut und wurde über die Maßen sehr betrübt und sprach zu seinem Vater: Segne mich auch, mein Vater! Er aber sprach: *Dein Bruder ist gekommen mit List* und hat deinen Segen weggenommen. Da sprach er: *Er heißt mit Recht Jakob,* denn er hat mich nun zweimal *überlistet.* Meine Erstgeburt hat er genommen und siehe, nun nimmt er auch meinen Segen."

In Jakobs Leben gab es ein „Ringen" zwischen seiner fleischlichen Natur, dem „Verdränger, Verführer, Täuscher oder Betrüger", und seiner geistlichen Natur, welche den Segen YHWHs ersehnte. Als Jakob gegen Ende seines Lebens einen „Ringkampf" mit YHWH austrug, war dies ein prophetisches Zeichen für sein Leben. Er gewann im Kampf die Oberhand. Als sich Jakob in jenem „Ringkampf" mit YHWH durchsetzte, änderte YHWH den Namen Jakob in „Israel". Dies ist die Nr. 3478 bei *Strong's* und bedeutet „herrschen und Macht haben als ein Prinz mit Gott". Der Namenswechsel von Jakob zu Israel repräsentierte einen Wechsel im Charakter und in der Bestimmung von Jakobs Leben.

Die geistliche Bedeutung von Jakob und Esau

Jakob stellt ein geistliches Bild für die Kinder der Verheißung dar, deren Wandel im Geist (Neigung zum Guten) und nicht in der fleischlichen Natur (Neigung zum Bösen) erfolgt. Esau ist hingegen ein geistliches Bild für die, die gemäß der fleischlichen Natur und nicht im Geist wandeln. YHWH liebt die Menschen, deren Herzen ihm und seinen Verheißungen zugewandt sind (Jakob) und hasst die, welche um die Befriedigung ihrer fleischlichen Gelüste besorgt sind (Esau). Dies wird uns in Römer 9,8-13 erklärt:

> „Es sind nicht die leiblichen Kinder, die Kinder Gottes sind (Esau), sondern die Kinder, auf die sich die Verheißung bezieht, sind diejenigen, die als Same erachtet werden (Jakob). Denn das hat die Verheißung gesagt: »Zur festgelegten Zeit werde ich kommen; und Sarah wird einen Sohn haben.« Und noch aufschlussreicher ist der Fall von Rivkah; denn ihre beiden Kinder wurden bei einem einzigen Akt mit Jizchak, unserem Vater, empfangen; und noch bevor sie geboren wurden, bevor sie überhaupt etwas getan hatten, sei es gut oder schlecht, wurde ihr gesagt: »Der Ältere wird dem Jüngeren dienen.« Das steht im Einklang mit der Stelle, wo geschrieben steht: »Ja-akov habe ich geliebt, doch Esav habe ich gehasst.«"

Maria war mit Josef verlobt

Maria, die jüdische Mutter von *Jeschua*, war mit Josef verlobt, als sie mit *Jeschua* schwanger war. In der jüdischen Hochzeitszeremonie verläuft eine Heirat in zwei Stufen. Die erste Stufe ist die Verlobung. In der Zeit der Verlobung ist man bereits rechtsgültig mit dem Ehepartner verheiratet, lebt aber noch nicht physisch mit ihm zusammen. Durch das hebräische Sprachverständnis können wir verstehen, dass die Verlobung rechtlich bindend ist. Das hebräische Wort für Verlobung ist *erusin* und kommt vom Wurzelwort *aras*. Dieses ist wiederum verwandt mit *asar*, was „binden" bedeutet. So wird ersichtlich, dass uns die hebräische Sprache die rechtliche Verbindlichkeit der Verlobung lehrt.

Gemäß der jüdischen Heiratsbräuche besteht nach einer abgeschlossenen Verlobung keine Möglichkeit mehr, aus einer Ehe herauszukommen – außer durch Scheidung (hebräisch *get)*. Die zweite Stufe der Ehe wird im Hebräischen *nesu'in* genannt. Hier kommen Braut und Bräutigam physisch zusammen und vollziehen die Ehe. In Matthäus 1,18-20 können wir nachlesen, dass die Eltern von *Jeschua* gemäß der jüdischen Heiratsbräuche verheiratet waren.

„Und mit der Geburt Jeschuas, des Messias, verhielt es sich folgendermaßen. Als seine Mutter Mirjam mit Josef verlobt war, *noch bevor sie verheiratet waren* (zusammengekommen, die erste Stufe der Heirat), wurde sie schwanger erfunden vom Ruach Ha Kodesch (Heiligen Geist). Da ihr zukünftiger Ehemann, Josef, ein Mann war, der tat, was recht war, wollte er sie nicht der öffentlichen Schande preisgeben; deshalb *plante er, die Verlobung in der Stille zu lösen* (get). Doch noch während er darüber nachdachte, erschien ihm in einem Traum ein Engel Adonais und sagte: »Josef, Sohn Davids, fürchte dich nicht, Mirjam als deine Frau heimzuführen; denn das Kind, das sie empfangen hat, ist vom Ruach Ha Kodesch.«"

Die geistliche Bedeutung von Verlobung

Was ist das geistliche Verständnis der jüdischen Heiratszeremonie für alle an *Jeschua* Gläubigen? Der Messias ist der Bräutigam und die Messiasgläubigen sind seine Braut. Als *Jeschua* vor fast 2000 Jahren auf die Erde kam, tat er dies, damit jeder, der an ihn glaubt, auf ewig mit ihm verheiratet sein würde. Bei seinem ersten Kommen kam *Jeschua* als der leidende Messias. Nach der Auferstehung stieg er in den Himmel auf, um bei seinem Vater zu sein. Bei seinem zweiten Kommen wird er als der königliche Messias zurückkehren.

Heute wohnt *Jeschua* nicht physisch mit denen zusammen, die ihm vertrauen. Daher sind die an ihn Gläubigen gegenwärtig mit Ihm *verlobt*. Während des messianischen Zeitalters werden wir in die ganze Fülle der Ehe eintreten und auch physisch mit dem Messias zusammen wohnen.

Die Beschneidung als Zeichen des Bundes

Es ist ein Gebot der Torah, dass jeder jüdische Junge am achten Lebenstag beschnitten wird. Die Beschneidung ist das physische Zeichen des Bundes zwischen YHWH und seinem Volk. Diese Anweisung gab YHWH Abraham in 1. Mose 17,9-14:

„Und YHWH sprach zu Abraham: So haltet nun meinen Bund, du und deine Nachkommen von Geschlecht zu Geschlecht. Das aber ist mein Bund, den ihr halten sollt zwischen mir und euch und deinem Geschlecht nach dir: Alles, was männlich ist unter euch, soll beschnitten werden; eure Vorhaut sollt ihr beschneiden. Das soll das Zeichen sein des Bundes zwischen mir und euch. Jedes Knäblein, wenn's *acht Tage* alt ist, sollt ihr *beschneiden* bei euren Nachkommen. Desgleichen auch alles, was an Gesinde im Hause geboren oder was gekauft ist von irgendwelchen Fremden, die nicht aus eurem Geschlecht sind. Beschnitten soll werden alles Gesinde, was dir im Hause geboren oder was gekauft ist. Und so soll mein Bund an eurem Fleisch zu einem *ewigen Bund* werden. Wenn aber ein Männlicher nicht beschnitten wird an seiner Vorhaut, wird er ausgerottet werden aus seinem Volk, weil er meinen Bund gebrochen hat."

Jeschua wurde am achten Tag beschnitten

Diesem Gebot entsprechend beschnitten auch die Eltern von Jeschua denselben am achten Tag. In Lukas 2,21-24 können wir dies nachlesen:

„Am achten Tag, als es Zeit war für seine Berit Milah (Beschneidung), erhielt er den Namen Jeschua, wie ihn der Engel vor seiner Empfängnis genannt hatte. Als die Zeit für ihre Reinigung nach der Torah von Mosche kam, nahmen sie ihn hinauf nach Jeruschalajim, um ihn Adonai darzustellen (wie geschrieben steht in der Torah Adonais: »Jedes erstgeborene männliche Kind soll Adonai geweiht werden«,) und auch, um ein Opfer von einem Paar Turteltauben oder zwei jungen Tauben darzubringen, wie es die Torah Adonais vorschreibt."

Diese Anweisung finden wir in 3. Mose 12, Verse 1-3, 6 und 8:
„Und YHWH redete mit Mose und sprach: Rede mit den Israeliten und sprich: Wenn eine Frau empfängt und einen Knaben gebiert, so soll sie sieben Tage unrein sein, wie wenn sie ihre Tage hat. Und am *achten Tage* soll man ihn *beschneiden.* ... Und wenn die Tage ihrer Reinigung für den Sohn oder für die Tochter um sind, soll sie dem Priester ein einjähriges Schaf bringen zum Brandopfer und eine Taube oder Turteltaube zum Sündopfer vor die Tür der Stiftshütte. ... Vermag sie aber nicht ein Schaf aufzubringen, so *nehme sie zwei Turteltauben oder zwei andere Tauben,* eine zum Brandopfer, die andere zum Sündopfer; so soll sie der Priester entsühnen, dass sie rein werde."

Jeschua wurde in Betlehem geboren

Jeschua wurde in Betlehem geboren. In Matthäus 2,1+4-6 heißt es:

„Nachdem Jeschua geboren war in Beht-Lechem, im Land Jehudah, zur Zeit, als Herodes König war, kamen Magier aus dem Osten nach Jeruschalajim. ... Er rief alle Haupt-Kohanim und Torahlehrer des Volkes zusammen und fragte sie: »Wo wird der Messias geboren werden?« »In Beht-Lechem in Jehudah«, antworteten sie, »denn der Prophet hat geschrieben: ›Und du, Beht-Lechem im Lande Jehudah, bist keinswegs die Geringste unter den Herrschern Jehudahs; denn aus dir wird ein Herrscher hervorgehen, der mein Volk Jisrael weiden wird.‹«"

Die Prophezeiung, dass der Messias in Betlehem in Juda geboren würde, finden wir in Micha 5,1:

„Und du, *Betlehem* Efrata, die du klein bist unter den Städten in Juda, aus dir soll mir der kommen, der *in Israel Adonai sei,* dessen Ausgang von Anfang und *von Ewigkeit her* gewesen ist."

Der Herrscher in Israel, der von Ewigkeit her war und in Betlehem geboren wurde, ist der jüdische Messias *Jeschua.*

Die hebräische Bedeutung von Betlehem

Betlehem entspricht der Nr. 1035 in *Strong's Hebräischer Konkordanz*. Es kommt von zwei hebräischen Wörtern, nämlich *Beit* und *Lechem*. *Beit* ist Nr. 1004 und bedeutet „Haus", *Lechem* (Nr. 3899) meint „Brot". Betlehem ist also im engeren Sinne des Wortes das „Haus des Brotes". In Johannes 6,33-35 sagte *Jeschua*, dass er das Brot *(manna)* sei, das YHWH vom Himmel gesandt hat:

„»Denn *Gottes Brot* ist der, der herabkommt aus dem Himmel und *der Welt Leben gibt*.« Sie sagten zu ihm: »Lieber Herr, gib uns dieses Brot von jetzt an.« *Jeschua* antwortete: *»Ich bin das Brot, das Leben ist!* Wer immer zu mir kommt, wird niemals hungrig werden, und wer immer mir vertraut, wird niemals durstig werden.«"

Am Abend bevor *Jeschua* am Baum gekreuzigt wurde (1. Korinther 11,23), hielt er ein Passah *(Pessach*, Lukas 22,15). Während des Sedermahls wurde ein Brot gegessen, das als *matza* bekannt ist. In Lukas 22,15+19 sagte *Jeschua*, dass dieses Matzenbrot seinen Körper repräsentiert:

„Und er (Jeschua) sagte zu ihnen: »Ich hätte so gern diesen *Seder* mit euch gefeiert, bevor ich sterbe!« ... Ebenso *nahm er ein Stück Mazah* (ungesäuertes Brot), machte die *Berachah* (Segnung), brach es, gab es ihnen und sagte: *»Das ist mein Leib*, der für euch hingegeben wird; tut das im Gedenken an mich.«

Den Segensspruch über dem Brot nennt man *HaMotzi*. Im Hebräischen lautet er: „*Baruch Ata Adonai Eloheinu Melech Ha Olam Ha Motzi Lechem Min Ha Aretz*". Auf Deutsch bedeutet er: „Gesegnet seist du, YHWH, unser Elohim, König des Universums, der du Brot aus der Erde hervorbringst."

Geistlich gesehen ist das *HaMotzi* ein Dankgebet an YHWH für die Auferstehung von *Jeschua*, der aus der Erde „hervorgebracht" wurde (auferstand). Zudem wurde *Jeschua* an einem Ort namens Betlehem geboren, was ja „Haus des Brotes" bedeutet.

Der Vater von Jeschua

Der irdische Vater von *Jeschua* hieß bekanntlich Josef. In Matthäus 1,16 lesen wir:

„Ja-akov war der Vater von Josef, des Mannes der Mirjam, aus der geboren wurde Jeschua, der der Messias genannt wurde."

Es entspricht dem jüdischen Denken, dass *Jeschua* zwei vorrangige Rollen erfüllen muss. Er wird als leidender und als königlicher Messias betrachtet. Der leidende wird *Messias ben Josef* genannt, der königliche *Messias ben David*. Alle Gläubigen werden wissen, dass *Jeschua* bei seinem ersten Kommen als der leidende Messias auf die Erde kam und bei seinem zweiten Kommen als der königliche Messias zurückkehren wird.

Jeschua war Josefs Sohn. Dies hat eine doppelte Bedeutung. Im wörtlichen Sinne war *Jeschua* der irdische Sohn von Josef. Geistlich betrachtet ist *Jeschua* der *Messias ben Josef.* Philippus erkannte dies. Wir lesen in Johannes 1,45:

„Philippus traf Natan-el und erzählte ihm: »Wir haben den gefunden, über den Mosche in der Torah und auch die Propheten schrieben – es ist *Jeschua ben Josef* aus Nazeret!«"

In Lukas 2,40 wird uns mitgeteilt, dass *Jeschua* sowohl körperlich als auch geistlich wuchs:

„Das Kind wuchs und wurde stark und erfüllt mit Weisheit (chokmah) – die Gnade Gottes lag auf ihm."

Jeschua ist der Sohn des Gebots

Im Alter von zwölf Jahren werden jüdische Kinder als erwachsen betrachtet. In diesem Alter ist jedes jüdische Kind dafür verantwortlich, die Gebote YHWHs zu kennen und darin zu wandeln. Heutzutage gibt es ein besonderes Ereignis an diesem Tag: die *Bar Mitzva*. Dies bedeutet „Sohn des Gebotes".

Alle, die die Torah kennen und in den Anweisungen der Torah wandeln, sind als Söhne YHWHs bekannt. *Jeschua* zeigte seine überragende Kenntnis der Torah in der *Bar Mitzva*, im Alter von zwölf Jahren. Darüber lesen wir in Lukas 2,42 und 46-47:

"Als er *zwölf Jahre alt* war, gingen sie hinauf zum Fest, wie der Brauch es verlangte. ... Am dritten Tag fanden sie ihn – er *saß* im Tempelvorhof *unter den Rabbis* und hörte ihnen nicht nur zu, sondern stellte auch Fragen zu dem, was sie sagten; *und jeder, der ihn hörte, war erstaunt über seine Einsichten und Antworten.*"

In den kommenden Abschnitten werden wir den jüdischen Charakter von *Jeschuas* Leben und Dienst untersuchen.

Jeschua war Zimmermann

Der Beruf von *Jeschua* war der eines Zimmermannes. In Markus 6,2-3 heißt es:

"Am Schabbat fing er an, in der Synagoge zu lehren, und viele, die ihn hörten, waren sehr erstaunt. ... Sie fragten: »Ist er nicht der Zimmermann? Der Sohn von Mirjam?«"

Genau wie es eine doppelte Bedeutung dafür gibt, dass *Jeschua* der Sohn Josefs war, so bietet auch sein Beruf eine zweifache Erklärung. Im wörtlichen Sinne war *Jeschua* Zimmermann und baute Häuser aus Holz. Geistlich betrachtet war er damit beauftragt, das „Haus YHWHs" zu „bauen". In Hebräer 3,1-6 erfahren wir:

"Deshalb, Brüder, die Gott ausgesondert hat, die teilhaben an der Berufung vom Himmel, denkt sorgfältig nach über Jeschua, den wir öffentlich als Gesandten Gottes und als Kohen Gadol (Hohenpriester) bekennen. Er war Gott, der ihn ernannte, treu; so wie Mosche treu war im ganzen Haus Gottes. Jeschua aber gebührt größere Ehre als Mosche, wie dem Erbauer des Hauses größere Ehre gebührt als dem Haus. Denn jedes Haus ist von jemandem erbaut, der aber, der alles erbaut hat, ist Gott. Und Mosche war zwar treu im ganzen Haus Gottes, als ein Knecht, der Zeugnis gab für Dinge, die Gott später offenbaren würde. Der Messias aber war als Sohn treu über das Haus Gottes. Und dieses Haus sind wir, vorausgesetzt, wir halten fest am Mut und an der Zuversicht, die wir haben durch das, auf das wir hoffen."

Einen Sohn zu haben ist im jüdischen Denken mit dem Aufbau eines Haushaltes und dem Erhalt eines Familiennamens gleichzusetzen. In Psalm 2,6-7 wird *Jeschua* der Sohn Gottes genannt:

„Ich aber habe *meinen König* eingesetzt auf meinem heiligen Berg Zion. Kundtun will ich den Ratschluss YHWHs. Er hat zu mir gesagt: Du bist *mein Sohn*, heute habe ich dich gezeugt."

In Apostelgeschichte 13,33 wird bestätigt, dass Psalm 2,6-7 von *Jeschua* spricht:

„Gott hat dasselbe für uns, die Kinder, erfüllt, indem er Jeschua auferweckte, wie geschrieben steht im zweiten Psalm: »Du bist mein Sohn, heute bin ich dein Vater geworden.«"

Bei der *Mikva* (Taufe) von *Jeschua* sprach eine Stimme vom Himmel zu ihm und nannte ihn Sohn Gottes. Dies steht in Matthäus 3,13+16-17:

„Dann kam Jeschua aus dem Galil zum Jarden, um von Jochanan eingetaucht zu werden. ... Sobald Jeschua eingetaucht worden war, tauchte er wieder aus dem Wasser empor. In diesem Augenblick wurde der Himmel geöffnet, er sah den Geist Gottes herabkommen auf ihn wie eine Taube, und eine Stimme aus dem Himmel sagte: »Dieser ist *mein Sohn, den ich liebe* (Psalm 2,7); ich finde großen Gefallen an ihm.«"

Wie bereits erwähnt bedeutet „einen Sohn haben" im jüdischen Denken der Bau eines Hauses. Hier die Erklärung. Das Wort für Sohn ist *„ben"* (Nr. 1121). Dies meint „Sohn oder Erbauer eines Familiennamens". Es kommt von Nr. 1129, *„banah"*, was „bauen" heißt. Das hebräische Wort für Haus ist *„beit"* (Nr. 1004) und stammt ebenfalls von *„banah"* (bauen). Deswegen teilt uns die hebräische Sprache mit, dass „einen Sohn haben" mit dem Bau eines Hauses und dem Erhalten eines Familiennamens verbunden ist. Diese geistliche Wahrheit wird im 5. Mose 25,5-9 deutlich:

„Wenn Brüder beieinander wohnen und einer stirbt ohne Söhne, so soll seine Witwe nicht die Frau eines Mannes aus einer andern Sippe werden, sondern ihr Schwager soll zu ihr gehen und sie zur Frau nehmen und mit ihr die Schwagerehe schließen. Und der erste Sohn, den sie gebiert, soll gelten als der Sohn seines verstorbenen Bruders, damit dessen Name nicht ausgetilgt werde aus Israel. Gefällt es aber dem Mann nicht, seine Schwägerin zu nehmen, dann sollen ihn die Ältesten der Stadt zu sich rufen und mit ihm reden. Wenn er aber darauf besteht und spricht: Es gefällt mir nicht, sie zu nehmen – so soll seine Schwägerin zu ihm treten vor den Ältesten und ihm den Schuh vom Fuß ziehen und ihm ins Gesicht speien und soll antworten und sprechen: So soll man tun einem *jeden Mann, der seines Bruders Haus nicht bauen will!*"

Auch in Ruth 4,11 wird ersichtlich, dass „einen Sohn haben" mit dem Bau eines Hauses assoziiert werden kann. Die zwei irdischen Mütter der beiden Häuser Israels, Rahel und Lea, trugen untereinander einen Wettkampf aus, nämlich die Söhne zu haben, die das *Haus Jakob* erbauen würden.

„Und alles Volk, das im Tor war, samt den Ältesten sprach: Wir sind Zeugen. YHWH mache die Frau, die in dein Haus kommt, wie Rahel und Lea, die beide das *Haus Israel gebaut haben;* sei stark in Efrata, und dein Name werde gepriesen zu Bethlehem."

Da *Jeschua* in seiner Aufgabe treu war, das geistliche Haus YHWHs zu bauen, wird dessen geistliche Familie auch nach *Jeschua* benannt. In Epheser 3,14 steht geschrieben:

„Aus diesem Grund falle ich vor dem Vater auf die Knie, von dem *jedes Vaterland* (engl. die *ganze Familie*) im Himmel und auf Erden *seinen Namen empfängt.*"

Jeschua kam, um über die beiden Häuser Israels, die ja als das Haus Jakob bekannt sind, zu herrschen. Dies lesen wir in Lukas 1,31-33:

„Sieh! Du wirst schwanger werden, du wirst einen Sohn gebären und du sollst ihn Jeschua nennen. Er wird groß sein und *Sohn von Ha Eljon* (dem Höchsten) genannt werden. Adonai, Gott, wird ihm den Thron seines Vorvaters David geben; und er wird *herrschen* über das *Haus Ja-akovs für immerdar* – sein Reich wird kein Ende nehmen."

Jeschua ist unser Hohepriester

Jeschua begann seinen öffentlichen Dienst bekanntlich im Alter von 30 Jahren. In Lukas 3,21-23 lesen wir:

„Als alle Leute eingetaucht wurden (mikva), wurde auch Jeschua eingetaucht. Als er betete, wurde der Himmel aufgetan; der Ruach Ha Kodesch kam herab auf ihn in Gestalt einer Taube; und eine Stimme kam vom Himmel: »Du bist mein Sohn, den ich liebe; ich habe großen Gefallen an dir.« Jeschua war etwa *dreißig Jahre alt* ..."

Hierdurch teilt uns YHWH mit, dass *Jeschua* einen priesterlichen Dienst hatte. In der Torah wird uns mitgeteilt, dass ein Priester seine Pflichten im Heiligtum nicht ausführen konnte, bevor er 30 Jahre alt war. Dies steht in 4. Mose 4,1-3:

„Und YHWH redete mit Mose und Aaron und sprach: Nimm die Summe der Söhne Kehat aus den Söhnen Levi auf nach ihren Geschlechtern und Sippen, von *dreißig Jahren* an und darüber bis ins fünfzigste Jahr, alle, die zum Dienst kommen, dass sie ihre Arbeit tun an der Stiftshütte."

Jeschua ist unser großer Hohepriester *(Kohen HaGadol)*. In Hebräer 3,1; 4,14-16 steht geschrieben:

„Deshalb, Brüder, die Gott ausgesondert hat, die teilhaben an der Berufung vom Himmel, denkt sorgfältig nach über Jeschua, den wir öffentlich als Gesandten Gottes und als *Kohen Gadol* (Hohenpriester) bekennen. ... Deshalb, weil wir einen großen Kohen Gadol haben, der vorgedrungen ist bis in den höchsten Himmel, *Jeschua, den Sohn Gottes,* laßt uns festhalten an dem, was wir als wahr bekennen. Denn wir haben keinen *Kohen Gadol,* der unfähig ist, mit unserer Schwäche mitzuleiden; weil er in jeder Hinsicht versucht wurde, wie wir versucht werden, besteht der einzige Unterschied darin, dass er nicht gesündigt hat. *Deshalb lasst uns zuversichtlich vor den Thron treten, von dem aus Gott Gnade schenkt,* damit wir Barmherzigkeit empfangen und Gnade finden in der Zeit unserer Not."

Jeschua ist unser großer Hohepriester nach der Ordnung Melchisedeks. Lesen wir Hebräer 7, Verse 15, 17 und 21:

„Es wird noch klarer, wenn ein »anderer Kohen«, einer wie Malki-Zedek, ersteht. ... Denn es ist gesagt: »Du bist ein Kohen auf EWIG, sollst verglichen werden mit Malki-Zedek.« (Psalm 110,4) ... »*Adonai hat geschworen* und wird seinen Sinn nicht ändern: ›*Du* (Jeschua) *bist ein Kohen auf ewig*‹«"

Jeschua war ein jüdischer Rabbi

Der Begriff *Rabbi* ist hebräisch und bedeuet „Lehrer". In Johannes 1,38 wird *Jeschua* als Lehrer bezeichnet.

„Jeschua wandte sich um und sah, dass sie ihm folgten und fragte sie: »Was sucht ihr?« Sie sagten zu ihm: »*Rabbi!*« (das bedeutet *Lehrer)* »Wo wohnst du?«"

Auch in Johannes 3,1-2 wird *Jeschua* Rabbi genannt:

„Unter den *Peruschim* (Pharisäern) war ein Mann namens Nakdimon (Nikodemus), der war einer der Obersten der Judäer. Dieser Mann kam in der Nacht zu Jeschua und sagte zu ihm: »*Rabbi,* wir wissen, es ist von Gott, dass du als *Lehrer* gekommen bist; denn niemand kann diese Wunder tun, die du vollbringst, wenn Gott nicht mit ihm ist.«"

Im jüdischen Denken ist ein weiterer Name für den Messias auch „Lehrer der Gerechtigkeit".

Die beiden folgenden Bibelverse sind in diesem Zusammenhang besonders beachtenswert. Zunächst Hosea 6,3:

„Lasst uns darauf Acht haben und danach trachten, YHWH zu erkennen; denn *er wird hervorbrechen* wie die schöne Morgenröte und wird zu uns kommen *wie ein Regen,* wie *der Spätregen,* der das Land feuchtet."

Und Joel 2,23:

> „Und ihr, Kinder Zions, freut euch und seid fröhlich in YHWH, eurem Elohim, der den *Frühregen in Maßen* gibt und euch herabsendet Frühregen und Spätregen wie zuvor."

Hosea 6,3 spricht vom Kommen des Messias. In Joel 2,23 wird dieses Bild wieder aufgenommen. In diesem letzteren Vers können wir feststellen, dass Frühregen auf das hebräische Wort *moreh* zurückgeht, was „Lehrer" bedeutet, und das Wort *in Maßen* auf das hebräische *zedaka*, welches mit „Gerechtigkeit" übersetzt wird. Also war hier *Jeschua* gemeint und er war in der Tat ein Lehrer der Gerechtigkeit. Außerdem ist im jüdischen Denken Regen immer ein Bild für die Torah.

Jeschua hatte Jünger

Rabbiner haben immer Studenten oder Jünger unter sich, die von ihnen lernen. Die engsten Jünger von *Jeschua* wurden Talmidim genannt. Die zwölf Jünger *Jeschuas* sind in Matthäus 10,1-4 aufgelistet:

> „Jeschua berief seine zwölf *Talmidim* und gab ihnen Vollmacht, unreine Geister auszutreiben und alle Arten von Krankheiten und Gebrechen zu heilen. Dies sind die Namen der zwölf Gesandten: Erstens Schim-on, genannt Kefa, und sein Bruder Andreas, Ja-akov Ben Savdai und sein Bruder Jochanan, Philippus und Bar-Talmai, Teoma und Matitjahu der Zöllner, Ja-akov Bar Chalfai und Taddai, Schim-on der Zelot und Jehudah aus Kiriot, der ihn verriet."

Jeschua lehrte in Gleichnissen

Gleichnisse sind eine rabbinische Art, die Torah zu lehren. Im ersten Jahrhundert waren die meisten Rabbiner *aggadische* Rabbiner. *Aggada* ist ein jüdischer Stil, die Torah zu lehren. Hierbei wird unter Einsatz von Parabeln und bildhaften

Geschichten eine geistliche Botschaft vermittelt. Heute sind die meisten Rabbiner *halachische* Rabbiner. *Halacha* ist der Weg, auf dem man den Geboten YHWHs folgt. *Halachische* Rabbiner unterweisen das Volk über die Torah und wie sie von Generation zu Generation weitergegeben werden soll. In Psalm 78,1-3 wurde vorhergesagt, dass *Jeschua* die Torah ebenso in Gleichnissen lehren würde:

„Höre, *mein Volk, meine Unterweisung* (Torah), neiget eure Ohren zu der Rede meines Mundes! *Ich will meinen Mund auftun zu einem Spruch* und Geschichten verkünden aus alter Zeit. Was wir gehört haben und wissen und unsre Väter uns erzählt haben."

In Matthäus 13,34-35 finden wir dieses Psalmwort wieder:

„Alle diese Dinge *sagte Jeschua* den Massen *in Gleichnissen;* wahrhaftig, er sagte ihnen nichts ohne ein Gleichnis. Dies geschah, damit erfüllt würde, was gesprochen worden war durch den Propheten: »Ich will öffnen meinen Mund in Gleichnissen, ich will sagen, was verborgen war seit der Schöpfung des Universums.«"

Jeschua lehrte aus den jüdischen heiligen Schriften

Jeschua lehrte aus den jüdischen heiligen Schriften, hebräisch *Tenach*, uns als Altes Testament bekannt. Die *Tenach* ist in drei Abschnitte gegliedert. Der erste Abschnitt ist die *Torah* (im engeren Sinne). Den nächsten Abschnitt bilden die Propheten und der dritte Abschnitt wird als Schriften bezeichnet. *Tenach* ist im Übrigen ein hebräisches Akronym, bestehend aus den jeweils ersten Buchstaben der drei Abschnitte.

Alle Schriften der *Tenach* prophezeien den Messias. In Psalm 40,8-9 heißt es zum Beispiel:

„Da sprach ich: Siehe, ich komme; im Buch ist von mir (dem jüdischen Messias) geschrieben: Deinen Willen, mein Elohim, tue ich gern, und dein Gesetz (Torah) hab ich in meinem Herzen."

In Lukas 24,44 bezog sich *Jeschua* auf die drei Abschnitte der *Tenach* und verkündte, dass diese jüdischen Schriften von ihm spechen:

„Jeschua sagte zu ihnen: »Das habe ich gemeint, als ich noch bei euch war und euch sagte, dass alles, was Mosche, die Propheten und die Psalmen über mich in der Torah, geschrieben haben (Psalm 40,8-9), erfüllt werden musste.«"

Jeschua war ein torahtreuer Jude

Jeschua war torahtreu, denn er lehrte seine Nachfolger, die Torah zu befolgen. Ebenso erklärte er, was Sünde bedeutet, nämlich die Übertretung der Torah. In 1. Johannes 3,4 lesen wir dazu:

„Jeder, der sündigt, verletzt die Torah, wahrhaftig, *Sünde ist Verletzung der Torah.*"

Jeschua selbst lebte ganz ohne Sünde. Daher übertrat auch er niemals die Torah. Der Nachweis findet sich in 1. Petrus 2,21-22:

„Wahrhaftig, dazu seid ihr berufen; weil auch der Messias euretwegen litt und ein Beispiel setzte, damit ihr in seine Fußstapfen tretet. »Er hat *keine Sünde begangen, auf seinen Lippen wurde kein Trug gefunden* (Jesaja 53,9).«"

Der Prophet Jesaja prophezeite ebenfalls, dass der Messias ein sündloses Leben führen würde. Dazu Jesaja 53,Verse 1, 3-6 und 9-10:

„Aber wer glaubt dem, was uns verkündet wurde, und wem ist *der Arm YHWHs* offenbart? ... Er war der Allerverachtetste und Unwerteste, voller Schmerzen und Krankheit. Er war so verachtet, dass man das Angesicht vor ihm verbarg; darum haben wir ihn für nichts geachtet. Fürwahr, er trug unsre Krankheit und lud auf sich unsre Schmerzen. Wir aber hielten ihn für den, der geplagt und von Elohim geschlagen und gemartert wäre. Aber er ist um unserer Übertretung (Übertretung der Torah) willen verwundet und um unsrer

Missetat willen zerschlagen. Die Strafe liegt auf ihm, auf dass wir Frieden hätten, und durch seine Wunden sind wir geheilt. Wir gingen alle in die Irre wie Schafe, ein jeder sah auf seinen Weg. Aber YHWH warf unser aller Sünde auf ihn. Und man gab ihm sein Grab bei Gottlosen und bei einem Reichen, als er gestorben war, *wiewohl er kein Unrecht getan hat und kein Betrug in seinem Munde gewesen ist.* Doch wollte ihn YHWH zerschlagen mit Krankheit. Wenn er sein Leben zum Schuldopfer gegeben hat, wird er Nachkommen haben und in die Länge leben, und YHWHs Plan wird durch seine Hand gelingen."

In 2. Korinther 5,19+21 bestätigt sich dies:

„... dass Gott im *Messias* die Menschheit mit sich selbst versöhnt hat, dass er ihnen ihre Sünden nicht angerechnet hat und dass er uns die Botschaft der Versöhnung anvertraut hat. ... Gott hat diesen *sündlosen Menschen* (wörtl. a.d. Engl: „der keine Sünde gekannt hat") unseretwegen zu einem Sündopfer gemacht, damit wir in der Vereinigung mit ihm die volle Teilhabe an der Gerechtigkeit Gottes haben mögen (wörtl. a.d. Engl: „damit wir die Gerechtigkeit Gottes würden in ihm")."

Jeschua lehrte, dass alle, die an den Messias glauben *und* die Torah befolgen, mehr gesegnet sind, als die an den Messias Gläubigen, die der Torah nicht treu sind! Lesen wir dazu einmal aufmerksam Matthäus 5,17-19:

„*Glaubt nicht, dass ich gekommen bin, die Torah* oder die Propheten *aufzuheben.* Ich bin nicht gekommen aufzuheben (wörtl. zerstören = die Torah falsch auslegen und lehren), sondern zu vervollständigen (wörtl. erfüllen = die Torah richtig auslegen und lehren). Ja wahrhaftig! Ich sage euch, dass, bis Himmel und Erde vergehen, nicht ein *Jud* (der kleinste Buchstabe im hebräischen Alphabet) oder ein Strichelchen aus der Torah vergehen wird – nicht bis alles, was geschehen muss, geschehen ist. So wird, wer immer *das geringste dieser Mizvot (Gebote) mißachtet* und andere lehrt, sie zu mißachten, *der Geringste* im Himmelreich *sein.* Wer ihnen aber *gehorcht und auch andere dazu anhält,* wird *groß genannt* werden im Himmelreich."

In diesen Versen lehrte *Jeschua,* dass er nicht kam, um die Torah zu „zerstören", sondern um sie zu „erfüllen". „Die Torah zerstören" und „die Torah erfüllen" sind jüdische Redewendungen. „Die Torah zerstören" bedeutet eine verkehrte Auslegung und Lehre der Torah. „Die Torah erfüllen" bezeichnet eine korrekte Auslegung und Lehre der Torah. Demzufolge können wir nun verstehen, dass *Jeschua* ein torahtreuer Jude war und seine Jünger lehrte, die Torah zu befolgen.

Torah bedeutet Wahrheit und Licht

Die Torah wird als Wahrheit bezeichnet. In Psalm 119,142 lesen wir:

„Deine Gerechtigkeit ist eine ewige Gerechtigkeit, und dein *Gesetz* (Torah) *ist Wahrheit.*"

Auch in Maleachi 2,1+6-7 wird sie Wahrheit genannt:

„Und nun, ihr Priester, dies Wort gilt euch: ... *Weisung* (Torah) *der Wahrheit* war in seinem Munde, und es wurde nichts Böses auf seinen Lippen gefunden. ... Denn des Priesters Lippen sollen die Lehre bewahren, dass man aus seinem Munde Weisung (Torah) suche; denn er ist ein Bote von YHWH Zebaoth."

Anhand dieser Schriftstellen sehen wir, dass YHWH die Torah „Wahrheit" nennt und dass es den Priestern aufgetragen ist, die Torah dem Volk zu lehren. *Jeschua* ist bekanntlich der große Hohepriester. In seiner Eigenschaft als torahtreuer Jude, jüdischer Rabbi und großer Hohepriester lehrte er seine Jünger, in der Wahrheit zu wandeln *(halacha),* welche die Torah ist. Dazu Johannes 8,31-32:

„So sagte Jeschua zu den Judäern, die ihm vertraut hatten: »Wenn ihr tut, was ich sage (wörtl: „in meinem Wort bleibt"; im jüdischen Denken ist Torah gleichbedeutend mit dem Wort YHWHs), dann seid ihr wahrhaft meine Talmidim, dann werdet ihr die Wahrheit erkennen und die Wahrheit (Torah) wird euch frei machen.«"

In Johannes 17,17 betete *Jeschua*, dass seine Jünger durch das Befolgen der Wahrheit geheiligt würden:

„Sondere sie aus für die Heiligkeit durch die Wahrheit – dein Wort (Torah) ist Wahrheit."

Der Heilige Geist kam, um in den Herzen von Juden und Christen zu wohnen und die Torah auf ihre Herzen zu schreiben. In Hebräer 10,15-16 lesen wir:

„Und auch der *Ruach Ha Kodesch* zeugt für uns; denn nachdem er gesagt hat: »Dies ist der Bund, den ich schließen will mit ihnen nach jenen Tagen,« sagt Adonai: »Ich will *meine Torah* in ihre Herzen schreiben, und sie in ihren *Sinn* schreiben.«"

Der Heilige Geist wird bekanntlich der Geist der Wahrheit genannt. Es ist seine Verantwortung, die Nachfolger *Jeschuas* im Befolgen der Torah zu führen und zu bezeugen, dass *Jeschua* der Messias ist. In Johannes 15,26 und 16,13 können wir dies nachvollziehen:

„Wenn der Ratgeber kommt, den ich euch vom Vater schikken werde – den *Geist der Wahrheit,* der vom Vater ausgeht –, *wird* er *für mich zeugen.* ... Doch wenn der *Geist der Wahrheit* kommt, wird er *euch in alle Wahrheit führen;* denn er wird nicht aus sich selbst heraus sprechen, sondern wird nur sagen, was er hört. Er wird euch die Ereignisse der Zukunft ankündigen."

Die Torah wird auch Lampe oder Licht genannt. In Sprüche 6,23 heißt es:

„Denn das Gebot ist eine Leuchte und die *Weisung ein Licht,* und die Vermahnung ist der Weg des Lebens."

In Psalm 119,97+105 schreibt David, dass er die Torah liebt, weil sie ihm ein Licht ist:

„Wie habe ich dein *Gesetz* (Torah) so lieb! Täglich sinne ich ihm nach. ... Dein Wort ist meines Fußes *Leuchte* und ein *Licht* auf meinem Wege."

Jeschua lehrte, dass alle, die die Torah halten, zu einem Licht für die Welt werden. In Matthäus 5,14-16 lesen wir:

„Ihr seid das *Licht der Welt.* Eine Stadt, die auf einem Hügel erbaut ist, kann nicht verborgen werden. Und wenn Menschen eine Lampe anzünden, so bedecken sie sie nicht mit einem Gefäß, sondern stellen sie auf einen Leuchter, damit sie jedem im Haus scheint. So *lasst* auch *euer Licht leuchten* vor den Menschen, damit sie das Gute, das ihr tut, sehen und euren Vater im Himmel loben."

Die Nachfolger von *Jeschua* sind gerufen, Kinder des Lichts zu sein. In Epheser 5,8 heißt es:

„Denn ihr pflegtet Finsternis zu sein; doch jetzt, vereint mit dem Herrn, seid ihr Licht. *Lebt wie Kinder des Lichts.*"

Jeschua lehrte das Sch'ma

Jeschua lehrte seine Jünger, dass das größte Gebot der Torah das Sch'ma ist. Dies entspricht der Nr. 8085 in *Strong's Hebräischer Konkordanz* und bedeutet „hören, tun oder gehorchen". Sch'ma ist das erste Wort in 5. Mose 6,4:

„Höre, Israel, YHWH ist unser Elohim, YHWH allein. Und du sollst YHWH, deinen Elohim, lieb haben von ganzem Herzen, von ganzer Seele und mit all deiner Kraft."

YHWH befahl seinem Volk aber nicht nur dies, sondern bekanntermaßen auch, seinen Nächsten so zu lieben wie sich selbst. Dies steht in 3. Mose 19,18:

„Du sollst dich nicht rächen noch Zorn bewahren gegen die Kinder deines Volks. Sondern du sollst *deinen Nächsten lieben wie dich selbst;* ich bin YHWH."

Nun lesen wir, wie *Jeschua* dies in Markus 12,28-31 ausdrückte:

„Einer der Torahlehrer kam herzu und hörte dem Streitgespräch zu. Als er sah, dass Jeschua ihnen gut antwortete, fragte er ihn: »Welche ist die wichtigste Mizvah?« Jeschua antwortete ihm: »Die wichtigste ist: ›Schema (Sch'ma) Jisrael, Adonai Elohehnu, Adonai echad (Höre, o Jisrael, der Herr, unser Gott, der Herr ist einer), und du sollst Adoai, deinen Gott, lieben mit deinem ganzen Herzen, mit deiner ganzen Seele, mit deinem ganzen Verstand und mit deiner ganzen Kraft (5. Mose 6,4-5)‹. Die zweite ist diese: ›Du sollst deinen Nächsten lieben wie dich selbst (3. Mose 19,18).‹ Es gibt keine größere Mizvah als diese beiden.«"

Jeschua betete am Sabbat in der Synagoge an

In Lukas 4,14-16 heißt es:
„*Jeschua* kehrte in der Macht des Geistes ins Galil zurück, und die Kunde von ihm verbreitete sich im ganzen Gebiet. Er *lehrte* in ihren *Synagogen*, und jedermann achtete ihn. Als er nun nach Nazaret zog, wo er aufgezogen worden war, ging er am *Schabbat* wie gewöhnlich in die Synagoge. Er erhob sich, um zu lesen."

Es ist ein jüdischer Brauch, an jedem Sabbat einen Lektor zum Vorlesen der *parascha* (wöchentliche Lesung) aufzufordern. Er tut dies immer von einem erhöhten Podium *(bema)* aus. Wenn der Lektor an das Podium tritt, wird dies als *alija* bezeichnet, was hinaufgehen oder aufsteigen bedeutet. Es ist immer ein großer Segen für den Lektor, die jüdischen Schriften vorzulesen. In Lukas 4,17 folgte *Jeschua* dieser alten jüdischen Sitte:

„... und man gab ihm (er machte eine alija) die Schriftrolle des Propheten Jeschajahu ..."

Jeschua hielt die biblischen Feste

Als zwölfjähriger Junge hielt *Jeschua* zusammen mit seinen Eltern die biblischen Feste, die in 3. Mose 23 beschrieben werden. So feierte er zum Beispiel das Passah *(Pessach)*. In Lukas 2,41-42 lesen wir darüber:

„*Jedes Jahr zogen Jeschuas Eltern zum Pessachfest herauf nach Jeruschalajim. Als er zwölf Jahr alt war, gingen sie hinauf zum Fest, wie der Brauch es verlangte.*"

Das letzte Essen, das *Jeschua* zu sich nahm, war ein Sedermahl am Passahfest. In Lukas 22,14-15 heißt es:

„Als die Zeit kam, legten sich Jeschua und die Gesandten zu Tisch, und er sagte zu ihnen: »Mit Sehnsucht habe ich mich gesehnt, *diesen Seder* (Passahmahl) *mit euch zu feiern, bevor ich leide* (am Baum gekreuzigt werde).«" (Angleichung an engl. Original)

Jeschua hielt auch das Laubhüttenfest *(Sukkot)*. Der letzte Tag von *Sukkot* ist ein ganz besonderer Tag. Er ist bekannt als *Hoschanna Rabba*, was „die große Rettung" bedeutet. Im ersten Jahrhundert fand an *Hoschanna Rabba* eine spezielle Zeremonie im Tempel statt, bei der der Altar sieben Mal umkreist wurde. Während dieser Umkreisung wurden sogenannte *Hoschanna-Gebete* gesprochen. Sie enthielten die Worte „Rette uns jetzt; wir flehen dich an!"

Neben dieser Umkreisung war auch das Wasser ein sehr bedeutender Aspekt des Laubhüttenfestes. Durch das erste Jahrhundert hindurch gab es eine Zeremonie des Wasserausgießens, die (mit Ausnahme des ersten Tages) täglich während des Laubhüttenfestes stattfand. Diese war als die *Simchat Beit HaShoeva* (das Frohlocken am Wasserschöpfen) bekannt (Talmud, Sukkot 5).

Jeschua nahm am letzten Tag des Festes teil. In Johannes 7,2+37-38 lesen wir darüber:

„Doch das *Sukkotfest* in Jehudah stand bevor. ... *Am letzten Tag des Festes, Hoschana Rabbah,* stand Jeschua dann auf und rief: »Wenn jemand durstig ist, möge er zu mir kommen und trinken! Wer immer sein Vertrauen auf mich setzt, aus dessen innerstem Sein werden, wie die Tenach sagt, Flüsse lebendigen Wassers fließen!«"

Das Laubhüttenfest ist bei den Juden als „Zeit der Freude" bekannt. Während der Feiertage wird oft Jesaja 12,3 zitiert:

„Ihr werdet mit *Freuden Wasser schöpfen* aus den *Quellen des Heils.*"

Für eine detaillierte Studie der biblischen Feste ermutige ich zur Lektüre meines Buches „Die sieben Feste des Messias". Darin lehre ich, wie YHWH die biblischen Feste in 3. Mose 23 schenkte, um über das erste und zweite Kommen des Messias und unsere persönliche Beziehung zu YHWH zu lehren.

Jeschua starb als Jude

Jeschua erhielt nach seinem Tod ein jüdisches Begräbnis. Darüber steht in Johannes 19,40:
„Sie nahmen *Jeschuas Leichnam* und wickelten ihn in Leinentücher mit den Gewürzen, *gemäß dem jüdischen Begräbnisbrauch.*"

Der Glaube an die Auferstehung ist jüdisch

Im traditionellen Judentum gibt es dreizehn Glaubensartikel. Einer dieser Artikel drückt den Glauben an die Auferstehung der Toten aus. Der Apostel Paulus war ein Jude aus dem Stamm Benjamin (Philipper 3,5). In Apostelgeschichte 21,20-26 legte er das sogenannte Nasiräergelübde ab (s. 4. Mose 6,1-21), um zu bezeugen, dass er jüdischen Gläubigen den Torahgehorsam lehrte. In 1. Korinther 15, Verse 1, 3-4, 14, 20 und 23 schreibt er:

„Nun, Brüder, muss ich euch an die Gute Nachricht erinnern, die ich euch verkündet habe und die ihr empfangen habt und in der ihr steht. ... Denn zu den ersten Dingen, die ich an euch weitergegeben habe, gehörte, was auch ich empfangen habe, nämlich dies: Der Messias ist für unsere Sünden gestorben, im Einklang mit dem, was die Tenach sagt; und er wurde begraben; und er wurde am dritten Tag auferweckt, in Einklang mit dem, was die Tenach sagt. ... und wenn der Messias nicht auferweckt worden ist, dann ist, was wir verkündet haben, vergeblich; auch unser Vertrauen ist vergeblich. ... Tatsache ist aber, dass der Messias von den Toten auferweckt worden ist, als Erstling derer, die gestorben sind. ... Doch jeder in seiner eigenen Ordnung: Der Messias ist der Erstling; dann die, die zum Messias gehören, zur Zeit seines Kommens."

Jeschua wurde also in Übereinstimmung mit dem traditionellen jüdischen Glauben von den Toten auferweckt.

Jeschua wird auf den Ölberg zurückkehren

Es gibt eine jüdische Tradition, dass der Ölberg „Berg des Messias" genannt wird. *Jeschua* stieg nach seinem Tod vom Ölberg aus in den Himmel auf. Dazu Apostelgeschichte 1,9-12: „Nachdem er das gesagt hatte, wurde er vor ihren Augen aufgehoben; und eine Wolke verbarg ihn vor ihren Blicken. Während sie ihm noch in den Himmel nachblickten, sahen sie plötzlich zwei weiß gekleidete Männer neben sich stehen. Die Männer sagten: »Ihr Galiläer! Warum steht ihr und starrt in den Raum? Dieser Jeschua, der von euch fort in den Himmel aufgenommen wurde, wird auf genau *dieselbe Weise* zu euch zurückkommen, wie ihr ihn in den Himmel gehen saht.« Dann kehrten sie vom Ölberg nach Jerusalem zurück."

Wenn *Jeschua* bei seinem zweiten Kommen als königlicher Messias auf die Erde zurückkehrt, wird er seine Füße auf den Ölberg setzen. Sacharja 14,3-4:

„Und *YHWH* wird ausziehen und kämpfen gegen diese Heiden, wie er zu kämpfen pflegt am Tage der Schlacht. Und *seine Füße werden stehen zu der Zeit auf dem Ölberg*, der vor Jerusalem liegt nach Osten hin."

Jeschua wird den Nationen die Torah lehren

Jeschua wird während des messianischen Zeitalters über alle Nationen herrschen und sie von Jerusalem aus die Torah lehren. Dies steht in Jesaja 2,2-3:

„Es wird zur letzten Zeit der Berg, da YHWHs Haus ist, fest stehen, höher als alle Berge und über alle Hügel erhaben, und alle Heiden werden herzulaufen, und viele Völker werden hingehen und sagen: Kommt, lasst uns auf den Berg YHWHs gehen, zum Hause des Gottes Jakobs, dass er uns lehre seine Wege und wir wandeln auf seinen Steigen! Denn von Zion wird Weisung (Torah) ausgehen und das Wort YHWHs von Jerusalem."

Wir werden indes das Gebot befolgen, alle Menschen zu Jüngern zu machen. Der bekannte Vers aus Matthäus 28,18-20 lautet:

„Jeschua kam und redete mit ihnen. Er sagte: »Alle Vollmacht im Himmel und auf Erden ist mir gegeben. Deshalb geht und macht Menschen aus allen Völkern zu Talmidim, indem ihr sie eintaucht in die Wirklichkeit des Vater, des Sohnes und des Ruach Ha Kodesch und sie lehrt, allem zu gehorchen, was ich euch befohlen habe (die Torah). Und denkt daran! Ich werde immer bei euch sein, ja, sogar bis ans Ende der Zeit.«"

Während des messianischen Zeitalters wird es in Jerusalem einen Tempel geben. Dies wird uns in Hesekiel 40-48 mitgeteilt. In diesen Kapiteln erfahren wir auch, dass in jener Zeit alle Nationen den Sabbat und den Neumond halten werden. Studieren wir hierzu einmal die Verse aus Hesekiel 41,1; 42,1; 43,5; 44,1 und 46,1 und 3:

„Und er führte mich hinein in die *Tempelhalle* ... Und er führte mich hinaus zum *äußeren Vorhof* ... Da hob mich der Geist auf und brachte mich in den *inneren Vorhof;* und siehe, die Herrlichkeit YHWHs erfüllte das Haus. ... Und er führte mich wieder zu dem äußeren Tor des Heiligtums im Osten; es war aber zugeschlossen. ... So spricht Adonai YHWH: Das Tor am inneren Vorhof im Osten soll an den sechs Werktagen zugeschlossen sein, aber am Sabbattag und am Neumond soll man's auftun. ... *Ebenso soll das Volk des Landes* an der Tür dieses Tores *anbeten* vor YHWH *an den Sabbaten und Neumonden.*"

Die Anbetung YHWHs am Sabbat und am Neumond wird auch in den Zeiten des neuen Himmels und der neuen Erde fortgeführt werden. In Jesaja 66,22-23 lesen wir:

„Denn wie der *neue Himmel und die neue Erde*, die ich mache, vor mir Bestand haben, spricht YHWH, so soll auch euer Geschlecht und Name Bestand haben. Und *alles Fleisch* wird einen *Neumond* nach dem andern und einen *Sabbat* nach dem andern kommen, um vor mir *anzubeten*, spricht YHWH."

Im messianischen Zeitalter wird *Jeschua* alle Nationen auch darin unterweisen, die biblischen Feste zu halten. Nach Hesekiel 45,21 wird so zum Beispiel das Passah gefeiert werden: „Am vierzehnten Tag des ersten Monats sollt ihr das *Passah* halten und sieben Tage feiern und ungesäuertes Brot essen."

Außerdem wird YHWH von allen Nationen verlangen, in jener Zeit auch das Laubhüttenfest zu feiern. Dazu Sacharja 14,16-17: „Und alle, die übrig geblieben sind von *allen Nationen,* die gegen Jerusalem zogen, werden *jährlich* heraufkommen, um *anzubeten den König,* YHWH Zebaoth, und um *das Laubhüttenfest zu halten.* Aber über das Geschlecht auf Erden, das nicht heraufziehen wird nach Jerusalem, um anzubeten den König, YHWH Zebaoth, über das wird's nicht regnen."

Für die Wiederherstellung der beiden Häuser Israels müssen Juden wie Christen anerkennen, dass *Jeschua* unser jüdischer Messias ist und sich mit seiner jüdischen Natur identifizieren. Die Juden müssen dabei akzeptieren, dass *Jeschua* der verheißene Messias ist, wie es die jüdischen Schriften vorhersagen. Die Christen müssen sich ihrerseits mehr und mehr mit der jüdischen Natur von *Jeschua* identifizieren und die jüdischen Wurzeln ihres Glaubens verstehen. Möge dies in unseren Tagen bald geschehen. Amen.

Kapitel 7

IST DER JÜDISCHE MESSIAS UNSER ELOHIM?

In den letzten 2000 Jahren gab es eine bedeutende Entzweiung zwischen den beiden Häusern Israels über die Frage, wer der jüdische Messias sei. Außerdem bestand Uneinigkeit darüber, ob der jüdische Messias ein irdischer Mensch sei, der von YHWH gesalbt sein Amt und seinen Dienst erfülle, oder ob er der im Fleisch manifestierte Elohim Israels sei.

Im vorangegangenen Kapitel haben wir erfahren, dass *Jeschua* als Jude geboren wurde, als Jude lebte und auch als Jude starb. In diesem Kapitel werden wir unter der Verwendung von Schriften aus der *Tenach*, der Brit *Hadascha* und anderer jüdischer Literatur die große Streitfrage untersuchen, ob *Jeschua* der im Fleisch manifestierte Elohim Israels ist.

Außerdem werden wir rabbinische Literatur mit Schriftstellen aus der *Brit Hadascha* in Bezug setzen, um zu klären, ob das Wort YHWHs, wie in der jüdischen Literatur erwähnt, der jüdische Messias *Jeschua* ist.

Der Elohim Israels ist YHWH

Der Elohim Israels ist YHWH. Der Name YHWH ist auch als das *Tetragramm(aton)* bekannt. Aus Respekt vor der Heiligkeit seines Namens beziehen sich die Juden auf YHWH als Adonai. Im Englischen sprechen wir den Namen YHWH als *Jehova* aus. In englischen Bibeln wird YHWH meist als Herr übersetzt.

YHWH und der jüdische Messias sind eins

Für die Juden steht der wichtigste Vers der Torah in 5. Mose 6,4. Diese Schriftstelle ist als „Sch'ma" bekannt. Im Hebräischen lesen sich diese Verse wie folgt:

„Sch'ma Jisrael YHWH Elohejnu YHWH Echad."

In der mystischen jüdischen Literatur wird erläutert, dass YHWH eine „zusammengesetzte Einheit" ist. Im Buch *Zohar* (Band 2, S. 43) lesen wir dazu Folgendes:

„Das vorgeschriebene tägliche Bekenntnis zur Einheit der Gottheit hat zum Zweck, dass man diese verstehen soll. Wie schon mehrfach gesagt ist die tägliche Gebetsform eine jener Stellen, die die Einheit betreffen, die in den Schriften gelehrt wird. In 5. Mose 6,4 lesen wir zuerst YHWH, dann Eloheinu und dann wiederum YHWH. Diese drei Namen bilden eine Einheit. Aber wie können drei verschiedene Namen zusammen eins sein? Sind sie deshalb eins, weil wir sie eins nennen? Wie dies möglich ist, kann man nur durch eine Offenbarung des Heiligen Geistes erkennen. Wir finden dies auch im Geheimnis der Stimme. Die Stimme wird nur als ein Laut gehört und besteht doch aus drei Substanzen, nämlich Feuer, Wind und Wasser. Alle drei zusammen sind eins. So sind auch YHWH, Eloheinu und YHWH eine Einheit, obwohl sie drei reale Wesen sind. Dies wird durch die Stimme angezeigt, wie man sie beim Lesen der Worte „Höre, Israel" gebraucht. Sie erfasst die vollkommene Einheit aus Eyn Sof (dem Grenzenlosen). Und alle drei werden mit einer einzigen Stimme gelesen, was eine Dreieinheit anzeigt. Dies ist also das tägliche Glaubensbekenntnis zur Einheit. Obwohl drei Personen in dieser Einheit vereint sind, ist doch jede einzelne eine wahrhaft eigene Person. Was die eine tut, das tut auch die andere."[1]

Jeschua bestätigte diesen Glauben an die Einheit, wie sie im Buch *Zohar* beschrieben wird, da auch er eine „zusammengesetzte Einheit" mit dem Grenzenlosen ist. Dazu Johannes 10,30:

„Ich und der Vater *(Eyn Sof)* sind eins *(echad)*."

In Johannes 17,11 und 21-23 lesen wir:

> „Ich bin nicht länger in der Welt. Sie sind in der Welt, ich aber komme zu dir. Heiliger Vater, bewache sie mit der Macht deines Namens, den du mir gegeben hast, damit *sie eins sein mögen, so wie wir eins sind.* ..., dass sie alle *eins sein mögen. So wie du, Vater, vereint bist mit mir* und *ich mit dir,* bete ich, das sie vereint sein mögen mit uns, damit die Welt glaubt, dass du mich gesandt hast. Die Herrlichkeit, die du mir gegeben hast, habe ich ihnen gegeben; damit sie eins sein mögen, *so wie wir eins sind* – ich vereint mit ihnen und *du mit mir,* damit sie völlig eins sein mögen und die Welt dadurch erkennt, dass du mich gesandt hast und dass du sie geliebt hast, so wie du mich geliebt hast."

Das Wort YHWHs ist der jüdische Messias

Die *Targumim* sind ein jüdischer Kommentar zu verschiedenen Schriftstellen der Torah und der Propheten. Sie wurden im ersten Jahrhundert als maßgebliche aramäische Übertragungen mit Auslegungen der *Tenach* angesehen und zusammen mit hebräischen Torah- und Haftorah-Lesungen in den Synagogen vorgelesen.[2]

Anhand von verschiedenen Versen aus der Torah und den Propheten beschreiben die *Targumim* YHWH als das WORT YHWHs. In manchen Schriftstellen wird erklärt, dass verschiedene Menschen auf das WORT YHWHs vertrauten und „im Namen des Wortes YHWHs" gebetet haben. Das Wort YHWHs wird auch als Schöpfer, Bundes-Stifter und Mittler zwischen YHWH und den Menschen angesehen. Außerdem ist man der Ansicht, dass Israel und das *Haus Jakob* durch das Wort YHWHs gerettet werden. In manchen jüdischen Schriften ist das Wort YHWHs als *Metatron* bekannt, was als *Sohn von Yah* erklärt wird.

In der *Brit Hadascha* sehen wir *Jeschua* auf einem weißen Pferd reiten. Er ist als Wort YHWHs, als König der Könige und als Herr der Herren bekannt. In Offenbarung 19,11+13 und 16 lautet der Bibeltext:

„Dann sah ich den Himmel offen, und vor mir war ein weißes Pferd. Auf ihm saß der, der Treu und Wahr genannt wird ... und der Name, mit dem er genannt wird, lautet »Das *Wort Gottes*«. ... Und auf seinem Gewand und an seiner Hüfte hat er einen Namen geschrieben: »*König der Könige* und *Herr der Herrn*«."

Abraham und Jakob vertrauten dem Wort YHWHs

Abraham vertraute dem Wort YHWHs. Gemäß *Targum Onkelos* steht in 1. Mose 15,6:

„Und Abraham vertraute dem *Wort YHWHs*, und er rechnete es ihm als Gerechtigkeit an."[3]

Der *Brit Hadascha* zufolge ist des Wort YHWHs, dem Abraham vertraute, der jüdische Messias *Jeschua*. In Galater 3,7-9 und 14 lesen wir:

„Seid deshalb versichert, dass die, die durch Vertrauen leben und treu sind, die wahren Kinder Avrahams sind. Auch die Tenach, die voraussah, dass Gott die Heiden für gerecht erachten würde, wenn sie durch Vertrauen leben und treu sein würden, sagte Avraham im voraus die Gute Nachricht: »In Zusammenhang mir dir werden alle Gojim (Heiden) Gesegnete sein.« So sind also die, die sich *auf Vertrauen verlassen und treu sind,* mit Avraham zusammen gesegnet, der vertraute und treu war. ... damit die Heiden *in der Vereinigung mit ihm* (Jeschua) *den Segen* hätten, *der Avraham verkündet wurde,* damit wir *durch Vertrauen und Treue empfingen, was verheißen war,* nämlich den Geist."

Gemäß dem *Targum Onkelos* zu 1. Mose 28,20-21 vertraute Jakob dem Wort YHWHs und das Wort YHWHs war sein Elohim:

„Und Jakob schwor einen Eid und sagte: Wenn das WORT YHWHs meine Unterstützung sein wird, und mich auf dem Weg bewahren wird, auf dem ich gehe, und mir Brot zu essen geben wird und Kleidung zum Anziehen, so dass ich in Frieden wieder zum Haus meines Vaters kommen werde, dann soll das *WORT YHWHs* mein *GOTT* sein."[4]

Gemäß dem *Targum* zu Psalm 62 drängte König David das Volk Israel dazu, allezeit dem Wort YAHs zu vertrauen. In Psalm 62,9 heißt es in einer jüdischen Version:

„Vertrau' dem *WORT VON YAH* allezeit, O Volk des Hauses Israel! Schüttet aus vor ihm die Seufzer eures Herzens; sprecht: Gott ist unsere Zuversicht für immer."[5]

Abraham betete im Namen YHWHs

Gemäß dem *Jerusalemer Targum* zu 1. Mose 22,14 betete Abraham im Namen des Wortes YHWHs:

„Und Abraham betete an und *betete im Namen des Wortes* von *YHWH,* und sagte: Du bist YHWH, der sieht, aber unsichtbar ist."[6]

In der *Brit Hadascha* unterwies *Jeschua* seine Nachfolger, in seinem Namen zu Elohim, dem Vater *(Eyn Sof)* zu beten. Dazu Johannes 15,16:

„... damit, was immer ihr *vom Vater in meinem Namen erbittet,* er euch geben möge."

Das Wort YHWHs ist der Schöpfer

Den *Targumim* zufolge ist das Wort YHWHs der Schöpfer selbst. Gemäß *Targum Jonathan* heißt es bei 1. Mose 1,27:

„Und das *Wort YHWHs* schuf den Menschen ihm gleich, in der Gleichheit YHWHs schuf YHWH ihn, als Mann und Frau schuf er sie."[7]

In 2. Mose 3,13-15 offenbarte YHWH den Kindern Israels, dass sein Name YHWH ist:

„*Mose sprach zu Elohim: Siehe, wenn* ich zu den Israeliten komme und spreche zu ihnen: Der Elohim eurer Väter hat mich zu euch gesandt! Und sie mir sagen werden: *Wie ist sein*

Name? Was soll ich ihnen sagen? Elohim sprach zu Mose: *Ich bin der ich bin.* Und sprach: So sollst du zu den Israeliten sagen: »Ich bin«, der hat mich zu euch gesandt. Und Elohim sprach weiter zu Mose: So sollst du zu den Israeliten sagen: YHWH, der Elohim eurer Väter, der Elohim Abrahams, der Elohim Isaaks, der Elohim Jakobs, hat mich zu euch gesandt. *Das ist mein Name auf ewig,* mit dem man mich anrufen soll von Geschlecht zu Geschlecht."

Im *Jerusalemer Targum* zu 2. Mose 3,14 heißt es:

„Und das *Wort YHWHs* sagte zu Mose: »Ich bin, der zur Welt sagte ›sei‹ und sie war; und der in der Zukunft zu ihr sagen wird ›sei‹ und sie wird sein.« Und er sagte: »So sollst du zu den Kindern Israel sagen: ›Ich bin‹ hat mich zu euch gesandt.«[8]

YHWH bedeutet „ewig sein"

Der Name YHWHs bedeutet im Hebräischen „ewig sein". H. Gesenius schreibt in einer Erklärung zu „Ich bin der ich bin" aus 2. Mose 3,14:

„Auf diesen Ursprung bzw. diese Herkunft wird in Exodus 3,14 angespielt: »Ich werde (immer) (derselbe) sein, der ich (heute) bin« (vgl. Offenbarung 1,4+8). Der Name YHWH, hergeleitet vom hebräischen Verb HWH (= sein), bedeutet also, dass YHWH ewig und unveränderlich ist und niemals anders sein wird als derselbe." *(Gesenius's Hebrew-Chaldee Lexicon to the Old Testament,* Baker Book House Company, S. 337)

Mit anderen Worten, der Name YHWH bedeutet, dass er ewig existiert und immer derselbe ist, gestern, heute und in aller Ewigkeit. Dies entspricht übrigens auch dem Namen von *Jeschua* in Hebräer 13,8:

„Jeschua der Messias ist derselbe gestern, heute und für immer."

Jeschua selbst bestätigte die Worte des *Jerusalemer Targums* zu 2. Mose 3,14, als er den Juden erklärte, dass er der „Ich bin" ist, von dem in 2. Mose 3,14 die Rede ist. Dazu Johannes 8,56-58:

„Avraham, euer Vater, frohlockte, dass er meinen Tag sehen sollte; dann sah er ihn und freute sich sehr. »Aber du bist noch nicht fünfzig Jahre alt«, antworteten die Judäer, »und du hast Avraham gesehen?« *Jeschua sagte zu ihnen:* »Ja, wahrhaftig! Bevor Avraham ins Sein kam, *BIN ICH!*«"

Der Messias ist der „Ich bin"

Jeschua beschreibt in den folgenden Bibelversen sich selbst als „Ich bin":
1. *Ich bin* das Brot des Lebens. (Johannes 6,35)
2. *Ich bin* das Licht der Welt. (Johannes 8,12)
3. *Ich bin* die Türe. (Johannes 10,9)
4. *Ich bin* der gute Hirte. (Johannes 10,11)
5. *Ich bin* die Auferstehung und das Leben. (Johannes 11,25)
6. *Ich bin* der Weg, die Wahrheit und das Leben. (Johannes 14,6)
7. *Ich bin* der wahre Weinstock. (Johannes 15,1)

Im *Targum* zu Psalm 33,6 erfahren wir, dass das Wort YHWHs der Schöpfer war:

„Durch das *Wort YHWHs* wurden die Himmel gemacht und all ihr Heer durch den Geist seines Mundes."

Die *Brit Hadascha* bestätigt, was in diesem *Targumim* geschrieben wurde, nämlich dass das Wort YHWHs der Schöpfer ist. Außerdem ist in der *Brit Hadascha* das Wort YHWHs als *Jeschua* bekannt. In Kolosser 1,15-17 lesen wir:

„Er (Jeschua) ist das sichtbare Bild des unsichtbaren Gottes. Er ist der Höchste (der Erstgeborene) über der ganzen Schöpfung, denn *in Zusammenhang mit ihm wurden alle Dinge geschaffen* – im Himmel und auf Erden, sichtbar und unsichtbar, ob Throne, Herrschaften, Herrscher oder Obrigkeiten – sie alle wurden *durch ihn* und für ihn geschaffen. Er war vor allen Dingen, und *er hält alles zusammen.*"

Das Wort YHWHs ist der Stifter des Bundes

Gemäß *Targum Onkelos* war es das Wort YHWHs, das in 1. Mose 9,17 einen Bund mit Noah schloss:

„Und YHWH sagte zu Noah, »Dies ist das Zeichen des Bundes, den ich zwischen meinem Wort und allem Fleisch auf der Erde errichtet habe«."[9]

Das gleiche *Targum* besagt auch, dass es ebenso das Wort YHWHs war, das mit Abraham einen Bund schloss, und zwar in 1. Mose 17,7:

„Und ich werde meinen Bund zwischen *meinem Wort* und dir errichten ..."[10]

Die *Brit Hadascha* bestätigt, was hier geschrieben wurde, nämlich dass das Wort YHWHs einen Bund mit Abraham machte. Zudem ist in der *Brit Hadascha,* wie schon erwähnt, das Wort YHWHs als *Jeschua* bekannt. Dazu Galater 3,16:

„Nun *ergingen* die *Verheißungen* (Bund) an *Avraham* und *seinen Samen*. Es heißt nicht »und seinen Nachkommen«, als seien es viele; im Gegenteil, es ist von einem die Rede »und seinem Samen«, und *dieser »eine« ist der Messias.*"

Das Wort YHWHs ist der „Metatron"

Gemäß des *Babylonischen Talmuds (Sanhedrin 38b)* ist *Metatron* ein anderer Name für das Wort YHWHs. Wir lesen hier einmal nach:

„Einmal sagte ein Min (Nazarener) zu R. Idith: Es steht geschrieben: Und er (YHWH) sagte zu Moses: »Komme herauf zu YHWH ...« (2. Mose 24,1) Aber es sollte besser heißen: »Komme herauf zu mir!« Es war *Metatron* (der sprach), dessen Name dem seines Meisters ähnlich ist, denn es steht geschrieben: »Denn mein Name ist in ihm.« (2. Mose 23,21)"[11]

Den Schriften des jüdischen Mystizismus zufolge ist *Metatron* die „Mittlere Säule der Gottheit" und diese „Mittelsäule" ist der „Sohn von Yah":

„Der mittlere Pfeiler (der Gottheit) ist Metatron, der droben Frieden geschaffen hat entsprechend dem dortigen herrlichen Zustand." *(Zohar, Band 3, Ra'aya Mehaimna,* Amsterdamer Verlag, S. 227)

„Besser ein Nachbar in der Nähe als ein Bruder in der Ferne. Dieser Nachbar ist der mittlere Pfeiler der Gottheit, welcher der Sohn von Yah ist." *(Zohar, Band 2, Ra'aya Mehaimna,* Amsterdamer Verlag, S. 115)[12]

Die *Brit Hadascha* bestätigt, was im *Zohar* geschrieben steht, dass das Wort YHWHs der mittlere Pfeiler der Gottheit und der Sohn von Yah ist. Und wiederum sei erwähnt, dass das Neue Testament bestätigt, dass das Wort YHWHs der jüdische Messias *Jeschua* ist. In Kolosser 1,15 u. 19 sowie 2,6 u. 9 lesen wir:

„Er (Jeschua) ist das sichtbare Bild des unsichtbaren Gottes. ... Denn es gefiel Gott, die ganze Fülle seines Wesens in seinem Sohn lebendig werden zu lassen ... Da ihr den *Messias* als *Herrn* angenommen habt, lebt nun auch euer Leben vereint mit ihm. ... Denn in ihm, in seinem Leib, lebt die Fülle all dessen, was Gott ist."

Das Wort YHWHs ist der Erstgeborene

Nach den Schriften des jüdischen Mystizismus ist das Wort YHWHs auch der „*Erstgeborene aller Kreaturen Gottes*":

„Und Abraham sprach zu seinem ältesten Diener... (1. Mose 24,2). Wer ist »sein Diener«? Wie soll man das verstehen? R. Nehori antwortete: »Es ist in keinem anderen Sinne zu verstehen, als es in den Worten ›sein Diener‹ ausgedrückt wird. Sein Diener ist ein Diener Gottes und der Oberste in seinem Dienst. Er ist dazu ernannt, die Leiber zu verherrlichen, die im Grab sind. Dies ist die Bedeutung der Worte ›Abraham sprach zu seinem Diener‹, also zu einem Diener Gottes. Dieser Diener ist Metatron, der Älteste von YHWHs Haus, der Erstgeborene aller Kreaturen Gottes, Herrscher über alles. Warum? Weil Gott ihm die Regierung über alle Heerscharen übertragen hat.«" *(Zohar, Midrasch HaNe'elam;* Amsterdamer Verlag, S. 126)[13]

Die *Brit Hadascha* bestätigt erneut, was hier geschrieben wurde und dass der Erstgeborene aller Kreaturen *Jeschua* ist. In Johannes 1,1+14 sowie 3,16 lesen wir:

„Im Anfang war das Wort (YHWHs), und das Wort war bei Gott, und das Wort war Gott (eine zusammengesetzte Einheit mit Eyn Sof). ... Das Wort wurde ein menschliches Wesen und lebte (wohnte) bei uns, und wir sahen seine Schechinah (Gottes herrliche Gegenwart), die Schechinah des einzigen Sohnes des Vaters, voller Gnade und Wahrheit. ... Denn Gott hat die Welt so sehr geliebt, dass er seinen einen und einzigen (erstgeborenen) Sohn (den Sohn von Yah) gab, damit jeder, der ihm vertraut, das ewige Leben habe, statt rettungslos vernichtet zu werden."

Außerdem finden wir in 1. Johannes 5,1 und Offenbarung 1,5+7 das Folgende:

„Jeder, der glaubt, dass *Jeschua* der Messias ist, hat Gott zum Vater, und jeder, der einen Vater liebt, liebt auch seine *Nachkommen* (einschließlich des Erstgeborenen). ... und von Jeschua dem Messias, dem treuen Zeugen, dem *Erstgeborenen* aus den Toten ... Sieh! Er kommt mit den Wolken! Jedes Auge wird ihn sehen, einschließlich derer, die ihn durchbohrt haben; und alle Stämme des Landes werden um ihn trauern (Sacharja 12,10+12, Babylonischer Talmud, Sukkot 52a). Ja! Amen!"

Das Wort YHWHs ist der Weg zum Baum des Lebens und zum himmlischen Jerusalem

In weiteren Schriften des jüdischen Mystizismus ist das Wort YHWHs der Weg zum Baum des Lebens und zur himmlischen Stadt Jerusalem.

„... um den Weg zum Baum des Lebens zu bewahren. (1. Mose 3,24) Wer ist der Weg zum Baum des Lebens? Es ist der große Metatron, denn er ist der Weg zu diesem großartigen Baum, zu diesem mächtigen Baum des Lebens. So steht es geschrieben: »Der Engel Gottes, der vor dem Lager Israels herzog, entfernte sich und ging hinter ihnen.« (2. Mose 14,19) Und Metatron wird der Engel Gottes genannt. Komm' und sieh', so spricht R. Simeon. Der Heilige, gesegnet sei er, hat für sich einen heiligen Tempel droben in den Himmeln bereitet, eine heilige Stadt, eine Stadt in den Himmeln, und hat diese Jerusalem genannt, die heilige Stadt ..." *(Zohar, Band 2*, Amsterdamer Verlag, S. 51)14

Und wieder bestätigt das Neues Testament, was hier zu lesen ist und dass *Jeschua* der Weg zum Baum des Lebens und zur himmlischen Stadt Jerusalem ist. Dazu Offenbarung 21,10 und 22,12+14:

„Er trug mich fort im Geist auf die Spitze eines großen, hohen Berges und zeigte mir die *heilige* Stadt, *Jeruschalajim*, die herabkam aus dem Himmel von Gott. ... »Sei wachsam!« sagte Jeschua, »ich komme bald, und meine Belohnungen sind bei mir, damit ich jedem gebe nach dem, was er getan hat.« ... Wie gesegnet sind die, die ihre Gewänder waschen, damit sie das Recht haben, vom *Baum des Lebens* zu essen und *durch die Tore in die Stadt einzugehen!"*

Das Wort YHWHs als einzige Mittler zwischen YHWH und Mensch

Aus dem Buch *Zohar* geht weiterhin hervor, dass das Wort YHWHs der einzige Mittler zwischen YHWH und dem Menschen ist:

„Jede an den König gerichtete Bitte muss durch Metatron laufen. Jede Nachricht von hier unten muss zuerst an Metatron gehen, und von dort wiederum zum König. Metatron ist der Mittler von allem, was vom Himmel hinab zur Erde oder von der Erde hinauf zum Himmel kommt. Und weil er der Mittler von allem ist, steht geschrieben »Und der Engel Gottes, der vor dem Lager Israels her zog, entfernte sich«; das heißt, vor dem Israel, welches droben ist. (2. Mose 14,19) Dieser Engel Gottes ist derselbe, von dem geschrieben steht: »Und YHWH ging vor ihnen her ...« (2. Mose 13,21), um bei Tag und bei Nacht zu gehen, wie die Alten uns erläutert haben. Wer immer zu mir reden wird, soll dies nicht tun können, bis er es Metatron kundgetan hat. Auf diese Weise vertraut der Heilige, gesegnet sei er, wegen seiner großartigen Liebe und Barmherzigkeit für die Versammlung Israels diese (die Versammlung) der Sorge Metatrons an. Was soll ich ihm (Metatron) tun? Ich werde mein ganzes Haus seiner Hand anvertrauen. Sei du fortan ein Hüter, wie geschrieben steht, »der Hüter Israels« (Psalm 121,4)" *(Zohar, Band 2*, Amsterdamer Verlag, S. 51)[15]

Der entsprechende Nachweis im Neuen Testament steht in 1. Timotheus 2,5 und Hebräer 9,15:

„Denn Gott ist einer; und es ist nur *ein Mittler zwischen Gott und der Menschheit, Jeschua der Messias, selbst Mensch.* ... Um dieses Todes willen ist er zum Mittler eines neuen Bundes geworden. Weil ein Tod eingetreten ist, der die Menschen von den Übertretungen, die unter dem ersten (ursprünglichen) Bund begangen wurden, befreit, können die, die berufen sind, das verheißene ewige Erbe empfangen."

Das Wort YHWHs ist der Retter und die Errettung für das Haus Jakobs

Den *Targumim* zufolge ist das Wort YHWHs der Retter und das Heil des ganzen *Hauses Jakob*:

„Unser Vater sagte: Meine Seele wartet nicht auf eine Errettung wie sie von Gideon, dem Sohn des Joasch, erwirkt wurde, denn diese war nur zeitlich; auch nicht auf eine Errettung wie die von Samson, welche nur vorübergehend war; sondern auf diejenige *Errettung*, deren Kommen du versprochen hast, *durch dein Wort* an dein Volk, die Kinder Israels; auf deine Errettung hofft meine Seele." *(Targum Jonathan,* 1. Mose 49,18)[16]

„Aber Israel wird vom *Wort YHWHs* mit einer ewigen Errettung gerettet werden ... Durch das *Wort YHWHs* wird der ganze Same Israels gerecht gemacht werden ..." *(Targum Jonathan,* Jesaja 45,17 u. 5)17

„Aber ich werde Barmherzigkeit mit dem Haus Juda haben, und ich werde sie durch das *Wort YHWHs,* ihres Elohims, retten." *(Targum Jonathan,* Hosea 1,7)18

Viele Schriftstellen des Alten und Neuen Testaments bestätigen, dass das Wort YHWHs der Retter und das Heil für das ganze *Haus Jakob* ist. So auch die *Tenach,* die uns lehrt, dass YHWH *allein* unsere Rettung ist. In Jesaja 43,1+3 und 11 lesen wir zum Beispiel:

„Und nun spricht YHWH, der dich geschaffen hat, Jakob (Haus Israel und Haus Juda), und dich gemacht hat, Israel: Fürchte dich nicht, denn ich habe dich erlöst. Ich habe dich bei deinem Namen gerufen; du bist mein! ... Denn ich bin *YHWH,* dein Elohim, der Heilige Israels, *dein Retter* (Jeschua). ... Ich, ich bin *YHWH,* und a*ußer mir ist kein Retter."*

In Jesaja 45,21-22 heißt es:

„Tut es kund, bringt es vor, beratet miteinander: Wer hat dies hören lassen von alters her und vorzeiten verkündigt? Hab *ich*'s nicht getan, *YHWH?* Es ist sonst kein Elohim außer mir, ein gerechter El und Retter, und es ist *keiner außer mir.* Wendet euch zu mir, so werdet ihr gerettet, aller Welt Enden; denn ich bin El, und sonst keiner mehr."

Dazu Jesaja 63,7-8:

„Ich will der *Gnadenerweise YHWHs* gedenken und der Ruhmestaten YHWHs in allem, was uns YHWH getan hat, und der großen Güte an dem Hause Israel, die er ihnen erwiesen hat nach seiner Barmherzigkeit und nach der Fülle seiner Gnadenerweise. Denn er sprach: Sie sind ja mein Volk. ... Darum *ward er ihr Retter."*

In Hosea 13,4 finden wir folgenden Vers:

„Ich aber bin *YHWH, dein Elohim,* von Ägyptenland her, und du solltest keinen anderen Elohim kennen als mich; denn *es gibt keinen Retter als allein mich."*

Und in Lukas 1,46-47:

> "Da sagte Mirjam: »Meine Seele verherrlicht *Adonai* (den Herrn, YHWH); und mein Geist freut sich in *Gott, meinem Retter.*"

Deswegen ist YHWH allein unser Retter.

Jeschua ist unser Retter

Das hebräische Wort für Retter ist *Jascha* (Nr. 3467 in der *Strong's Konkordanz*). *Jascha* bedeutet „Heil, retten, Retter, bewahren, befreien oder Befreiung bringen". Das hebräische Wort für Jesus ist bekanntlich *Jeschua*. Es ist mit *Jascha* verwandt. Wie wir im letzten Kapitel studiert haben, teilt uns der hebräische Name des Messias mit, dass er allein der Retter der beiden Häuser Israels ist. Eine Bestätigung hierfür finden wir in Lukas 2,10-11:

> „Doch der Engel sagte zu ihnen: »Habt keine Angst, denn ich bin hier, euch Gute Nachricht zu verkünden, die allen Menschen große Freude bringen wird. An diesem Tag wurde euch in der Stadt Davids *ein Erlöser* geboren, *der ist der Messias, der Herr.*«"

In Johannes 4,25-26 und 41-42 heißt es:

> „Die Frau antwortete: »Ich weiß, dass der Maschiach kommt« (das heißt, »der, der gesalbt ist«). »Wenn er kommt, wird er uns alles sagen.« Jeschua sagte zu ihr: »Ich, der ich zu dir spreche, bin er.« ... und noch viel mehr fanden aufgrund dessen, was er sagte, zum Vertrauen. Sie sagten zu der Frau: »Wir glauben jetzt nicht mehr aufgrund dessen, was du gesagt hast, sondern aufgrund dessen, was wir selbst gehört haben. Wir wissen jetzt, dass dieser Mann wahrhaftig *der Retter* der Welt ist.«"

Oder Apostelgeschichte 5,30-32:

> „Der Gott unserer Väter hat *Jeschua* auferweckt, wohingegen ihr Männer ihn getötet habt, indem ihr ihn an einen Pfahl gehängt habt. Gott hat diesen Mann erhöht zu seiner rech-

ten Hand als Herrscher und *Retter*, um Jisrael zu befähigen, Teschuvah zu tun (umzukehren), damit ihm seine Sünden vergeben werden. Wir sind Zeugen für diese Dinge; ebenso der Ruach Ha Kodesch (Heilige Geist), den Gott denen gegeben hat, die ihm gehorchen."

Und in Apostelgeschichte 13,22-23 lautet der Text so:

„... setzte Gott ihn ab und erhob David für sie zum König, wobei er ihnen seine Billigung durch folgende Worte zu erkennen gab: »Ich fand David Ben Jischai, einen Mann nach meinem Herzen; er wird alles tun, was ich will.« In Einklang mit seiner Verheißung hat Gott Jisrael aus der Nachkommenschaft dieses Mannes *einen Erlöser* geschickt, *Jeschua*."

Aus diesen Versen können wir eindeutig schließen, dass *Jeschua* unser Retter und der im Fleisch gekommene Elohim Israels ist. Die Bibel teilt uns auch mit, dass er unser Heil und unsere Errettung ist. In 2. Mose 15,2 können wir lesen:

„*YHWH* ist meine Stärke und mein Lobgesang und *mein Heil* (Jeschua). Das ist mein Elohim, ich will ihn preisen, er ist meines Vaters Elohim, ich will ihn erheben."

In Psalm 62,2-3 steht geschrieben:

„Meine Seele ist stille zu *Elohim;* von ihm kommt *mein Heil*. Denn er ist mein Fels, *meine Rettung*, mein Schutz, dass ich gewiss nicht fallen werde."

Und in Jesaja 12,2:

„Siehe, *El ist mein Heil*, ich bin sicher und fürchte mich nicht; denn Yah, YHWH, ist meine Stärke und mein Psalm und mein Heil."

Das hebräische Wort für Heil und Errettung ist *Jeschooah* (Nr. 3444 in *Strong's Konkordanz*). Es bedeutet auch „sicher, Sieg oder Befreiung bringen".

Das hebräische Wort *Jeschua* ist mit *Jeschooah* verwandt. *Jeschua* ist also das Heil und die Errettung für beide Häuser Israels. Dazu steht in Apostelgeschichte 4,8+10-12:

„Da sagte Kefa (Petrus), erfüllt mit dem Ruach Ha Kodesch, zu ihnen: »Herrscher und Älteste des Volkes! ... lasst euch und dem ganzen Volk Jisrael gesagt sein, dass es *im Namen des Messias, Jeschua* von Nazeret, den ihr als Verbrecher am Pfahl hinrichten ließt, den Gott jedoch von den Toten auferweckt hat, geschieht, dass dieser Mann völlig geheilt vor euch steht. Dieser Jeschua ist der Stein, von euch Bauleuten verworfen, der zum Eckstein geworden ist. *In keinem anderen ist Rettung!* Denn es ist der Menschheit kein anderer Name unter dem Himmel gegeben, durch den wir gerettet werden!«"

Und in Römer 10,9-12 heißt es:

„… dass du, wenn du öffentlich mit deinem Mund bekennst, dass *Jeschua Herr ist,* und *in deinem Herzen darauf vertraust,* dass Gott ihn von den Toten auferweckt hat, *erlöst werden wirst.* Denn mit dem Herzen vertraut man und gelangt so zur Gerechtigkeit, und mit dem Mund bekennt man öffentlich und gelangt so zur Erlösung. Denn die zitierte Stelle besagt, dass jeder, der sein Vertrauen auf ihn setzt, nicht erniedrigt wird. Das heißt, dass es keinen Unterschied zwischen Juden und Heiden gibt – Adonai (der Herr) ist derselbe für alle, reich für jeden, der ihn anruft."

Und in 1. Thessalonicher 5,9:

„Denn Gott hat nicht vorgesehen, dass wir seinen Zorn erleben, sondern dass wir die *Erlösung* gewinnen *durch unseren Herrn, Jeschua den Messias.*"

Die Hand und der Arm YHWHs bringen Rettung

Das hebräische Wort für Hand ist *yad* (Nr. 3027 in *Strong's Konkordanz*). Yad bedeutet „Zeichen für Kraft, Stärke oder das Beziehen von Stärke". Das hebräische Wort für Arm lautet *zeroah* (Nr. 2220). Dies meint „ausgestreckter Arm, mächtig, Macht oder Stärke".

Im jüdischen Denken werden die Worte Hand und Arm mit Heil, Errettung, Stärke und Sieg assoziiert. YHWH hat seine Hand und seinen Arm ausstreckt, um sein Volk zu retten. Dazu Jesaja 59,1:

„Siehe, *die Hand YHWHs* ist nicht zu kurz, das er nicht *retten* könnte, und seine Ohren sind nicht hart geworden, so dass er nicht hören könnte."

In 2. Mose 6,6 steht geschrieben:

„Darum sage den Israeliten: *Ich bin YHWH* und will euch wegführen von den Lasten, die euch die Ägypter auflegen, und will euch erretten von eurem Frondienst *und will euch erlösen mit ausgerecktem Arm* und durch große Gerichte."

Und in 5. Mose 4,32+34:

„Denn frage nach den früheren Zeiten, die vor dir gewesen sind, von dem Tage an, da Elohim den Menschen auf Erden geschaffen hat, und von einem Ende des Himmels zum anderen, ob je so Großes geschehen oder desgleichen je gehört sei, ... Oder ob je ein Elohim versucht hat, hinzugehen und sich ein Volk mitten aus einem Volk herauszuholen durch Machtproben, durch Zeichen, durch Wunder, durch Krieg und *durch seine mächtige Hand und durch seinen ausgereckten Arm* und durch große Schrecken, wie das alles YHWH, euer Elohim, für euch getan hat in Ägypten vor deinen Augen?"

Hier noch Psalm 136,1+10-12:

„Danket YHWH, denn er ist freundlich, denn seine Güte währet ewiglich. ... Der die Erstgeborenen schlug in Ägypten, denn seine Güte währet ewiglich; und *führte Israel* von dort *heraus,* denn seine Güte währet ewiglich; *mit starker Hand und ausgerecktem Arm,* denn seine Güte währet ewiglich."

Und Jesaja 52,10:

„*YHWH* offenbart *seinen heiligen Arm* vor den Augen aller Völker, dass aller Welt Enden *das Heil YHWHs* sehen."

Und schließlich Lukas 1,46-47+51:

„Da sagte Mirjam: »Meine Seele verherrlicht Adonai; und mein Geist freut sich in *Gott, meinem Retter* ... Er hat *mächtige Taten* vollbracht mit *seinem Arm.*«"

Der Arm YHWHs ist gleichbedeutend mit *Jeschua.* Lesen wir dazu Jesaja 59, Verse 1-2,12 und 15-16:

„Siehe, YHWHs Hand ist nicht zu kurz, dass er nicht helfen könnte, und seine Ohren sind nicht hart geworden, dass er nicht hören könnte, sondern *eure Verschuldungen scheiden euch von eurem Elohim,* und eure Sünden verbergen sein Angesicht vor euch, dass ihr nicht gehört werdet. ... Denn wir sind zu oft von dir abgefallen, und unsre Sünden zeugen gegen uns. Unsre Abtrünnigkeit steht uns vor Augen, und wir kennen unsre Sünden: ...Und die Wahrheit ist dahin, und wer vom Bösen weicht, muss sich ausplündern lassen. *Das alles sieht YHWH* und es missfällt ihm sehr, dass kein Recht ist. Und er sieht, dass niemand auf dem Plan ist, und verwundert sich, dass niemand ins Mittel tritt. Da *hilft er sich selbst mit seinem Arm,* und seine Gerechtigkeit steht ihm bei."

Der Arm YHWHs wurde für die Sünden von YHWHs Volk verwundet. In Jesaja 53,1+5-6 heißt es:

„Aber wer glaubt dem, was uns verkündet wurde, und wem ist *der Arm YHWHs offenbart?* ... Aber er ist um unsrer Missetat willen verwundet und um unsrer Sünde willen zerschlagen. ... Aber *YHWH warf unser aller Sünde auf ihn.*"

Jeschua wurde geboren, um sein Volk von seinen Sünden zu retten. Dazu Matthäus 1,21:

„Sie (Mirjam) wird einen Sohn gebären, und du sollst ihn *Jeschua* nennen (das bedeutet »Adonai rettet«), *weil er sein Volk von seinen Sünden retten wird.*"

Im jüdischen Denken bringen vor allem die *rechte* Hand und der *rechte* Arm Sieg, Errettung und Heil hervor. In 2. Mose 15,2+6 lesen wir:

„*YHWH* ist meine Stärke und mein Lobgesang und er ist *mein Heil* geworden. ... YHWH, *deine rechte Hand* tut große Wunder; YHWH, *deine rechte Hand* hat die Feinde zerschlagen."

Und in Psalm 17,7:

„Zeige deine wunderbaren Gnadenerweise, der du *durch deine rechte Hand* die, welche dir vertrauen, vor denen *rettest,* die sich gegen sie erheben." (wörtl. aus d. Engl.)

In Psalm 89,14 heißt es:

„Du hast einen gewaltigen Arm, *stark* ist deine Hand, und *hoch* ist *deine Rechte.*"

Und in Psalm 98,1:

„Singet *YHWH* ein neues Lied, denn er hat Wunderbares getan; seine *rechte Hand* und sein heiliger Arm hat ihm *den Sieg* verschafft." (wörtl. aus d. Engl.)

Die rechte Hand YHWHs ist der Messias

Die rechte Hand YHWHs ist *Jeschua*. Dies geht aus Markus 14,61-62 hervor:

„Abermals fragte ihn der Kohen Ha Gadol (Hohepriester): »*Bist du der Maschiach* (Christus), Ben Ha Mevorach (der Sohn des Gesegneten)?« »*ICH BIN*«, antwortete Jeschua. »Und du wirst den Sohn des Menschen sitzen sehen zur *rechten Hand von Ha Gevurah* (der Kraft) und kommen auf den Wolken des Himmels.«"

Und in Lukas 22,66-69:

„Bei Tagesanbruch kam der Ältestenrat des Volkes, zu dem sowohl die Haupt-Kohanim als auch die Torahlehrer gehörten, zusammen und führte ihn dem Sanhedrin vor, und sie sagten: »*Wenn du der Maschiach bist,* so sage es uns.« Er antwortete: »... Doch von jetzt an wird der Sohn des Menschen sitzen *zur rechten Hand der Ha Gevurah.*«"

In Apostelgeschichte 2,29-36 lesen wir:

„Brüder, ich weiß, ich kann offen zu euch sagen, dass der Patriarch David starb und begraben wurde – sein Grab ist unter uns bis auf diesen Tag. Weil er ein Prophet war und wusste, dass Gott ihm einen Eid geschworen hatte, dass einer seiner Nachkommen auf seinem Thron sitzen würde (2. Samuel 7,12-13), sprach er im voraus über die Auferstehung des Messias – dass er es war, der in der Scheol (Hades, Hölle) nicht im Sich gelassen wurde und dessen Fleisch die Verwesung nicht sah (Psalm 16,10). Gott hat diesen *Jeschua* auferweckt! Und wir alle sind Zeugen! Und darüber hinaus ist er *erhöht worden zur rechten Hand Gottes;* er hat empfangen vom Vater, was er verheißen hat, nämlich den Ruach

Ha Kodesch; und hat ausgegossen diese Gabe, die ihr seht und hört. Denn David ist nicht in den Himmel aufgestiegen. Aber er sagt: »Adonai sagte zu meinem Herrn: *Setz dich zu meiner rechten Hand,* bis ich dir deine Feinde zum Fußschemel für deine Füße mache (Psalm 110,1). Deshalb möge das ganze Haus Jisrael ohne jeden Zweifel wissen, dass Gott ihn sowohl zum Herrn als auch zum Messias gemacht hat – diesen Jeschua, den ihr am Pfahl hingerichtet habt!«"

Und Hebräer 1,1-5+13 lautet wie folgt:

„Von alters her hat *Gott* auf viele und verschiedene Weise durch die Propheten zu den Vätern gesprochen. Nun aber, in der Acharit Ha Jamim (am Ende der Tage, in der letzten Zeit), hat er durch *seinen Sohn* zu uns gesprochen, dem er alles gegeben hat und durch den er das Universum erschaffen hat. Dieser Sohn ist das Leuchten der Schechinah (Gottes herrliche Gegenwart), die *Verkörperung des Wesens Gottes selbst,* der alles, was ist, durch sein mächtiges Wort erhält; und als er durch sich selbst die Reinigung von den Sünden vollbracht hatte, *setzte er sich zur rechten Hand* der Ha Gedulah Ba Meromim (die Herrlichkeit in der Höhe). So ist er sehr viel besser als die Engel geworden, und der Name, den Gott ihm gegeben hat, ist den ihren überlegen. Denn zu welchem Engel hat Gott jemals gesagt: »Du bist mein Sohn; heute bin ich dein Vater geworden«? (Psalm 2,7) Und Gott hat auch nie von einem Engel gesagt: »Ich will sein Vater sein, und er wird mein Sohn sein.« (2. Samuel 7,14) ... Und zu welchem Engel hat er je gesagt: »*Sitze zu meiner rechten Hand,* bis ich deine Feinde zum Fußschemel für deine Füße mache«? (Psalm 110,1)"

Wir dürfen auf den Arm YHWHs vertrauen

Beide Häuser Israels dürfen darauf vertrauen, dass der Arm YHWHs unser Heil und unsere Rettung ist. Unser eigener Arm und unsere eigene Stärke können dies nicht hervorbringen. In Jeremia 17,5+7 lesen wir genau dies:

„So spricht YHWH: *Verflucht ist der Mann,* der sich auf Menschen verlässt und *hält Fleisch für seinen Arm* und weicht mit seinem Herzen von YHWH. ... *Gesegnet* aber *ist der Mann, der sich auf YHWH verlässt* und dessen Zuversicht YHWH ist."

YHWH ist der Erste und der Letzte

Diese Aussage finden wir in Jesaja 41,4:

„Wer tut und macht das? Wer ruft die Geschlechter von Anfang her? Ich bin's, *YHWH, der Erste,* und bei den *Letzten* noch derselbe."

Oder auch in Jesaja 44,6:

„So spricht *YHWH, der König Israels,* und sein Erlöser, YHWH Zebaoth: Ich bin der *Erste* und ich bin der *Letzte,* und außer mir ist kein Elohim."

Um die Worte „erste und letzte" mit dem hebräischen Alphabet auszudrücken, müsste man die Buchstaben *Aleph* und *Taw* nehmen. *Aleph* ist der erste und *Taw* der letzte Buchstabe des hebräischen Alphabets. Im griechischen Alphabet sind dies entsprechend die Buchstaben *Alpha* und *Omega*.

Jeschua ist der Erste und der Letzte, der Anfang und das Ende. Er ist das *Aleph* und das *Taw,* oder auch *Alpha* und *Omega*. In Offenbarung 1,5+7-8 lesen wir:

„Und von *Jeschua dem Messias,* dem treuen Zeugen, dem Erstgeborenen aus den Toten und dem Herrscher über die Könige der Erde. Ihm, der uns liebt, der uns aus unseren Sünden befreit hat auf Kosten seines Blutes ... Sieh! Er kommt mit den Wolken! Jedes Auge wird ihn sehen, einschließlich derer, die ihn durchbohrt haben; und alle Stämme des Landes werden um ihn trauern. Ja! Amen! »Ich bin das ›A‹ und das ›Z‹ (Aleph und Taw bzw. Alpha und Omega)«, sagt Adonai, Gott der himmlischen Heerscharen, der, *der ist, der war* und *der kommt.*"

Offenbarung 2,8:

„Dem Engel der messianischen Gemeinschaft in Smyrna schreib: »Dies ist die Botschaft von *dem Ersten und Letzten, der starb und wieder zum Leben kam* ... «"

Offenbarung 21,5-6:

„Dann sagte der, der auf dem Thron saß: »Sieh! Ich mache alles neu!« Und er sagte: »Schreib: ›Diese Worte sind wahr und vertrauenswürdig!«‹ Und er sagte zu mir: »Es ist getan! *Ich bin das ›A‹ und das ›Z‹, der Anfang und das Ende.* Jedem, der durstig ist, will ich selbst umsonst Wasser geben aus der Quelle des Lebens."

Offenbarung 22,12-13:

„»Sei wachsam!« sagte Jeschua, »*ich komme bald,* und meine Belohnungen sind bei mir, damit ich jedem gebe nach dem, was er getan hat. Ich bin das ›A‹ und das ›Z‹, *der Erste und der Letzte, der Anfang und das Ende.*«"

Jesaja 52 und 53 in der jüdischen Literatur

In verschiedenen Kommentaren der jüdischen Literatur wird in Bezug auf Jesaja 52 und 53 immer wieder gesagt, dass diese Kapitel vom jüdischen Messias sprechen. Wir werden einige diesbezügliche Referenzen untersuchen. Zu Jesaja 52,7 ist zum Beispiel zu lesen:

„Rabbi Jose, der Galliläer, sagte: Groß ist der Friede, denn zu der Stunde, da sich der *König Messias* Israel offenbart, wird er auf keine andere Weise denn mit »Frieden« beginnen, wie geschrieben steht: *Wie lieblich sind auf den Bergen die Schritte des Freudenboten, der Frieden ankündigt* (Jesaja 52,7)." *(Numeri Rabbah XI, S. 16-20)*[19]

Zu Jesaja 52,13:

„Siehe, *mein Knecht, der Messias,* wird Gelingen haben, er wird erhoben sein und groß und sehr mächtig." *(Targum Jonathan,* Jesaja 52,13)[20]

Zu den Versen aus Jesaja 52,15-53:

„Bezüglich des Auftrags, mit dem sich der *Messias* vorstellen wird ... legt Jesaja dar, *Er wuchs auf wie eine zarte Pflanze und wie eine Wurzel aus trockenem Land* ... *Vor ihm werden Könige verstummen, denn was ihnen nicht gesagt wurde, werden sie sehen, und was sie nie gehört haben, werden sie verstehen.*" (Maimonides)[21]

Zu Jesaja 53,3 wurde geschrieben:

„»Mann« in der Schriftstelle (Jesaja 53,3) bezieht sich auf *den Messias, den Sohn Davids* ..." *(Midrasch Thanhumi,* Rabbi Nahman*)*[22]

Und zu Jesaja 53,4-5:

„Im Rabbaban heißt es, dass der *Name des Messias* der *leidende Gelehrte* vom Hause Rabbis ist (oder der aussätzige Gelehrte), denn es steht geschrieben, *»Gewiss hat er unseren Schmerz ertragen und unseren Kummer getragen, doch wir hielten ihn für überwältigt, von YHWH geschlagen und gequält.«* (Jesaja 53,4)" *(Babylonischer Talmud, Sanhedrin 98a)*[23]

„Der *Messias* – was ist sein Name? Das Haus von Rabbi Juda, dem Heiligen, sagt: Der *Kranke* ... *Gewiss hat er unsere Krankheiten ertragen* (Jesaja 53,4)" *(Babylonischer Talmud, Sanhedrin 98b)*[24]

„Der Heilige gab dem *Messias* die Gelegenheit, Seelen zu retten, jedoch auch schwer gezüchtigt zu werden ... Der *Messias* nahm die Züchtigung der Liebe an ... *»Er war unterdrückt, und er wurde gequält.«* Und wenn Israel sündig ist, sucht *der Messias* Barmherzigkeit für sie ... *»Durch seine Striemen wurden wir geheilt und er trug die Sünden vieler«* ..." (Rabbi Mosche Haderschan; *Midrasch Rabbah; Bereschit Rabbah)*[25]

Der Messias wird seine Füße auf den Ölberg setzen

Im traditionellen Judentum und in der rabbinischen Literatur wird der Ölberg der Berg des Messias genannt. Nach der

Auferstehung von *Jeschua* verließ dieser die Erde vom Ölberg aus, um in den Himmel zurückzukehren und zur Rechten des Vaters zu sitzen. In Apostelgeschichte 1,9-12 lesen wir:

„Nachdem er das gesagt hatte, *wurde er* (Jeschua) vor ihren Augen *aufgehoben;* und eine Wolke verbarg ihn vor ihren Blicken. Während sie ihm noch in den Himmel nachblickten, sahen sie plötzlich zwei weiß gekleidete Männer neben sich stehen. Die Männer sagten:»Ihr Galiläer! Warum steht ihr und starrt in den Raum? Dieser Jeschua, der von euch fort in den Himmel aufgenommen wurde, *wird auf genau dieselbe Weise* zu euch *zurückkommen,* wie ihr ihn in den Himmel gehen saht.« Dann kehrten sie *vom Ölberg* nach Jeruschalajim zurück – eine Entfernung von einem Schabbatweg."

Jeschua wird bei seinem zweiten Kommen seine Füße erneut auf den Ölberg setzen. In Sacharja 14,3-4+9 heißt es:

„Und *YHWH* wird ausziehen ... Und *seine Füße werden stehen zu der Zeit auf dem Ölberg,* ... Und YHWH wird *König* sein *über alle Lande.* Zu der Zeit wird YHWH der einzige sein und sein Name der einzige."

Die Person, deren Füße gemäß Sacharja 14,4 auf dem Ölberg stehen werden, ist „der Herr" aus Sacharja 14,3. Das Wort, welches in Sacharja mit „Herr" übersetzt wird ist das hebräische „YHWH".

Der Messias ist der König der Könige

Es gibt ein altes jüdisches Gebet, bekannt als *Alejnu,* das auf der ganzen Welt in Synagogen gebetet wird. Das *Alejnu* bestätigt, dass YHWH der König der ganzen Erde ist. Bei diesem Gebet wird Jesaja 45,23 laut ausgesprochen:

„... Dass jedes Knie sich vor mir beugen, jede Zunge schwören wird."

Im vorangehenden Vers 22 erfahren wir, dass der eine, vor dem sich jedes Knie beugen und jede Zunge schwören wird, YHWH ist:

„*Wendet euch zu mir, so werdet ihr gerettet,* aller Welt Enden; denn *ich bin EL,* und sonst keiner mehr."

Jedes Knie wird sich vor *Jeschua* beugen, dem königlichen Messias. Dazu Philipper 2,5-11:

„Möge euer Verhalten gegeneinander von eurer Vereinigung mit dem *Messias Jeschua* beherrscht sein: Denn *obwohl er in der Gestalt Gottes war, hielt er seine Gleichheit mit Gott nicht für etwas, das er durch Gewalt in seinen Besitz bringen musste.* Im Gegenteil, er entäußerte sich selbst insofern, als er die Gestalt eines Sklaven annahm, indem er wurde, wie die Menschen sind. Und als er als ein Mensch erschien, erniedrigte er sich noch mehr, indem er selbst dem Tod gehorsam war – dem Tod am Pfahl, wie ein Verbrecher! *Deshalb hat Gott ihn auf den höchsten Platz erhoben* und ihm den Namen über alle Namen gegeben; damit sich *in der Verehrung des Namens, der Jeschua gegeben wurde, jedes Knie beugen wird* – im Himmel, auf der Erde und unter der Erde – und *jede Zunge bekennen wird, dass Jeschua der Messias Adonai ist* – zur Ehre Gottes des Vaters."

Dazu auch Offenbarung 19, Verse 11+13 und 15-16:

„Dann sah ich den Himmel offen, und vor mir war ein weißes Pferd (Symbol für den königlichen Messias). Auf dem saß der, der Treu und Wahr genannt wird, und in seiner Gerechtigkeit richtet er und zieht in die Schlacht. ... Er trug ein Gewand, das in Blut getaucht worden war, und *der Name, mit dem er genannt wird, lautet »Das Wort Gottes«.* ... Und aus seinem Mund kam ein scharfes Schwert, damit er mit ihm die Nationen schlage – »Er wird herrschen über sie mit einem eisernen Stab.« (Ps 2,9) Er tritt die Weinpresse, aus der der Wein des grimmigen Zornes Adonais, des Gottes der himmlischen Heerscharen, hervorfließt. Und auf seinem Gewand und an seiner Hüfte hat er einen Namen geschrieben: *»König der Könige und Herr der Herren.«*"

Der Messias als YHWH im Talmud

In jenen Tagen, wenn YHWH die beiden Häuser Israels wiederherstellt, wird das *Haus Juda* um den Messias *Jeschua* trauern und weinen. In Sacharja 12,9-10 lesen wir:

„Und zu der Zeit werde ich darauf bedacht sein, alle Heiden zu vertilgen, die gegen Jerusalem gezogen sind. Aber über das Haus David und über die Bürger Jerusalems will ich ausgießen den Geist der Gnade und des Gebets. *Und sie werden mich ansehen, den sie durchbohrt haben, und sie werden um ihn klagen,* wie man klagt um einen einzigen Sohn, und werden sich um ihn betrüben, *wie man sich betrübt um den Erstgeborenen.*"

Der *Babylonische Talmud* gibt in *Sukkot 52a* einen weiteren Nachweis hierfür:

„Was ist der Grund des Trauerns (in Sacharja 12,12)? Es ist in gutem Einklang mit demjenigen, der erklärt, dass die Ursache die *Tötung des Messias, des Sohnes Josefs* ist, weil dies gut mit dem Schriftvers übereinstimmt: *»Und sie werden auf mich blicken, den sie durchbohrt haben, und sie werden um ihn trauern wie man um seinen einzigen Sohn trauert.«* (Sacharja 12,10)"[26]

Während der *Babylonische Talmud* nicht anerkennt, dass der, welcher getötet wird, der Messias *Jeschua* ist, so ist doch der, von dessen Tötung in Sacharja 12,10 die Rede ist, im hebräischen Urtext YHWH, wenn man den Vers im Kontext von Sacharja 12,7-12 betrachtet. *Sukkot 52a* im *Talmud* interpretiert YHWH in Sacharja 12,7-12 als den leidenden Messias.

In Jesaja 8,13-14 lesen wir Folgendes:

„Den *Herrn* (YHWH) der Heerscharen, den sollt ihr heiligen! ...Und er (YHWH) wird zum Heiligtum sein und zum Stein des Anstoßes und zum Fels des Strauchelns für *die beiden Häuser Israel,* ..." (nach Elberfelder)

Während der Text in Jesaja 8,13-14 von YHWH als einem Heiligtum und einem Stolperstein für beide Häuser Israels spricht, interpretiert der *Babylonische Talmud* in *Sanhedrin 38a* YHWH in diesen Versen als Messias:

„Der *Sohn Davids* (der Messias) kann nicht erscheinen, bevor die zwei herrschenden Häuser Israels ans Ende gekommen sind ... Und er (Messias/YHWH) wird ein *Heiligtum*, und zwar für *beide Häuser Israels*, werden ..." (Babylonischer Talmud, Sanhedrin 38a)[27]

Was sagen die Menschen, wer der Messias sei?

Historisch betrachtet hatten die beiden Häuser Israels unterschiedliche Ansichten bezüglich der Identität des Messias. Ist *Jeschua* der Messias oder sollen wir einen anderen erwarten? Was sagen die Menschen, wer der Messias sei? Dies ist die Frage, die sich jeder stellen und für sich selbst beantworten muss. Diese Frage stellte *Jeschua* seinen Jüngern in Matthäus 16,13-17:

„Als *Jeschua* in das Gebiet um Cäsarea Philippi kam, *fragte er seine Talmidim:* »*Wer, sagen die Leute, sei der Sohn des Menschen?*« Sie sagten: »Nun, manche sagen, Jochanan (Johannes) der Eintaucher (Täufer), andere Elijahu (Elia), wieder andere Jirmejahu (Jeremia) oder einer der Propheten.« »Aber ihr«, sagte er zu ihnen, »wer sagt ihr, dass ich sei?« Schim-on Kefa (Simon Petrus) antwortete: »*Du bist der Maschiach, der Sohn des lebendigen Gottes.*« »Schim-on (Simon) Bar Jochanan«, sagte Jeschua zu ihm, »wie gesegnet du bist! Denn kein Mensch offenbarte dir das, nein, es war mein Vater im Himmel.«"

Es ist unser himmlischer Vater, der den Menschen durch den Heiligen Geist offenbart, dass *Jeschua* der Messias ist. Lesen wir dazu 1. Korinther 12,3:

„Deshalb möchte ich euch deutlich machen, dass niemand, der durch den Geist Gottes spricht, jemals sagt: »Jeschua ist verflucht!«, und *niemand kann sagen:* »*Jeschua ist der Herr*«, *es sei denn durch den Ruach Ha Kodesch.*"

Als Jeschua bei seinem ersten Kommen auf der Erde war, erhob er den Anspruch, der jüdische Messias zu sein. In Lukas 24,36+44-46 lesen wir das Folgende:

„Sie sprachen noch darüber, als – da war er, stand mitten unter ihnen! ... Jeschua sagte zu ihnen: »Das habe ich gemeint, als ich noch bei euch war und euch sagte, dass alles, was Mosche, *die Propheten* und *die Psalmen* über mich *in der Torah* geschrieben haben, erfüllt werden musste.« Dann öffnete er ihren Verstand, so dass sie die Tenach verstehen konnten, und sagte ihnen: »Es bedeutet folgendes: *Der Messias muss leiden und am dritten Tag von den Toten auferstehen.*«"

Jeschua bezeugte den damaligen Leitern des *Hauses Juda*, dass er der Messias war. In Lukas 22,66-67 und 69-71 lesen wir:

„Bei Tagesanbruch kam der Ältestenrat des Volkes, zu dem sowohl die Haupt-Kohanim als auch die Torahlehrer gehörten, zusammen und führten ihn dem Sanhedrin vor, und sagten: *»Wenn du der Maschiach bist,* so sage es uns.« Er antwortete: »... *Doch von jetzt an wird der Sohn des Menschen sitzen zur rechten Hand der Ha Gevurah* (die Kraft, d. h. Gott).« Sie sagten alle: »Bedeutet das, dass du der Sohn Gottes bist?« Und er antwortete ihnen: »Ihr sagt, dass ich es bin.« Sie sagten: »Wozu brauchen wir noch ein zusätzliches Zeugnis? Wir haben es selbst aus seinem Mund gehört!«"

Wenn das *Haus Juda* erkennen und glauben wird, was wir in diesem Kapitel nachzuweisen versucht haben, dass nämlich *Jeschua* der im Fleisch gekommene YHWH ist, dann kann die Wiederherstellung und Versöhnung für beide Häuser Israels vorankommen. Möge YHWH in unseren Tagen seinen Heiligen Geist ausgießen, damit Erlösung, Wiederherstellung, Versöhnung und Einheit für beide Häuser Israels kommen können. Amen.

Kapitel 8

ISRAEL:
DER FEIGENBAUM BLÜHT

Nach mehr als zweitausend Jahren des Exils in den Nationen stellt die Geburt und das Aufblühen der modernen Nation Israel ein maßgebliches prophetisches Ereignis in der Endzeit dar. Es handelt sich um ein Zeichen sowohl für die Juden als auch für die Nationen hinsichtlich der baldigen Wiederkunft des Messias als König auf diese Erde. Die Propheten Israels haben in der Torah vorausgesagt, dass sowohl die Geburt der Nation Israels als auch die Rückkehr der Juden *und* der Christen aus dem weltweiten Exil in das Land Israel der Wiederkunft des Messias vorausgehen würden. Sie sagten auch voraus, dass die Nationen der Welt gegen Jerusalem angehen würden.

Israel ist wie ein Feigenbaum YHWHs. So heißt es in Hosea 9,10:

„Ich fand Israel wie Trauben in der Wüste und sah eure Väter wie die ersten Feigen am Feigenbaum."

Als *Jeschua* von seinen Jüngern nach den Zeichen gefragt wurde, wann das gegenwärtige Zeitalter abgeschlossen sein und das messianische Zeitalter beginnen würde, sagte er prophetisch die Geburt des modernen Staates Israels voraus. Das lesen wir in Matthäus 24,3+32-33:

„Und als er auf dem Ölberg saß, kamen die Talmidim allein zu ihm. »Sage uns«, sagten sie, »wann werden diese Dinge geschehen? Und was wird das Zeichen sein, dass du kommst und das die Olam Haseh (die jetzige Welt) zu Ende geht?«
... So lernt nun vom Feigenbaum: Wenn seine Zweige aus-

schlagen und Blätter erscheinen, wisst ihr, dass der Sommer kommt. Ebenso sollt ihr, wenn ihr all diese Dinge seht, wissen, dass die Zeit nahe ist, dass sie vor der Tür steht."

Ein Herz, das Erlösung vom Exil braucht

Die Erlösung aus dem Exil ist für die Juden immer schon ein Herzenswunsch gewesen. Die Befreiung aus ihrem ersten Exil Ägypten und das Empfangen der Torah sind für das jüdische Volk bis heute von zentraler Bedeutung und halfen diesem, sowohl in der babylonischen Gefangenschaft als auch in der Diaspora, die eigene Identität zu bewahren. Die Juden im Exil haben immer dafür gebetet, dass sie in das Land Israel zurückkehren und im messianischen Zeitalter leben würden. Dieser Wunsch nach der Beendigung des Exils und der Rückkehr in das Land Israel spiegelt sich deutlich in Psalm 137,1 wieder:
„An den Wassern zu Babel saßen wir und weinten, wenn wir an Zion gedachten."

Der Wunsch nach einem politischen Messias

Im ersten Jahrhundert haben sich die Juden nach einem jüdischen Messias gesehnt, der sie von der Unterdrückung Roms befreit. Aufgrund dieses Wunsches sind verschiedene jüdische Gruppen in Opposition gegen Rom aufgestanden. In den Jahren 70 und 135 n. J. sind maßgebliche Kriege gegen Rom gekämpft worden. 135 n. J. führte der militärische Anführer Simon Bar Kochba eine Revolte gegen Rom an. Ein zu jener Zeit sehr respektierter Rabbiner, Rabbi Akiva, erklärte, dass Bar Kochbar der politische Messias sei, der die Juden aus der Unterdrückung Roms befreien würde. Während dieser Zeit gewann Rom jeden Krieg gegen die Juden. Demzufolge begann Rom, die Juden in die Sklaverei zu verkaufen und so sind viele Juden weltweit ins Exil gekommen.

Passiver Widerstand gegen die Unterdrückung

Wegen der Bedrängnisse, die das jüdische Volk im Kampf gegen Rom durchgemacht hatte, begann es von jenem Zeitpunkt an, mit passivem Widerstand auf seine Unterdrücker zu reagieren. Diese Mentalität blieb viele Jahrhunderte lang bis in das späte 19. Jahrhundert bestehen. So haben viele orthodoxe Juden darauf bestanden, dass die Rückkehr in das Heilige Land vom Messias selbst durchgeführt werden würde und dass eine Rückkehr aus eigener Kraft einer Gotteslästerung gleichkäme.[1] Gegen Ende des 19. Jahrhunderts änderte sich in Europa die Denkweise vieler säkularer Juden. Der Wunsch, nach Israel zurückzukehren, ohne auf einen politischen Messias zu warten, mündete in die Zionistische Bewegung.

Das Entstehen des Zionismus in Europa

Der Begriff „Zionismus" geht auf das biblische Wort „Zion" zurück. Es wird oft als Synonym für Jerusalem und das Land Israel verwandt. Der Zionismus ist eine Weltanschauung, die weltweit das starke Verlangen der Juden, in ihre historische Heimat zurückzukehren, zum Ausdruck bringt. Die Grundlage des Zionismus ist begründet in dem Glauben, dass das Land Israel die historische Geburtsstätte des jüdischen Volkes sei und dass jegliches jüdische Leben außerhalb des Landes im Exil stattfinde.

Das Aufkommen des Zionismus in Europa im späten 19. Jahrhundert stellte einen ausschlaggebenden Wendepunkt in der Geschichte der Juden dar. Durch diese Bewegung wurden alte Hoffnungen und Träume der Juden, wieder nach Israel zurückzukehren, zu neuem Leben erweckt. Der Zionismus lehnte übrigens die Idee ab, dass eine Assimilierung der Juden in den jeweiligen Nationen das sicherste Mittel sei, um ein Überleben des jüdischen Volkes zu gewährleisten.

Am Ende des 19. Jahrhunderts trug eine Jugendbewegung in Osteuropa zum Erwachen vieler Juden bei.[2] Zu jener Zeit lebten in Russland und Polen viele Juden in Hütten. Die zaristische Politik wollte um jeden Preis verhindern, dass sich junge russische Juden in einer Organisation mit dem Namen „Liebhaber Zions" formierten.[3] Diese Jugendlichen hielten ihren ersten Kongress 1882 in Konstantinopel ab, bei dem sie ein Manifest herausbrachten, das ihr Bedürfnis nach einer jüdischen Heimat und ein von YHWH gegebenes Recht auf Zion zum Inhalt hatte.[4]

Theodor Herzl: Der Vater des modernen Zionismus

Theodor Herzl wird berechtigterweise der Gründer des modernen Zionismus genannt. Er wurde 1860 in Budapest geboren. Seine Eltern waren säkulare Juden und die Erziehung Herzls wurde vom Geist der deutsch-jüdischen Aufklärung geprägt. Theodor Herzl studierte Jura an der Universität in Wien. Nachdem er 1884 mit einem Doktor in Jura abgeschlossen hatte, verließ er seine juristische Laufbahn und wurde der Pariser Korrespondent für die liberale Zeitung „Wiener Freie Presse." Während jener Zeit wurde Herzl auf das Problem des Antisemitismus aufmerksam.

1892 begann die berühmte Dreyfus-Affäre in Paris. Hierbei wurde der assimilierte Jude und französische General Alfred Dreyfus fälschlicherweise angeklagt und gefangen genommen. Herzl wurde Zeuge des aufrührerischen Verhaltens französischer Banden und der öffentlichen Demütigungen des jüdischen Offiziers Dreyfus, als sie ihn mit Rufen wie „Tod den Juden" verhöhnten. Diese Ereignisse hinterließen bei Herzl einen so starken Eindruck, dass er den Wunsch verspürte, sich für eine „nationale Heimstätte für die Juden" einzusetzen, um sie von sozialer Ungerechtigkeit und Antisemitismus zu befreien. Dieser Wunsch ging bei Herzl mit dem Wunsch nach einem souveränen jüdischen Staat einher. In dieser Zeit begann Herzl zum ersten Mal in seinem Leben, jüdische Gottesdienste zu besuchen.[5]

1896 kommunizierte Herzl seinen Traum in dem Buch „Der Judenstaat". Dieses Buch trug in besonderer Weise dazu bei, die Juden weltweit wachzurütteln und einen politischen Zionismus zu unterstützen. Es rief dazu auf, nach Palästina auszuwandern, Land von den Türken zu kaufen und zu kultivieren, eine jüdische Mehrheit zu bilden und so wieder eine jüdische Heimat aufzubauen.[6]

1897 berief Herzl den sogenannten Ersten Zionistischen Kongress in Basel ein. Er begann am 29. August 1897. Die 204 Teilnehmer kamen aus 17 Ländern. Herzl wurde zum Präsidenten der Organisation gewählt. Durch dieses Ereignis wurde die Zionistische Bewegung entscheidend auf den Weg gebracht und so brachte Herzl zum Ausdruck: „Das Ziel des Zionismus besteht darin, für das jüdische Volk eine öffentliche, nationale Heimstätte mit legalem Status in Palästina zu errichten."[7]

Als Herzl zunächst die Idee einer weltweit agierenden Organisation hatte, Juden auch in großen Gruppen auf ein bis dahin noch unbekanntes Stück Land ziehen zu lassen, erhielt er starke Opposition von osteuropäischen Juden. Diese taten die Idee ab und erklärten Herzl für verrückt. Sowohl orthodoxe als auch reformierte Rabbiner stellten sich gegen die Ideen Herzls und erachteten sie als zu visionär und unrealistisch. Nichtsdestotrotz ging Herzl seinem Traum nach und verbreitete seine Ideen.

Herzl war es in erster Linie wichtig, dass die Juden eine gemeinsame Heimat bekommen sollten, wobei die geografische Lage nicht so einen hohen Stellenwert einnahm. Herzl besaß uneingeschränkte Energie, um seine Rolle als Reisebotschafter für die Juden auf höchster politischer Ebene auszuüben. Er war über jede Art von Konfrontation erhaben. Er forderte ohne jede Furcht reiche Bankiers heraus, traf sich mit dem Kaiser, dem türkischen Sultan, dem König von Italien und dem Papst. Er pflegte auch Umgang mit hohen russischen und englischen Beamten. Durch seine glänzenden Umgangsformen wurde er zu einem Diplomaten für die Zionistische Bewegung.[8]

Herzl arbeitete hart daran, für die Juden ein geeignetes Land zu finden. Zunächst zog er den Sinai und Zypern in Erwägung. Die Briten boten ihm 1903 Uganda an. Da Progrome und

Unterdrückung zu jener Zeit in Russland enorm zunahmen, hatte Herzl den Eindruck, dass es eine glaubwürdige Idee sei, Uganda als Heimat für die Juden vorzuschlagen. Aus diesem Grund reichte Herzl den Ugandaplan beim nächsten Zionistischen Kongress als Vorschlag ein. Dieser traf jedoch auf starke Opposition und wurde abgelehnt. Die osteuropäischen Juden betrachteten diesen Vorschlag als Verrat an dem Traum, sich in Israel anzusiedeln. Der Widerstand gegen den Ugandaplan war so groß, dass Herzl sich schriftlich verpflichten musste, dieser Idee nicht weiter nachzugehen.

1904 starb Herzl im Alter von 44 Jahren an einem Herzinfarkt. Er wurde aufgrund seines hohen Engagements für die zionistische Idee zu einer lebenden Legende und gilt bis heute als Vater des modernen Zionismus.[9]

Chaim Weizmann und die Balfour-Erklärung

Nach Herzls Tod wurde Chaim Weizmann der Leiter der Zionistischen Bewegung. Weizmann wurde 1874 in Russland geboren und studierte an zwei Universitäten in Deutschland und in der Schweiz. Ab 1904 lehrte er an der Universität in Manchester. Im Gegensatz zu Herzl glaubte Weizmann, dass Israel die einzige praktikable Lösung für eine Heimat für das jüdische Volk darstellen würde. Seine Gründe waren nicht religiöser Natur, sondern erklärten sich aus der erkannten politischen Realität.

So wie sich Herzl durch seine journalistischen Fähigkeiten zum richtigen Zeitpunkt am richtigen Ort aufgehalten hatte, war dies bei Weizmann durch seine universitäre Laufbahn auch der Fall. Als es den Alliierten an Aceton (zuvor von Deutschland importiert) mangelte, das sie für die Herstellung von Munition brauchten, beauftragten die Briten Weizmann, einen Ersatzstoff herzustellen. In den beiden darauf folgenden Jahren entwickelte Weizmann mit seinem Team einen außergewöhnlichen synthetischen Ersatzstoff, der für die Alliierten im Krieg von großer Bedeutung war.[10]

Weizmanns Kontakte in den höheren Kreisen von Manchester und die Produktion des synthetischen Acetons brachten ihm einen hohen Bekanntheitsgrad ein und öffneten ihm die Türen zu hohen britischen Regierungsbeamten. So traf er mit Premierminister Lloyd George, Winston Churchill und dem Außenminister Balfour zusammen. Weizmann bat diese Persönlichkeiten um Hilfe für die Errichtung der Heimstätte für die Juden und trieb somit die zionistische Idee voran.[11]

Weizmanns Erfolg, das synthetische Aceton hergestellt zu haben, beeindruckte das britische Kabinett so sehr, dass Balfour zu Weizmann sagte: „Sie wissen, dass Sie nach dem Krieg wohl Jerusalem zugesprochen bekommen werden."[12]

So führte Weizmanns Diplomatie zur Balfour-Erklärung. Sie räumte dem jüdischen Volk das internationale Recht ein, mit der Hilfe Großbritanniens in Palästina eine Heimat zu finden. Am 2. November 1917 wurden die wichtigsten Punkte der Erklärung von Arthur Balfour in einem Brief an Lord Rothschild zusammengefasst. Darin finden sich u. a. folgende Punkte:

„Seine Majestät, die Regierung begünstigt die Errichtung einer nationalen Heimstätte für das jüdische Volk in Palästina und wird das Bestmögliche tun, dieses Ziel zu erreichen. Hierbei ist es von großer Wichtigkeit, dass nichts geschehen darf, das die nichtjüdische Bevölkerung in Palästina in ihren bürgerlichen und religiösen Rechten beeinträchtigen könnte. Der politische Status, den die Juden in anderen Ländern haben, darf ebenfalls nicht beeinflusst werden."

Der Erste Weltkrieg und der Fall des Osmanischen Reiches

Der Niedergang des Osmanischen Reiches im Ersten Weltkrieg trug maßgeblich dazu bei, dass dem jüdischen Volk die Möglichkeit geschaffen wurde, in ihre ursprüngliche Heimat zurückzukehren. Durch diesen Niedergang gelang es Großbritannien, die Kontrolle über den Mittleren Osten zu erlangen.

Während des Ersten Weltkrieges kämpfte die Türkei an der Seite Deutschlands. Die Briten, angeführt von Sir Edward Allenby, besiegten die Türken und beendeten somit die 400 Jahre andauernde türkische Herrschaft über Palästina sowie 600 Jahre muslimische Vorherrschaft im gesamten Gebiet. Am 31. Oktober 1918 wurde das Waffenstillstandsabkommen für Palästina unterzeichnet. Dies war genau elf Tage vor dem Waffenstillstandsabkommen des Ersten Weltkrieges.[13] Auf diese Fügung hin erklärte Balfour, dass die „Errichtung einer jüdischen nationalen Heimstätte" die wichtigste politische Folge des Zweiten Weltkrieges gewesen ist.[14]

Oscar Janowsky fasste die Verbindung zwischen dem Zionismus und dem Ersten Weltkrieg folgendermaßen zusammen:[15]

Der Erste Weltkrieg prägte maßgeblich den Zionismus. Am 2. November 1917 wurde die Balfour-Erklärung herausgebracht, in der die Unterstützung zur „Errichtung einer jüdischen nationalen Heimstätte" zugesagt wurde. Kurz danach eroberten die Briten das Land und am Ende des Krieges erhielt Großbritannien das Völkerbundsmandat über Palästina und wirkte als Bevollmächtigter. Die Statuten des Britischen Mandats beinhalteten die Leitlinien der Balfour-Erklärung, die die „historische Verbindung des jüdischen Volkes mit Palästina" sowie das Recht, „eine jüdische Heimstätte wiederherzustellen", beschrieben.

Am 28. Juni 1919 wurde das britische Mandat vom Rat des internationalen Völkerbundes anerkannt. Bevor es am 29. September 1922 zur endgültigen Zustimmung zum britischen Mandatsbereich kam, wurde die Heimstätte, die für die Juden geplant worden war, um Transjordanien reduziert. Dieses war nämlich von Abdullah ibn Hussein unter britischer Königsherrschaft als Staat gegründet worden.[16]

David Ben-Gurion

Während Weizmann das Anliegen des Zionismus in den westlichen diplomatischen Kontakten weiter vorantrieb, wurde

David Ben-Gurion zum Pionier des Zionismus in Palästina. David Ben-Gurion wurde 1886 in Polen geboren. 1906 immigrierte er nach Palästina, wo er zum aktivsten Zionisten der Region wurde. Er trug zur Gründung der ersten landwirtschaftlichen Kommune bei (die sich erst in den *Kvutzah* und später in den *Kibbutz* weiterentwickelte). Er half auch bei der Gründung der jüdischen Selbstverteidigungsgruppe *Hashomer* (Der Wächter) mit.

Er gründete Gewerkschaften, insbesondere die *Histadrut*, ein volkwirtschaftlicher Zusammenschluss, den er ab den frühen 1920er Jahre leitete. Als Repräsentant der *Histadrut* wirkte er in der „World Zionist Organisation" und in der „Jewish Agency" mit und wurde 1935 in beiden Organisationen in den Vorstand gewählt. Im Ersten Weltkrieg leitete er die „Jüdische Legion" gegen die Türken. Nachdem er beim Aufbau des Staates Israels maßgeblich mitgewirkt hatte, wurde er Israels Premier- und Verteidigungsminister.

Ben-Yehuda und die hebräische Sprache

Mit dem Entstehen des Zionismus sowie der Rückkehr vieler Juden in ihre alte Heimstätte wurde Hebräisch zur Hauptsprache, die alle Immigranten lernen mussten. Durch die Zerstreuung der Juden in die ganze Welt war Hebräisch fast zu einer toten Sprache geworden.

Eliezer Ben-Yehuda hatte den Traum, dass die Juden bei der Rückkehr in ihre alte Heimstätte wieder Hebräisch sprechen würden. Dass dieser Wunsch Realität wurde, ist in erster Linie Ben-Yehuda zu verdanken. Deshalb wird er als Erschaffer der modernen hebräischen Sprache angesehen.

Am 7. Januar 1858 wurde Ben-Yehuda als Eliezer Yitzhak Perelman in dem litauischen Dorf Luzhky geboren. Im Rahmen seiner religiösen Erziehung lernte er schon im jungen Alter Hebräisch. Obwohl er 1881 tuberkulosekrank in Palästina einwanderte, widmete er sein Leben der Wiederbelebung und Verjüngung der hebräischen Sprache, sodass sie im modernen

Leben Anwendung fand. Hierbei hat er sogar ein hebräisches Wörterbuch herausgegeben. Obwohl von vielen ausgelacht, legte er mit seiner Frau einen Eid ab, dass sie beide nur noch Hebräisch sprechen dürften und kein anderes Wort über ihre Lippen gehen sollte. Dieser Eid wurde zum historischen Wendepunkt in Palästina.[17]

Die arabische Antwort auf die jüdische Einwanderung

In dem Jahrzehnt, das auf die Anerkennung der Balfour-Erklärung folgte, machten viele Juden Alijah und kehrten zurück nach Palästina. Während dieser Jahre kamen die meisten Einwanderer von Russland und Osteuropa. In den ersten acht Jahren nach der Balfour-Erklärung hatte sich die jüdische Bevölkerung von 55.000 auf 103.000 fast verdoppelt. Angeregt durch den Zionismus, träumten viele Juden von der Rückkehr nach Palästina. Als dann die Unterdrückung der Juden in Europa zunahm, flohen Tausende nach Palästina und gingen damit dem Traum nach, in die jüdische Heimstätte zurückzukehren.[18]

Die Einwanderung dieser vielen Juden traf jedoch bei der arabischen Bevölkerung auf sehr großen Widerstand. Der Großmufti von Jerusalem Haj Amin al-Husseini war in diesem Widerstand tonangebend. Die Briten hatten die Vorstellung, das Land unter Mithilfe der beiden großen Familien Hussein und Nashashibi in den Griff zu bekommen.[19] 1922 wurde Haj Amin zum Präsidenten des obersten muslimischen Rates ernannt. Er hatte in politischer, wirtschaftlicher und religiöser Hinsicht sehr viel Einfluss.[20]

Während des Zweiten Weltkrieges trat er zu den Nazis über und zog zunächst nach Rom und dann nach Berlin. In den 20er und 30er Jahren verpasste er keine Gelegenheit, den Juden gegenüber Feindschaft zu säen und gegen jüdische Familien vorzugehen, die sich in Palästina niederlassen wollten.

Trotz großer arabischer Opposition immigrierten zwischen 1931 und 1935 150.000 Juden nach Palästina.[21] Während die jüdische Bevölkerung die Briten überzeugen wollten, einer vermehrten Immigrationswelle zuzustimmen, drohten die Araber, den Ölhahn abzudrehen, falls die Immigrantenzahlen weiter zunehmen würden.[22] Als die Juden 1939 die Immigration jedoch am allermeisten gebraucht hätten, wurde sie ihnen verweigert.

Am 17. Mai 1939 verfasste der britische Premierminister Neville Chamberlain das so genannte „MacDonald Weißpapier" (nach Malcolm MacDonald, dem Kolonialminister), das den Juden nahezu vollständig verbot, nach Palästina einzuwandern.[23]

Das eben erwähnte Papier beinhaltete drei Richtlinien für Palästina:

- Die Immigration der Juden sollte erst verlangsamt und dann gestoppt werden.
- Die Juden sollten nur noch das Recht haben, Land in Gegenden Palästinas zu erwerben, in denen ohnehin der Großteil der Bevölkerung bereits jüdisch war.
- Nach dem Krieg sollten die Briten einen unabhängigen Staat, nämlich Palästina unterstützen, der von arabischer Seite kontrolliert werden sollte.

Winston Churchill nannte dies einen „großen Vertrauensbruch."[24] Mit dem Weißpapier hatten sich die Briten faktisch den arabischen Terroristen unterworfen. Dennoch lehnte der Großmufti das Papier ab, weil er „die sofortige Errichtung eines unabhängigen Palästinenserstaates und keinerlei weitere Immigration der Juden nach Palästina" forderte.[25]

Was wurde nun aus der Balfour-Erklärung? Sie fiel der Appeasement-Politik Chamberlains zum Opfer. So wie die Tschechoslowakei Hitler in Europa besänftigen sollte, setzte man die Balfour-Garantie aufs Spiel und wollte damit dem Großmufti gefallen.

Diese restriktive Politik hat offensichtlich ein Stirnrunzeln des Himmels verursacht. Vier Monate nach Erstellung des Weißpapiers begann der Zweite Weltkrieg und die Briten erklärten Deutschland den Krieg.

Als Deutschland ein Jahr später in Norwegen einmarschierte und die Britischen Inseln mit Krieg bedrohte, wurde Chamberlain gezwungen, sein Amt niederzulegen. Dennoch wurde die Politik Chamberlains in Bezug auf die Immigration weiter fortgesetzt. Obwohl tausende Juden Hitlers Klauen zunächst entkommen konnten, wurden sie nicht nach Palästina hinein gelassen. Viele mussten unter vorgehaltener Pistole umdrehen, als sie das Land betraten. Auch auf der Schifffahrt starben viele.[26]

Adolf Hitler und der Zweite Weltkrieg

Als der Zweite Weltkrieg ausbrach, wurde die jüdische Auswanderung zum Stoppen gebracht. Unter Hitler wurden keine Reise-Visa mehr ausgestellt und auch die Briten verweigerten die Einreise nach Palästina.[27]

Adolf Hitler war von dem teuflischen Verlangen besessen, das jüdische Volk auszurotten und dessen Existenz zum Erliegen zu bringen. Dieses Vorhaben sollte in fünf Abschnitten durchgeführt werden.[28]

- Der erste Abschnitt begann bei der Machtübernahme, als Hitler beabsichtigte, alle jüdischen Geschäfte in Deutschland zu liquidieren.
- Der zweite Abschnitt begann 1935, als die Nürnberger Gesetze in Kraft traten und den Juden die deutsche Staatsangehörigkeit verweigert werden sollte.
- Mit dem Ausbruch des Zweiten Weltkrieges im September 1939 begann der dritte Abschnitt. Es begannen die Massenfestnahmen der Juden. Sie wurden in Konzentrationslager transportiert und mussten den „Gelben Stern" tragen, damit sie von den Nichtjuden unterschieden werden konnten. Während 1933 noch 500.000 Juden in Deutschland gelebt hatten, waren es 1935 nur noch 200.000.
- 1940 begann das vierte Stadium, als fast alle Juden in Konzentrationslagern eingesperrt waren. Dieser Schrecken breitete sich später auch auf alle von Deutschland in Europa besetzten Gebiete aus. Die Nazis deportierten Juden von

Österreich, der Tschechoslowakei, Ungarn, Polen, Rumänien, Frankreich, Holland, der Schweiz, Belgien, Norditalien, Jugoslawien, Dänemark und Norwegen. Es gab nur einige wenige Ausnahmen.

- Das letzte Stadium dieses Grauens war dann die so genannte „Endlösung". Diese wurde von den Nazis 1942 festgelegt. Es wurde die vollständige Ausrottung der Juden geplant.[29]

Die meisten Todeslager gab es in Deutschland, Polen, Österreich und in der Tschechoslowakei. In der Gedenkstätte Yad Vashem sind 22 der größten Lager aufgelistet, u. a. Auschwitz, Buchenwald, Dachau, Mauthausen und Treblinka. Das größte Lager war Auschwitz, wo über drei Millionen Juden getötet wurden.[30]

Viele Nazis gaben dem Massensterben der Juden mehr Aufmerksamkeit als dem Krieg selber.[31] Obwohl Anfang 1945 klar war, dass der Krieg verloren war, liefen die Gaskammern und Brennöfen weiter. So kann man bei Finkelstein lesen: „Die effektive Vernichtung der jüdischen Bevölkerung war eines der Hauptziele in der Ideologie der deutschen Nazi-Kriegs-Maschinerie."[32]

Die folgenden Zahlen der jüdischen Todesopfer während des Holocausts kann man in der Jüdischen Enzyklopädie nachlesen:

Übersicht über die jüdischen Opfer im Holocaust	
Österreich	65.000
Ungarn	402.000
Belgien	24.000
Italien	7.500
Tschechoslowakei	277.000
Luxemburg	700
Frankreich	83.000
Norwegen	760
Polen und Russland	4.565.000
Deutschland	125.000
Griechenland	65.000
Rumänien	40.000
Holland	106.000
Jugoslawien	60.000
Gesamtzahl der jüdischen Opfer	**5.820.960**

Weltweite Forderung nach einem zionistischen Staat

Als internationale Untersuchungsteams die Horrorszenarien des Holocausts bestätigten, stimmten viele Länder der westlichen Welt überein, dass sofort Schritte getan werden müssten, um die Türen nach Palästina wieder zu öffnen. Sogar die britische Arbeiterpartei teilte diese Ansicht.[33] Sie sagte: „Mit Blick auf die unaussprechlichen Schrecken, die über die Juden in Deutschland und in anderen besetzten Ländern in Europa ergangen sind, ist es moralisch falsch und politisch nicht vertretbar, den nach Palästina auswandernden Juden irgendwelche Schwierigkeiten in den Weg zu legen."[34] Des Weiteren schlug diese Partei der amerikanischen, russischen und britischen Regierung vor, „eine gemeinsame Politik voranzutreiben, die einen freien und wohlhabenden Staat in Palästina unterstützt."[35]

Die Politik Englands nach dem Zweiten Weltkrieg

Im Juli 1945 kam es in England durch die Wahlen zu bedeutsamen politischen Veränderungen. Die Briten hatten immer noch das Völkerbundmandat, Palästina zu kontrollieren. Während des Krieges hatte Premierminister Churchill den Zionismus stark unterstützt und Weizmann zugesagt, dass nach dem Krieg ein Staat mit dem Namen Israel in Palästina geschaffen werden solle. In diesem Staat sollten drei bis vier Millionen Juden leben.[36] Diese Ansicht wurde im Rahmen von Wahlkampagnen sowohl von der Arbeiterpartei als auch von der Tory-Partei unterstützt.

1945 wurde die Koalition Churchills mit überwältigender Mehrheit abgewählt.[37] Sowohl die erlittenen wirtschaftlichen Rückschläge Englands während des Krieges als auch die Verkleinerung des englischen Imperiums führten in England zu einer Unzufriedenheit. Diese trug schon bald maßgeblich zur Amtsenthebung von Churchill bei. Die Arbeiterpartei von

Clement Atlee übernahm die Führung und stand unter starkem Erwartungsdruck von allen Teilen der Bevölkerung, darunter auch die Zionisten.

Trotz Atlees prozionistischer Einstellung hatte sich innerhalb seiner Amtsperiode die Meinung in der Palästina-Frage geändert. Ernest Bevin wurde zum Außenminister ernannt und so ein hoher Diplomat des Nahen Ostens. Wenngleich er ein scharfer Denker war und die stärker werdende Sowjetmacht vor Augen hatte, teilte er nicht die prozionistischen Ideen seiner Kollegen und der früheren Regierung.[38] „Während der letzten zehn Jahre wies Bevin alle offiziellen und inoffiziellen Bitten ab, die von Sprechern der Arbeiterpartei gemacht wurden. Einige dieser Bitten hätten der Partei sogar zum Wahlsieg verhelfen können."[39]

Diese genannten politischen Veränderungen machten den Weg für den neuen Außenminister frei. Die arabische Welt nahm an Prestige zu und wurde zu einem wichtigen Faktor im Nahen Osten. So waren gerade mehrere unabhängige Staaten gegründet worden, deren Ölvorkommen dazu beitrugen, auf internationaler Ebene Respekt zu erlangen. In Bezug auf den Nahen Osten tendierte Bevin dazu, die Araber vorzuziehen und die Interessen der Juden herunterzuspielen. Am Ende wurde Bevin sogar ein Gegner der Errichtung eines jüdischen Staates.[40]

Das bereits erwähnte antijüdische Weißpapier von 1939 galt auch während des Krieges und trug zu einem politischen Zickzackkurs bei. War es geschrieben worden, um die Araber zu besänftigen, so reduzierte es nun in der Realität die jüdische Einwanderung nach Palästina auf einen kleinen Bruchteil. Es hatte die Absicht, diese völlig abzuschaffen. Wenn dieses Papier konsequent befolgt worden wäre, hätten die hart erworbenen Vorteile für die Juden in der Balfour-Erklärung gar keinen Wert mehr gehabt. Die Araber reagierten auf dieses politische Durcheinander mit immer mehr Opposition gegen die jüdische Immigration. Bevin ermutigte sie, sich für einen arabischen Staat in Palästina einzusetzen und jegliche Immigration von jüdischen Einwanderern zu stoppen.[41]

Die Ironie liegt darin, dass keiner der arabischen Staaten (außer Transjordanien) die Alliierten im Zweiten Weltkrieg unterstützt hatte. Sie blieben vorsichtig neutral bis zu den letzten Monaten des Krieges, in denen der Sieg der Alliierten besiegelt war. Der palästinensische Führer Haj Amin Husseini setzte sich kurz vor dem Krieg in den Irak ab und schloss sich später Hitler und Eichmann an, um die Judenverfolgung zu unterstützen.[42] Dennoch zeigten die Alliierten in der Nachkriegsära den arabischen Staaten gegenüber sehr großen Respekt. Sie erhielten sieben Sitze in der Generalvollversammlung der Vereinten Nationen.

Die jüdische Widerstandsbewegung

Als viele Zionisten begriffen, dass eine politische Lösung für eine nationale Heimstätte nicht möglich war, sahen sie sich gezwungen, militärische Maßnahmen zu ergreifen. Die wichtigsten Gruppen des jüdischen Widerstands waren die *Haganah*, *Irgun* und *Lehi*.

In Palästina trugen arabische Aufstände in den Jahren 1920 und 1921 dazu bei, dass es unmöglich wurde, auf die britischen Autoritäten zu zählen, wenn es um die Verteidigung der Juden in Palästina ging. Des Weiteren zerstörten die Araber viele landwirtschaftlichen Siedlungen. Nachdem die Briten anfänglich die jüdischen Immigranten unterstützt hatten, begannen sie nun, diese zu vernachlässigen. Von dieser Zeit an war klar, dass die Briten nicht mehr daran interessiert waren, den jüdischen Immigranten im Land Sicherheit zu gewähren. Deshalb wurde es notwendig, ein unabhängiges Abwehrsystem zu entwickeln, das ganz frei von fremder Autorität sein würde.

DIE HAGANAH

Im Juni 1920 wurde die *Haganah* mit Unterstützung der Jewish Agency von der *Histadrut* (Allgemeiner jüdischer Arbeiterverband) gegründet. Zu jener Zeit wurde die *Haganah* von den Autoritäten des Britischen Mandats als illegal bezeichnet.

Deswegen wurde sie zu einer paramilitärischen Untergrundorganisation und war von 1920 bis zur Gründung des Staates Israels im Jahre 1948 aktiv.

Mit Zunahme der arabischen Feindseligkeiten gab es Uneinheit in der Organisation, wie man auf den arabischen Terrorismus reagieren sollte. Nach arabischen Unruhen 1929 setzte sich ein Teil der *Haganah* ab und entschied sich für eine eigene Organisation, die noch entschiedener gegen den Terrorismus vorgehen wollte.

DIE IRGUN

Diese neue Organisation nannte sich *Irgun Zva'i Leumi* (Nationale Militärorganisation). Ein anderer Name für diese Vereinigung war auch *Etzel*. Diese Untergrundorganisation wurde 1931 gegründet und agierte bis 1940 in Palästina.

Die *Irgun* lehnte die angepasste Politik der *Haganah* ab. Sie führten bewaffnete Vergeltungsschläge gegen die Araber durch und zogen es vor, politische Kräfte für die Rückgewinnung des Landes einzusetzen. Diese Aktionen halfen zwar den jüdischen Siedlern, wurden aber von der Jewish Agency heftig kritisiert und brachten diese in Verlegenheit.

Am 5. Dezember 1936 unterzeichneten Avraham Tehomi und Ze'ev (Vladimir) Jabotinsky, der Leiter der Revisionisten-Bewegung, einen Vertrag, der Jabotinsky zum Befehlshaber der *Irgun* machte. Im Rahmen arabischer Aufstände spaltete sich die *Irgun*. Ungefähr die Hälfte kehrte wieder zur *Haganah* zurück, und der Rest bildete eine neue Gruppe, die ideologisch mit der Revisionisten-Bewegung in Verbindung stand und Vladimir Jabotinsky als Leiter akzeptierte.

JABOTINSKY UND DIE REVISIONISTEN-BEWEGUNG

Ze'ev (Vladimir) Jabotinsky wurde am 18. Oktober 1880 in Odessa geboren. Der Pogrom gegen die Juden in Kishinev im Jahre 1903 veranlasste Jabotinsky, sich zionistisch zu engagieren. Er wurde zum Abgeordneten des sechsten Zionisten Kongresses gewählt.

Nach dem Ersten Weltkrieg wurde Jabotinsky desillusioniert, als die Briten 1922 80% des britischen Mandatsbereiches abtraten, der für die Errichtung der jüdischen Heimstätte vorgesehen war. Enttäuscht von den Briten und unglücklich über die billigende Inkaufnahme der Zionisten hinsichtlich der britischen Niederlage, wurde Jabotinsky immer unzufriedener mit der Leitung der zionistischen Bewegung. Er glaubte nicht, dass die Türken und Araber auf die Ziele der Zionisten eingehen würden. So befürwortete er ein kühneres Vorgehen.

Jabotinsky setzte darauf, einen separaten zionistischen Verband zu gründen, der die Beziehungen zwischen den Zionisten und Großbritannien verbessern sollte. Dieser Verband hatte zum Ziel, die britische Politik herauszufordern und hierbei die Selbstbestimmung der Juden und die Idee der jüdischen Eigenstaatlichkeit zu unterstreichen. Zu den Zielen der Revisionisten-Bewegung gehörte auch die Wiederherstellung einer jüdischen Brigade, um die jüdische Bevölkerung und Masseneinwanderung von ungefähr 40.000 Juden pro Jahr zu schützen.

1923 wurde die Jugendbewegung *Betar* (Brith Joseph Trumpeldor) gegründet. Sie sollte die Jugend in einem militärischen und nationalistischen Geist erziehen und wurde ebenfalls von Jabotinsky geleitet.

1925 kam es zur Gründung der *Hatzohar* (Weltunion der Zionistischen Revisionisten) mit Paris als Hauptsitz. 1931 forderte Jabotinsky, dass der siebte Zionistische Kongress seine Ziele klar bekannt geben sollte. Dies wurde jedoch verweigert.

Nachdem der Zionistische Kongress das politische Ziel, einen jüdischen Staat zu gründen, abgelehnt hatte, entschied sich Jabotinsky, aus der zionistischen Bewegung auszutreten. Er gründete die *Neue Zionistische Bewegung* (NZO), um politisch unabhängig handeln zu können. Hierbei standen die freie Einwanderung und die Gründung eines jüdischen Staates im Vordergrund.

1937 wurde die *Irgun Tzvai Leumi* (IZL) zum militärischen Arm der Jabotinsky Bewegung und er wurde deren Anführer. Die drei von Jabotinsky geleiteten Organisationen, die *Neue*

Zionistische Bewegung, die *Betar-Jugendbewegung* und die *Irgun Tzvai Leumi* (OZL) gehörten alle zu derselben Bewegung. Zu Beginn des Zweiten Weltkrieges erklärte *Irgun* einen Waffenstillstand, was zur zweiten Spaltung führte. Einige entschieden sich, mit den Briten gegen die Nazis zu kämpfen. Diese Gruppe erklärte den Waffenstillstand und schloss sich der britischen Armee und der jüdischen Brigade an. Die zweite Gruppe wurde von Avraham Stern geleitet und wurde als Lehi bekannt. Sie agierte als Untergrundorganisation von 1940-1948.

DIE GRÜNDUNG DER LEHI
Lehi war ein Kurzwort für *Lohamie Herut Yisrael* (Kämpfer für die Freiheit von Israel). Für die Trennung der *Irgun* gab es drei Gründe:
- Die Forderung, dass der militärische Kampf gegen die britische Regierung unabhängig vom Krieg gegen Nazi-Deutschland fortgesetzt wird.
- Der Widerstand gegen die Einberufung in die britische Armee, der von Jakobinsky unterstützt wurde.
- Der Wunsch zur Zusammenarbeit mit jedem, der in Palästina gegen die Briten kämpfen wollte.

Lehis Ziel war:
- Die Eroberung und Befreiung von *Eretz Israel;* Krieg gegen das britische Weltreich.
- Der komplette Rückzug der Briten aus Palästina.
- Die Einrichtung eines „hebräischen Königreiches vom Euphrat bis zum Nil."

BEGIN WIRD LEITER DER IRGUN
1913 wurde Menachem Begin in Brest-Litovsk geboren. Als Kind wurde er gezwungen, von seiner Familie zu fliehen, um den Kämpfen zwischen der deutschen und russischen Armee im Ersten Weltkrieg zu entkommen. Schon früh war er ein passionierter Zionist und trat als Teenager der Jugendbewegung

Betar bei, in der er schnell eine führende Rolle einnahm. Im Dezember 1943 wurde Begin der Leiter der *Irgun*, nachdem er als polnischer Jude aus einem sibirischen Konzentrationslager geflohen war, um in Palästina der *Irgun* beizutreten.

Im Februar 1944 erklärte die *Irgun* Krieg gegen die britische Regierung. Sie griffen Regierungsbüros, militärische Einrichtungen sowie Polizeistationen an und brannten diese ab. Die Jewish Agency und ihre *Haganah* reagierten mit einem Gegenschlag, der unter dem Spitznamen *Sezon* lief. Die *Haganah* nahm mehrere Mitglieder der *Irgun* gefangen und übergaben sie an die Briten.

Einheit in der jüdischen Widerstandsbewegung

Nach dem Zweiten Weltkrieg realisierte die *Haganah,* dass die Briten weder ihr Stopp in Bezug auf die Immigration aufhoben, noch den arabischen Terrorismus bekämpften. Gegen Ende des Jahres 1945 kamen die drei Gruppen, *Irgun*, *Haganah* und *Lehi* zu der Einsicht, gemeinsam gegen die Briten zu kämpfen.

Die Einheit der Gruppen war allerdings nur von kurzer Dauer. Bereits im Mai 1946 brannte die *Irgun* einen Teil des King David Hotels in Jerusalem ab, indem die britisch-palästinensische Führung ihr Quartier hatte. Danach brach die Zusammenarbeit zwischen den Organisationen ab, weil die *Haganah* behauptete, in den Angriff nicht eingeweiht gewesen zu sein.

Die Entstehung der IDF

Nach dem Ende des Zweiten Weltkrieges war die Haganah die größte und wichtigste jüdische Militärkraft, die gegen die Briten vorging. Am 26. Mai 1948 entschied die provisorische Regierung von Israel, die *Haganah* in eine reguläre Armee des Staates umzuwandeln. Sie sollte „*Zeva Haganah Le-Yisrael*" oder *The Israel Defense Forces* (IDF) genannt werden. Als die IDF am 31. Mai 1948 gegründet wurde, entschlossen auch *Irgun* und *Lehi*, sich der IDF anzuschließen.

Haganah und *Irgun* entwickelten sich im Laufe der Zeit zu der heutigen Labor- und Likud-Partei in Israel. So wie es zwischen *Haganah* und *Irgun* Differenzen gab, kommt es bis zum heutigen Tag immer noch zu unterschiedlichen Auffassungen dieser beiden Parteien.

Die *Irgun* besaß ein Boot, die *Altalena*, welches Güter nach Jaffa brachte. Das Boot hatte außerdem Munition geladen, die von den Juden zur Verteidigung benötigt wurde. Die *Haganah* wollte das Boot beschlagnahmen. Es folgten Verhandlungen zwischen den beiden Organisationen, aber ohne Übereinstimmung. Die *Haganah* eröffnete das Feuer auf die *Altalena*, beschlagnahmte die Munition und viele Juden kamen ums Leben. Der oberste Leiter der *Haganah* war zu jener Zeit Yitzhak Rabin. Als der Staat Israel dann gegründet wurde, übernahm die Jewish Agency die oberste Führung von Israel. Die daraus hervorgegangene Partei ist heute als Labor-Partei bekannt. Die gegnerische Partei wurde von den Soldaten der *Irgun* gegründet und wird heute Likud-Partei genannt.

Das britische Mandat ging an die UN

Als die *Irgun* das King David Hotel in Jerusalem in die Luft gesprengt hatte, starben 28 Briten. Zu Beginn des Jahres 1947 bemühten sich die Briten, ihre Hände bezüglich des britischen Mandats in Unschuld zu waschen.[44]

Somit wurde immer offensichtlicher, dass die britisch-antizionistische Politik am Ende war und dass neue Strategien entwickelt werden mussten. Bevins Kompromisslosigkeit hinsichtlich der Immigration war ausschlaggebend für die Forderung der Zionisten nach einer jüdischen Staatslösung. Dies trug zum Terrorismus bei, förderte den illegalen Flüchtlingsverkehr nach Palästina, verschlechterte den internationalen Ruf Palästinas sowie die Wirtschaft Großbritanniens und trug letztlich zum Untergang des britischen Mandats bei."[45] Die britische Atlee-Bevin Regierung musste sich eingestehen, dass es immer schwieriger wurde, das britische Mandat auszuführen, in welchem sich zwei politische Lager diametral gegenüber standen.[46]

Am 2. April 1947 verkündete die britische Regierung, dass es die Palästina-Frage an die UN-Generalversammlung übergeben würde. Der aus elf Nationen zusammengesetzte Untersuchungsausschuss sollte einen Aktionsplan entwickeln. Nach mehrmonatigen Beratungen sprach man sich dafür aus, dass die Juden und die Araber zu einem Status der Unabhängigkeit gelangen sollten. Die Mehrheit stimmte für einen Aufteilungsplan Palästinas, der einen arabischen und einen jüdischen Staat sowie eine internationale Zone in der Region von Jerusalem vorsah.[47]

Am 29. November 1947 stimmte die Mehrheit der UN-Generalversammlung dem Teilungsplan zu. Das Wahlergebnis belief sich auf 33 zu 13. Hierbei stand der westliche Block einem muslimisch-asiatischen Block gegenüber. Elf Nationen, darunter auch Großbritannien, enthielten sich. Am 14. Mai 1948 zogen sich die letzten britischen Streitkräfte aus Palästina zurück und damit war das britische Mandat beendet.[48]

Der Teilungsplan für Palästina wurde als UN-Resolution 181 deklariert. In Teil III, Sektion A, dieser Resolution wurde beschlossen, dass Jerusalem als ein „Corpus Separatum" unter UN-Verwaltung stehen sollte. Hierbei sollte Jerusalem als internationale Stadt anerkannt werden.

Die Araber lehnten den Plan jedoch entschieden ab, weil sie ihn als einen weiteren Schritt eines zionistischen Expansionismus betrachteten. Die Briten waren ebenfalls dagegen, weil sie weiterhin gute Beziehungen zu der arabischen Völkergemeinschaft pflegen wollten. Auch der amerikanische Außenminister George Marshall warnte vor dem Plan. Im Mai 1947 sprach sich die russische Delegation zur Überraschung vieler für den Plan aus. Im Oktober begannen die Araber, Truppen gegen Palästina aufzustellen.[49]

Präsident Truman war mit Marshalls Überzeugung nicht einverstanden. Truman kritisierte das Außenministerium, eine arabische Mentalität angenommen zu haben. Er stichelte: „Wie die meisten britischen Diplomaten dachten einige unserer Diplomaten ebenfalls, dass die Araber auf Grund ihrer zahlenmäßigen Überlegenheit und ihrer immensen Erdölvorkommnisse beschwichtigt werden sollten. Leider muss ich sagen, dass einige dieser Diplomaten antisemitisch eingestellt sind."[50] Er trug dem Außenministerium auf, den Plan der UN zu unterstützen, Palästina aufzuteilen. Dieser kühne Schritt Trumans hat ein Lächeln des Himmels hervorgebracht. Im darauf folgenden Herbst gewann Truman die Wahlen gegen den republikanischen Gouverneur Tom Dewey.

Israels Unabhängigkeits-Krieg 1948

Die Araber reagierten auf die UN-Resolution über die Aufteilung Palästinas mit wiederholten Drohungen. In größeren arabischen Städten wurden jüdische Häuser und Synagogen angezündet. Die arabischen Staaten forderten dazu auf, alle Kräfte für den Krieg zu mobilisieren. Die Araber sahen den britischen Rückzug als ihre Gelegenheit an, Juden aus Palästina wegzuschicken und die Immigrationsfrage für immer zu klären. Der Großmufti von Kairo zog nach Libanon und übernahm die Verantwortung für die palästinensische Operation.

Am 14. Mai 1948 zogen die Briten ihre Flagge ein. Noch am selben Tag hissten die Israelis ihre neue Flagge, auf der der Stern Davids abgebildet ist. David Ben Gurion wurde der erste Premierminister. Später wurde Chaim Weizmann der Präsident der neuen Republik. Innerhalb weniger Minuten gab Präsident Truman eine Erklärung heraus, die Israel als unabhängigen Staat anerkannte.[54]

Noch vor Tagesende fingen die Ägypter an, Tel Aviv zu bombardieren. Die meisten arabischen Länder schickten ihnen Soldaten und Kriegsmaterial zur Unterstützung, darunter auch Syrien, Transjordanien, Libanon, Ägypten, Jemen, Irak und Saudi Arabien. Auch nordafrikanische Staaten sandten ihre Unterstützung.[55]

Der arabische Angriff war zu Beginn sehr übermächtig. Sie wähnten sich so sehr in der Übermacht, dass sie von einem schnellen Sieg über die schlecht bewaffneten Israelis ausgingen.[56] Sie planten, die wichtigsten Städte Palästinas innerhalb weniger Wochen einzunehmen und die „Juden ins Meer zu stoßen."

Von den historischen Fakten her hätte es leicht zu einem Sieg der arabischen Seite kommen können. Die arabische Militärkraft setzte sich nämlich aus sieben Nationen zusammen, deren Bevölkerung sich auf 140 Millionen Menschen belief. Der Anteil der jüdischen Bevölkerung in Israel zählte indes nur 650 000 und keine Nation dieser Erde bot direkt Hilfe an. Die Arabische Liga von Transjordanien wurde „von den Briten finanziert und in Gang gesetzt."[57] Durch das Eingreifen von YHWH gewannen jedoch die Juden den Krieg und die Nation Israel war geboren.

Der UN-Plan hatte für das jüdische Volk 14 200 km² und für den neuen arabischen Staat 11 600 km² vorgesehen. Durch die kriegerischen Auseinandersetzungen kamen noch weitere Gebiete hinzu, sodass Israel auf 20 800 km² kam.[58] König Abdullah von Transjordanien erwarb 6000 km² im Westjordanland.[59]

Im Mai 1949 wurde Israel in die UN aufgenommen und als unabhängige Nation anerkannt.[60]

In den darauf folgenden 25 Jahren kam es zu verschiedenen Konfliktsituationen, in denen Israel sich gezwungen sah, seine Truppen zu mobilisieren, um die Grenzen zu verteidigen. Hierbei handelte es sich um äußerste Gefahrensituationen. Gleichzeitig konnte Israel aber auch seine Position im Nahen Osten festigen.[61]

Israels Krieg gegen Ägypten 1956

1956 wurde in Ägypten General Gamal Abdel Nasser zum Präsidenten gewählt. Bereits 1948 hatte Ägypten den Suezkanal für israelische Schiffe geschlossen. 1955 begann Ägypten, den Golf von Aqaba zu blockieren, sodass Israel keinen Zugang mehr zum Roten Meer und zum Indischen Ozean hatte. Als Reaktion darauf begann Israel im Oktober 1956, seine Truppen zu mobilisieren und Ägypten in der unwegbaren Wüste Sinais anzugreifen. Diese Wüstenkampagne ging als „Operation Kadesh" in die Geschichte ein.[62] Mit der Hilfe YHWHs besiegte die israelische Armee die Pläne Ägyptens und gewann den Krieg.

Israels Krieg mit den arabischen Nachbarn 1967

Nachdem Israel militärisch aufgerüstet hatte, schloss Nasser im Frühling 1967 erneut den Golf von Aqaba für die israelischen Schiffe und forderte von der UN, ihre militärischen Beobachter von der entmilitarisierten Zone zurückzuziehen. Bis zum 17. Mai hatten sich sieben arabische Staaten militärisch mobilisiert und verkündeten über die Medien, dass sie die „Kehle der Juden durchschneiden wollten." König Hussein schloss sich dem Gefecht an und arbeitete mit den irakischen Truppen zusammen. Er hatte die Hoffnung, islamische Heiligtümer von Jerusalem entfernen zu können und für sein hassemitisches Königreich zu verwenden.[63]

Als Nasser die Straße von Tiran blockierte und so den Hafen von Eilat vom Schiffverkehr abschnitt, verweigerte er den Israelis so auch jeden Seeweg zum Golf von Aqaba und zum Roten Meer. Damit hatte Israel auch keinen Zugang mehr zum Golf von Aden und zum Arabischen Meer, was die Öllieferungen vom Persischen Golf nach Israel unmöglich machte. Die Blockade wurde von Israel als Kriegshandlung und Provokation höchsten Ranges eingestuft. Israel teilte dem UN-Sicherheitsrat amtlich mit, dass dieser bald in seiner Selbstverteidigung agieren müsse. Die UN hatten es jedoch versäumt, die Bedingungen des Waffenstillstands einzuhalten, der seit 1956 existiert hatte.[64]

Die Araber hatten 547 000 Soldaten, 2504 Panzer und 957 Kampfflugzeuge zusammen gebracht. Israel verfügte nur über 264 000 Soldaten, 800 Panzer und 300 Kampfflugzeuge. Die beiden Generäle Israels, Yitzchak Rabin und Moshe Dayan sahen voraus, dass man in einer solchen Situation nur auf ein

Wunder hoffen konnte.[65] Hierbei spielte ein Präventivschlag eine entscheidende Rolle. „Innerhalb von 170 Minuten hatten die israelischen Piloten die besten Waffenstützpunkte der Araber zertrümmert und schossen 300 Kampfflugzeuge von Nasser ab. Die ägyptische Luftwaffe war somit dem Boden gleich gemacht."[66]

Dasselbe Szenario spielte sich dann in Syrien, Jordanien und Irak ab. „Am Abend des 6. Junis hatte Israel 416 Flugzeuge zerstört. Israel selbst hatte bis zu dem Zeitpunkt 26 Flugzeuge verloren, die alle für die Fliegerabwehr gearbeitet hatten."[67]

In zwei Tagen war die ägyptische Armee so gut wie ausgelöscht und Israel besetzte den Gazastreifen. Im Norden nahm Israel nach einer schweren Panzerschlacht die strategisch wichtigen Golanhöhen ein. Danach wurden die galiläischen Dörfer nicht länger angegriffen und Israel war nun an seinen Nordgrenzen sicher.[68]

Im Kampf gegen Jordanien gewann Israel die Kontrolle über das Westjordanland und die Altstadt Jerusalems. Auch die Städte Betlehem, Hebron, Jericho und Schechem kamen in israelische Hände. Somit hatte Israel zum ersten Mal nach 1900 Jahren Kontrolle über die Altstadt Jerusalems. In der Zeit nach dem Sechs-Tage-Krieg wurde das Lied „Jerusalem the Golden" zu einer populären Hymne.[69]

Im Krieg hatten „die Araber 15 000 Todesopfer zu verzeichnen. Zugleich wurden 777 Israelis getötet und 2186 verwundet."[70] Im Sechs-Tage-Krieg gewann Israel durch die Golanhöhen, den Sinai und die Westbank ca. 72 500 Quadratkilometer dazu.[71] Die besetzten Gebiete boten den Arabern einen neuen Boden für Streitigkeiten, so dass es zu weiteren Konflikten kam. Dies ließ die Kämpfe der ersten 20 Jahre nach der Staatsgründung fast klein erscheinen.[72]

Der Yom Kippur-Krieg 1973

Genau an Yom Kippur griffen die Araber am 6. Oktober 1973 Israel erneut an. Sie hatten nun 750 000 Soldaten, 3200 sowjetische Panzer und 860 Flugzeuge sowie die modernsten sowjetischen Missiles.[73] In den ersten Stunden unerbittlichen Kampfes wurden die israelischen Reservisten in der Kanalzone ausgelöscht. Ihre Verteidigung bestand aus exakt 436 israelischen Soldaten, die in einer Serie von Bunkern standen, zusammen mit drei Panzern und sieben Artilleriegeschützen."[74] Sie fanden fünf ägyptische Infanterie-Divisionen vor und 22 unabhängige Kommandobrigaden. Inklusive der Luftkraft verfügten die Araber nach ersten Rückschlägen nur noch über 600 000 Männer, 2000 Panzer, 2300 Artilleriewaffen und 550 Kampfflugzeuge.[75]

Am dritten und vierten Tag des Krieges veränderte sich die Situation zugunsten Israels, welches den Krieg zu gewinnen schien. Zunächst war Israel in der Lage, Syrien im Norden zu schlagen. Bis zum 18. Oktober stießen die israelischen Truppen sogar bis Damaskus vor. Im Kampf gegen Ägypten im Suez gewann Israel den nördlichsten Teil Ägyptens. Bis zum 23. Oktober war die israelische Armee bis zum Golf von Suez gekommen. Daraufhin beauftragten Ägypten und Russland den UN-Sicherheitsrat, dass er von Israel fordern solle, sich wieder auf die Grenzen von vor 1967 zurückzuziehen.

Als Resultat des nun von Israel gewonnenen Krieges forderte die UN von Israel, sich vom Westjordanland und dem Gazastreifen zurückzuziehen, was sie mit der UN Resolution 242 begründeten. Als Israel diesen Forderungen nicht nachkam, wurde es im Sommer 1975 fast von der UN abgewählt.[76]

Die Ölpolitik im Nahen Osten

Der Yom Kippur-Krieg brachte die Erkenntnis, welch hohen politischen und wirtschaftlichen Stellenwert das arabische Öl bekommen hatte und wie sehr dieses Thema den Nahostkonflikt bestimmen sollte. Die Weltwirtschaft hing fortan vom importierten Öl der Araber ab und die arabische Ölindustrie entschloss, die Nutzung des Öls als wirtschaftliche und politische Waffe weltweit gegen Israel einzusetzen. Am 17. Oktober

1973 trafen sich verschiedene arabische Wirtschaftsminister und entschlossen, sowohl die Ölproduktion als auch den Ölexport einzustellen. „Die Araber haben unter dem Vorwand des Krieges die Ölpreise drastisch in die Höhe geschraubt. Libyen machte am 18. Oktober bekannt, dass die Ölpreise um 28 Prozent steigen sollten. Daraufhin erklärte Irak eine 70-prozentige Preissteigerung, die von Kuwait sogar noch übertroffen wurde."[77]

In Europa wurden sofort Maßnahmen ergriffen, um die arabischen Ölbarone zu ersetzen. Hierbei wurde erneut Druck auf Israel ausgeübt, die besetzten Gebiete wieder freizulassen. Israel geriet dadurch immer mehr in eine diplomatische Isolation. Obwohl die Araber im Yom Kippur-Krieg enorme Verluste zu verzeichnen hatten, entdeckten sie in ihrem Öl eine neue mächtige Waffe und fanden sich so in einer führenden Rolle der Weltwirtschaft wieder.[78]

Palästina und die arabische Politik

Nachdem Israel den Unabhängigkeitskrieg und die folgenden Kriege gegen die Araber gewonnen hatte, besaßen die in Israel lebenden Araber kein eigenes Land, auf dem sie leben konnten. Sie nannten sich selbst Palästinenser. Die Palästinenser-Frage wurde immer mehr zum Kernthema im Nahostkonflikt. Seitdem neue arabische Länder gegründet worden waren, wurden die Palästinenser in Israel von den arabischen Staaten schlecht behandelt. Während dieser Zeit versuchten einzelne arabische Führungspersönlichkeiten, die Führung der arabischen Welt zu übernehmen. Da sie kein eigenes Land hatten, wurden die Palästinenser immer wieder von der arabischen Welt für eigene Zwecke benutzt und als Waffe gegen Israel eingesetzt. Obwohl die arabischen Staaten die Palästinenser immer als ihre Brüder anerkannten, willigte nur Jordanien ein, palästinensische Flüchtlinge aufzunehmen.

Die Ursprünge der arabischen Politik gegenüber den Palästinensern lassen sich in den frühen 20er Jahren des letzten

Jahrhunderts erkennen. Nachdem die Türken im Zweiten Weltkrieg eine Niederlage eingesteckt hatten, wurden viele arabische Länder gegründet. Die Briten und Franzosen stimmten nacheinander der Gründung von sieben Ländern zu (Ägypten, Syrien, Libanon, Transjordanien, Irak, Saudi Arabien und Jemen, später kamen noch zehn weitere Länder hinzu).[79]

Winston Churchill gab die Gegend Ostjordaniens (Transjordanien) an Abdullah und Arabien. Dieses Geschenk machte 75 Prozent der Gegend aus, die heute als Palästina bezeichnet wird.[80]

Der arabische Westen von Jordanien strebte einen unabhängigen Staat an. Viele Jahre lang versuchten zwei führende Familien, die al-Husseinis und die Nashashibis, die Position des Großmuftis in Jerusalem abwechselnd auszuüben.[81] Diese beiden Großfamilien übten einen starken Einfluss auf die politischen Ämter in der Region aus. König Abdullah stammte von den Nashashibis ab. Sein Bruder Feisal erhielt Syrien und wurde später der König von Irak. Bei der Hinrichtung Abdullahs 1951 wurde sein Enkel Hussein der König von Jordanien.[82]

Haj Amin al-Husseini repräsentierte die Familie al-Husseini in Jerusalem. Er wurde 1921 von den Briten im Alter von 21 Jahren zum Großmufti von Jerusalem gewählt. Amin al-Husseini war ein muslimischer Extremist und ging entschieden gegen den Zionismus vor. Er bestand darauf, dass Palästina ein eigener arabischer Staat werden sollte und tat alles, um die jüdische Immigration zu blockieren. Am 23. August 1929 initiierte er ein Massaker, indem Juden an der Klagemauer ermordet wurden. Zuvor hatte „Haj Amin geplant, die Moscheen wieder aufzurichten und damit gegen die Zionisten vorzugehen."[83]

Als der Zweite Weltkrieg ausbrach, musste Haj Amin zunächst nach Irak und dann nach Deutschland fliehen, wo er von Hitler und Himmler willkommen geheißen wurde.[84]

Diese genannten Familien repräsentierten die moderaten und extremen Fraktionen der palästinensischen Araber.[85] Die ausgeprägte Bitterkeit zwischen beiden Familien führte dazu, dass Amin und seine Anhänger die Juden und die jordanischen Haschemiter als bittere Feinde betrachteten.[86]

Die Gründung der PLO

Die Palästinensische Befreiungsorganisation basierte auf den Ideen von Gamal Addel Nasser von Ägypten. 1964 wurde die Organisation in Kairo ins Leben gerufen. Das Gründungsdokument ist das Palästinensische National-Bündnis. Dieses Papier lehnte die Balfour-Erklärung von 1917, den UN-Teilungsplan von 1948 sowie den biblischen Anspruch der Juden auf das Land ab. Das Papier wurde immer wieder verändert, ist aber immer antijüdisch geblieben. Es bestand darauf, dass das gesamte israelische Staatsgebiet den arabischen Palästinensern gehöre. Des Weiteren sollten nur die Juden, die schon *vor* der „Zionistischen Invasion" in Palästina gelebt hatten, weiterhin das Recht behalten, dort zu leben.[87]

Nasser versuchte, ein Untergrundforum für die Palästinenser zu errichten. Dieses Forum nannte sich zunächst Palästinensische Befreiungsarmee (später PLO). Ahmad Shuqairi wurde zur obersten Führungsperson gewählt und Kairo wurde zum Headquarter gemacht. Das Hauptziel der Organisation bestand darin, dem palästinensischen Volk zu ermöglichen, „eine Rolle in der Befreiung seines Landes und seiner Selbstbestimmung zu spielen."[88] Andere arabische Leiter, die die Bewegung mit in Gang brachten, hatten jedoch andere Ziele. Sie hatten die Absicht, die Bewegung zu einem Instrument des Guerillakrieges gegen Israel zu machen. Sie wollten auch nicht einen unabhängigen palästinensischen Staat schaffen.[89]

Yasser Arafat und die FATAH

Sechs Jahre vor der PLO-Gründung startete Yasser Arafat seine eigene Gruppe in Syrien, um „Palästina zu befreien." Dann zog er nach Kuwait, wo er mit einigen Leuten eine militärische Organisation gründete. Sie nannten diese neue Gruppe die Palästinensische Nationale Befreiungsbewegung, auf arabisch HATAF.[90]

Die Hauptfiguren der FATAH (die deutsche Bezeichnung) waren zwei Guerillakrieger, Yasser Arafat und Abu Jihad.[91]

Beide kamen aus militanten Kreisen im Gazastreifen. Arafat wurde 1929 in Kairo geboren und wuchs während der 30er und 40er Jahre im Gazastreifen auf. Sein späterer Spitzname „Yasser" erfand einer seiner Guerillaausbilder.[92] Über seine Mutter war Arafat mit dem Großmufti von Jerusalem, Haj Amin, verwandt und somit ein stolzes Mitglied der al-Husseini Familie. Diese Generationslinie ging wahrscheinlich auf Mohammed, den Begründer des Islams, zurück.[93]

Seit frühester Kindheit war Arafat entschlossen, terroristische Aktivitäten gegen Israel auszuführen. Er betrachtete die jüdischen Einwanderer als Invasion. Als er mit den Aktionen der FATAH anfing, sahen er und seine Mitstreiter sich als „Generation der Rache". Sie wollten sich an dem Verlust Palästinas rächen.[94]

1969 gewann Arafat die Kontrolle über die PLO.[95]

Arafat wird der Anführer der PLO

1969 wurde Arafat der Chef der PLO. Sie wurde in kleinen Zellen organisiert. Die Organisation arbeitete im Untergrund und war von nationalen Armeen unabhängig. Ihr Hauptziel war, die Israelis gewaltsam aus ihrem Land zu vertreiben und einen unabhängigen Staat auszurufen, der nicht in Abhängigkeit von einem anderen arabischen Staat, wie z. B. Jordanien stehen sollte. Des Weiteren hatte die PLO die Absicht, ihre Ziele mit Waffen durchzusetzen und dabei Unterwanderung und Terror anzuwenden. Sie wollten mit diesen Mitteln das Westjordanland und den Gazastreifen von den „Besetzern" befreien.[96]

PLO und Intifada

Im Dezember 1987 kamen die Palästinenser an das Ende ihrer Geduld und es kam zum Einsatz von Steinen und Handgranaten. Die so genannte *Intifada* brach aus. Sie breitete sich sehr schnell im Gazastreifen und im Westjordanland aus. Die Städte

Nablus, Hebron, Jerusalem und das Westjordanland wurden zum Zentrum des Geschehens.[97]

Am meisten waren die Palästinenser durch die jüdischen Siedlungen im Westjordanland irritiert. Seitdem Begin das Siedlungsprogramm der Israelis 1977 unterstützt hatte, wurde dieses Thema anhaltend in den Medien diskutiert.[98] Für die jüdische Siedlungspolitik gab es unterschiedliche Gründe. Einige Juden siedelten sich aus religiösen Gründen im Westjordanland an. Sie wollten dem biblischen Erbe treu sein. Andere suchten nur einen Ort zum Wohnen und wollten so den großen Städten Tel Aviv oder Jerusalem entkommen.[99]

Durch die *Intifada* haben die Palästinenser die Weltöffentlichkeit auf sich aufmerksam gemacht und den Kampf gegen Israel verschärft.[100] Dieses Verhalten hat Israel dazu veranlasst, die Politik in Bezug auf die Siedlungen im biblischen Judäa und Samaria zu überdenken (Westjordanland). Während es den Israelis bei den jüdischen Siedlungen immer um die Sicherheit ging, forderte die Weltöffentlichkeit einen Kompromiss und ermutigte Israel, „Land für Frieden" herzugeben.

Wird jedoch der Handel um Land Israel jemals Frieden geben? Dies ist sehr unwahrscheinlich, da PLO „Befreiung von Palästina" bedeutet. Mit den Anführern dieser Bewegung war bisher nie zu verhandeln gewesen.[101]

Die PLO will Israel zerstören

Im Anschluss an den Krieg von 1967 entwickelten die Araber zwei verschiedene Herangehensweisen, wie man mit Israel zu verfahren habe. Durch die territorialen Siege, die Israel im Krieg zu verzeichnen hatte, schien es den Arabern undenkbar, Israel mit konventionellen Mitteln zu besiegen.

Eine Herangehensweise bestand darin, mit Israel formal Frieden zu schließen. Diese Ansicht wurde von Anwar Sadat von Ägypten vertreten, der Begins Einladung annahm, mit Israel über eine Vereinbarung zu verhandeln. Ende 1978 wurde das so genannte Camp-David-Abkommen entworfen und 1979 unterzeichnet.

Die andere Herangehensweise bestand darin, dass man Israel auf die Grenzen von vor 1967 zurücksetzen wollte, um danach das Land ganz zu zerstören. Diese Denkweise schrieb sich die PLO auf ihrer Konferenz von 1974 in Kairo auf die Fahnen. Hier wurde der so genannte Stufenplan erstellt. Der Nahost-Analyst Dr. Aaron Lerner fasst die Ziele dieses PLO-Stufenplans folgendermaßen zusammen:

„Zu Beginn soll eine unabhängig kämpfende nationale Autorität über jeden Teil des palästinensischen Landes, das schon befreit worden ist, eingerichtet werden (Artikel 2); dieses Land soll dann genutzt werden, um weiter gegen Israel zu kämpfen (Artikel 4); des Weiteren soll ein gesamt-arabischer Krieg geführt werden, um die Befreiung des palästinensischen Territoriums zu bewirken (Artikel 8)."[102]

Die Oslo-Verträge

Nachdem sich die PLO darüber klar wurde, dass sie sich Israels durch einen einzigen Krieg nicht ganz entledigen konnte, entschied sie sich zu Verträgen, in denen „Land gegen Frieden" verhandelt werden sollte. Arafat erklärte mehrfach öffentlich, dass der Inhalt des Oslo-I-Abkommens Teil des PLO-Phasen-Planes ist.

Die PLO hat zum Ziel, Israel auszuschalten. So ist beispielsweise auf dem Briefkopf des PLO-Briefpapieres die Karte von Israel abgedruckt, trägt aber den Namen Palästina. In ägyptischen und jordanischen Schulbüchern erscheint Israel nicht auf der Landkarte.[103]

Während seiner Jugend hatte Arafats Familie immer eine Verbindung zu der Muslimbruderschaft, einer islamisch-fundamentalistischen Gruppe, die in Ägypten und im Nahen Osten aktiv war. 1948 kämpfte Arafat als Teenager gemeinsam mit den Muslimbrüdern in Jerusalem. Während seiner Studienzeit ging er oft zu Geheimtreffen der Bruderschaft und kämpfte gegen die Briten am Suezkanal. Viele der frühen FATAH-Mitglieder waren eng mit den Muslimbrüdern verbunden, die ihrerseits versucht hatten, den ägyptischen Präsidenten Gamal Addel Nasser zu ermorden.[104]

In der Charta der islamischen Widerstandsbewegung (Hamas), die 1988 der Öffentlichkeit zugänglich gemacht wurde, steht geschrieben: „Hamas ist ein Glied in der Kette des Jihads, das energisch gegen die Zionistische Invasion kämpft. Sie weiß sich verbunden mit der Muslimbruderschaft, die 1936 den Heiligen Krieg gekämpft hat."[105]

Israel wünscht Frieden mit den arabischen Ländern

Weil die Nationen der Welt eine Weltregierung ohne YHWH anstreben, haben sie den König des Universums und den Bund, den YHWH mit Abraham gemacht hat, abgelehnt. Aus diesem Grunde und wegen des Handels von „Land für Frieden" wird Gericht auf Israel und auf die Nationen kommen. Die Worte aus Jeremia 6,14 sprechen eine deutliche Sprache:

„Sie heilen den Schaden meines Volks nur obenhin, indem sie sagen: »Friede! Friede!«, und ist doch nicht Friede."

In 1. Thessalonicher 5,3 lesen wir:

„Wenn die Menschen sagen: »Alles ist so friedlich und sicher«, dann wird die Zerstörung plötzlich über sie kommen, so wie die Wehen über eine schwangere Frau kommen, und es gibt keinen Weg, auf dem sie entkommen können."

Nichtsdestotrotz erklärt der Prophet Jeremia, dass die beiden Häuser Israels wieder im Land Israel vereinigt werden (Jeremia 30,1-7), wenn sie zu den Bergen Israels zurückkehren (Hesekiel 37,15-22).

Möge YHWH seinen Heiligen Geist ausgießen, Erlösung, Wiederherstellung und Versöhnung bringen und die beiden Häuser Israels bald miteinander vereinen. Amen!

Kapitel 9

DER UN-FRIEDENSPROZESS ZWISCHEN ISRAEL UND DEN ARABERN

Nachdem Israel im Jahre 1948 eine Nation geworden war, musste das Land viele Kämpfe mit den Arabern ausfechten. Wenngleich Israel all diese Kämpfe gewonnen hatte, so hat es dabei möglicherweise den „Frieden" verloren. Im Sechs-Tage-Krieg von 1967 besiegte Israel seine arabischen Nachbarn und eroberte das biblische Kernland Judäa und Samaria (Westjordanland). Jerusalem wurde zur vereinten Stadt unter israelischer Kontrolle. 1973 gewann Israel dann die Golanhöhen. Nun wurde es immer wichtiger, dass Israel mit seinen arabischen Nachbarn in Friedensverhandlungen treten konnte. Deshalb kam es Jahre später zu diversen Friedensabkommen mit Ägypten (1979) und Jordanien (1994). Die USA fungierte in diesen Friedensverhandlungen als Vermittler.

In den frühen 90er Jahren trat Israel in Friedensverhandlungen mit der PLO ein. Mit Hilfe der USA kam es am 13. September 1993 im Weißen Haus zum so genannten Oslo-I-Abkommen. Unter weiterer Mitwirkung der USA unterzeichneten Israel und die PLO dann im Jahre 1995 das Oslo-II-Abkommen. Das eigentliche Anliegen der Osloer Verträge bestand darin, einen Rahmen für dauerhaften Frieden zwischen Israel und der PLO festzulegen. Desweiteren sollten die Verträge die Grundlage für den Frieden mit allen anderen arabischen Staaten gewährleisten.

In diesem Kapitel des Buches soll veranschaulicht werden, dass die USA immer aktiv daran beteiligt war, den Friedensprozess zu unterstützen. Hierbei war es den Vereinigten Staaten immer wichtig, dass den Abkommen entsprechende UN-Resolutionen zugrunde lagen. Seit der Gründung der UN bestand nämlich die Absicht, eine Weltregierung zu etablieren.

Die Bibel lehrt, dass es zu einem bestimmten Zeitpunkt in der Geschichte eine Weltregierung geben wird, die von einem falschen Messias geführt wird. Die Christen bezeichnen diesen als Antichristen (vgl. Daniel 7 und Offenbarung 13). Durch diese Weltregierung wird der falsche Messias ein Friedensabkommen mit Israel unterzeichnen, das Frieden und Sicherheit garantieren wird. Dazu lesen wir 1. Thessalonicher 5,1-3:

„Ihr habt es aber nicht nötig, Brüder, dass euch irgendetwas geschrieben wird über die Zeiten und Daten, zu denen das geschehen wird; denn ihr selbst wisst, dass der Tag des Herrn kommen wird wie ein Dieb in der Nacht. Wenn die Menschen sagen: »Alles ist so friedlich und sicher«, dann wird die Zerstörung plötzlich über sie kommen, so wie die Wehen über eine schwangere Frau kommen (Chevlai shel Mashiach/Geburtswehen des Messias), und es gibt keinen Weg, auf dem sie entkommen können." "

Die Texte der Friedensverhandlungen und -abkommen zwischen Israel und den arabischen Nachbarn können übrigens auf der Webseite des israelischen Außenministeriums nachgelesen werden: http://www.mfa.gov.il.

Die UN-Resolution 242
(vom 22. November 1967)

Der Sicherheitsrat einigte sich damals auf vier verschiedene Punkte. Hierbei brachte er seine Besorgnis über die ernste Lage im Nahen Osten zum Ausdruck. Betont wurde die Unzulässigkeit des Erwerbs von Territorium durch Krieg sowie die Notwendigkeit, einen gerechten und dauerhaften Frieden zu verhandeln, sodass jeder Staat im Nahen Osten in Sicherheit leben kann. Ferner wurde festgelegt, dass alle Mitgliedsstaaten durch die Bestätigung der „Charta der Vereinten Nationen" die Verpflichtung eingegangen seien, in Übereinstimmung mit Artikel 2 jener Charta zu handeln. Folgende Punkte wurden vereinbart:

Der UN-Sicherheitsrat...

1. ...bekräftigt, dass die Erfüllung der Grundsätze der Charta die Herstellung eines gerechten und dauerhaften Friedens im Nahen Osten verlangt. Dies bedeutete die Anwendung der beiden folgenden Grundsätze:

   a. Der Rückzug israelischer Streitkräfte aus den Gebieten, die während des Konflikts besetzt wurden.

   b. Die Beendigung aller Behauptungen oder Formen eines Kriegszustandes

   c. Die Anerkennung der Souveränität, der territorialen Unversehrtheit, der politischen Unabhängigkeit aller Staaten im Nahen Osten und des Rechts, innerhalb anerkannter Grenzen in Frieden zu leben.

2. ...bekräftigt die Notwendigkeit,

   a. die Freiheit der Schifffahrt auf den internationalen Wasserstraßen der Region zu garantieren.

   b. eine gerechte Regelung des Flüchtlingsproblems zu erreichen.

   c. die politische Unabhängigkeit aller Nahost-Staaten durch die Schaffung entmilitarisierter Zonen sicherzustellen.

3. ...ersucht den Generalsekretär, einen Sonderbeauftragten zu ernennen, der sich in den Nahen Osten begeben soll, um dort mit den betreffenden Staaten Verbindung aufzunehmen. Er soll alle Bemühungen unterstützen, die zu einer friedlichen Lösung beitragen.

4. ...ersucht den Generalsekretär, dem Sicherheitsrat über den Fortschritt der Bemühungen des Sonderbeauftragten Bericht zu erstatten.

Die UN-Resolution 338
(vom 22. Oktober 1973)

Der Sicherheitsrat...

1. ...fordert alle an Kampfhandlungen Beteiligten auf, spätestens zwölf Stunden nach der Verabschiedung dieses Beschlusses, jegliches Feuer und jegliche militärische Aktivitäten in den besetzten Stellungen zu beenden.
2. ...fordert die beteiligten Parteien auf, nach Einstellung des Feuers damit zu beginnen, die Resolution 242 des Sicherheitsrates durchzuführen.
3. ...beschließt, dass nach der Einstellung der militärischen Aktivitäten Verhandlungen mit dem Ziel aufgenommen werden, einen gerechten und dauerhaften Frieden im Nahen Osten zu gewährleisten.

Das Camp-David-Abkommen
(vom 17. September 1978)

In den späten 70er Jahren trat Israel in Verhandlungen mit Ägypten ein. Nach 12 Tagen geheimer Verhandlungen in Camp David wurden am 17. September 1978 im Weißen Haus zwei Verträge unterzeichnet. Vermittler war der damalige amerikanische Präsident Carter. Muhammad Anwar al-Sadat, der Präsident Ägyptens, und Menachem Begin, der israelische Premierminister, stellten mit Carter in diesem Abkommen folgende Richtlinien zusammen:

Die Basis für eine friedliche Regelung des Konfliktes zwischen Israel und seinen Nachbarn war die UN-Resolution 242. Diese enthielt Richtlinien für die internationalen Normen und Standards für diplomatische Beziehungen aller Staaten.

Ägypten, Israel und Jordanien sowie Repräsentanten des palästinensischen Volkes sollten alle Verhandlungen bezüglich des Palästinenserproblems vorantreiben. Hierzu gehörten auch Verhandlungen mit dem Westjordanland und dem Gazastreifen.

Die Vereinigten Staaten sollten in diese Verhandlungen einbezogen werden und die Verpflichtungen aller Beteiligten überprüfen.

Israels Friedensabkommen mit Ägypten

16 Monate nach Sadats Besuch in Israel wurde in Washington ein weiteres Friedensabkommen zwischen Israel und Ägypten unterzeichnet. Dieser Vertrag bekräftigte die Einhaltung des Camp-David-Abkommens von 1978.

Israels Friedensinitiative vom Mai 1989

Im Mai 1989 einigten sich Premierminister Shamir (Likud) und Verteidigungsminister Rabin (Labour) auf einen politischen Konsens in Bezug auf die nationale Einheitsregierung. Ein unterzeichnetes Dokument vereinbarte mehrere Prinzipien für politische Initiativen im Hinblick auf den Nahost-Friedensprozess.

Die Einladung zur Friedenskonferenz in Madrid

„Nach ausführlichen Beratungen zwischen den arabischen Staaten, Israel und den Palästinensern sehen sich die Vereinigten Staaten und die Sowjetunion an einem historischen Wendepunkt angekommen und wollen alles tun, um den Friedensprozess im Nahen Osten voranzutreiben. Die Vereinigten Staaten und die Sowjetunion sind bereit, alle Parteien dabei zu unterstützen, eine gerechte Lösung für den Frieden in Nahost zu erwirken. Grundlage hierfür sind die UN-Resolutionen 242 und 338. Der Friedensprozess hat realen Frieden zum Ziel. Um dieses Ziel zu erreichen, laden der Präsident der USA und der Präsident der UdSSR zu einer Friedenskonferenz ein, die am 30. Oktober 1991 in Madrid stattfinden wird. Präsident Bush und Präsident Gorbatschow bitten darum, diese Einladung bis zum 23. Oktober anzunehmen. Die Europäische Gemeinschaft wird an der Konferenz teilnehmen. Die Sowjetunion sowie die Vereinigten Staaten werden durch ihre Präsidenten vertreten sein."

Arafat akzeptiert die UN-Resolutionen 242 und 338

Die Friedenskonferenz von Madrid bildete den Auftakt zu weiteren Gesprächen zwischen Israel und der PLO. Am 13. September 1993 wurde im Weißen Haus eine Vereinbarung zwischen Israel und der PLO unterschrieben, die so genannte „Prinzipienerklärung". Im Vorfeld hatte Yasser Arafat einen Brief an Premierminister Yitzchak Rabin geschrieben, indem er Israel das offizielle Existenzrecht einräumte. Außerdem stimmte er zu, dass alle Verhandlungen auf jenen beiden Resolutionen basieren sollten. In einem Brief an Arafat antwortete Rabin positiv auf dessen Äußerungen.

Die „Prinzipienerklärung" für die Selbstverwaltung
(vom 13. September 1993)

Die Regierung des Staates Israel und die PLO (die „Palästinensische Delegation") stimmten darin überein, dass es an der Zeit sei, Jahrzehnte der Konfrontation und des Konfliktes zu beenden. Sie gewährten einander alle politischen Rechte und eine friedliche Koexistenz in Würde und Sicherheit. Sie erklärten, eine gerechte, dauerhafte und umfassende Friedensregelung sowie eine historische Aussöhnung auf den Weg zu bringen. Beide Seiten stimmten der Erklärung einmütig zu.

„Das erste Ziel der israelisch-palästinensischen Verhandlungen des Nahost-Friedensprozesses ist, eine palästinensische Interimsbehörde (als gewählter Rat) für einen Zeitraum von maximal fünf Jahren einzurichten. Es besteht außerdem Einigkeit darüber, dass die Übergangsregelungen ein integraler Bestandteil des Friedensprozesses sind und zur Inkraftsetzung der Resolutionen 242 und 338 des UN-Sicherheitsrates führen."

Der Friedensvertrag zwischen Israel und Jordanien
(vom 26. Oktober 1994)

Im Oktober 1994 unterzeichneten der jordanische Premierminister Majali, Premierminister Rabin und US-Präsident Clinton einen weiteren Vertrag, der zum Ausdruck brachte, dass die beteiligten Länder alle Rechte und Pflichten der „UN-Charta" einhalten sollten.

Das Interimsabkommen über das Westjordanland und den Gazastreifen
(vom 28. September 1995)

Die Regierung Israels und die Palästinensische Befreiungsorganisation (PLO) postulierten in der Präambel eines weiteren Abkommens von 1995 folgende Eckpunkte:

Das Abkommen bewegt sich in dem Rahmen des Nahost-Friedensprozesses, der im Oktober 1991 in Madrid initiiert wurde. Es soll erneut zum Ausdruck bringen, dass beide Seiten entschlossen daran arbeiten, dass sie in Frieden und Sicherheit leben können, während weiterhin über politische Rechte verhandelt wird. Desweiteren wird das Ziel verfolgt, eine palästinensische Übergangs-Autonomie-Regierung einzurichten und anzuerkennen.

Albright und Clinton bestätigen die Resolutionen 242 und 338

Der folgende Artikel erschien am 17. November 1997 in der Internet-Ausgabe der Jerusalem Post. Er kann auf dieser

Website nachgelesen werden: http://www.jpost.com/com/
Archive/17.Nov.1997/News/Article-o.html

„Die Außenministerin der USA, Madeleine Albright, forderte gestern Israel dazu auf, die Vereinbarungen mit den Palästinensern einzuhalten und betonte, dass die Zeit ablaufe. Albright verkündete bei der Eröffnung der Wirtschaftskonferenz von Nahost und Nordafrika in Katar: ‚Die palästinensische Führer müssen jetzt ihre Kooperation im Friedensprozess intensivieren und eine klarere Sprache des Friedens sprechen. Die Israelis sollten allerdings auch ihrer Verantwortung nachkommen und die in den Oslo-Abkommen vereinbarten Schritte einhalten, sodass Palästinenser und Araber wieder Vertrauen fassen können.' Sie bekräftigte die Unterstützung der USA bezüglich der Resolutionen 242 und 338 und unterstrich das Prinzip ‚Land für Frieden'."

Im Mai 1999 wurde in der Jewish Press (New York) ein Brief von Präsident Clinton vom 26. April 1999 an Yasser Arafat veröffentlicht. Darin heißt es:

„Sehr geehrter Herr Präsident, ich schätze es sehr, dass wir uns im vergangenen Monat im Weißen Haus treffen und Gedanken über die Situation im Nahen Osten austauschen konnten. Ich bitte Sie heute darum, den Friedensprozess unter Anerkennung der UN-Resolutionen 242 und 338 fortzusetzen und an dem Prinzip ‚Land für Frieden' festzuhalten."

Der israelisch-arabische Friedensprozess

In den vorangegangen Ausführungen wurde immer wieder erwähnt, dass der Nahost-Friedensprozess zwischen Israel und seinen arabischen Nachbarn die UN-Resolutionen 242 und 338 zur Grundlage hat. Diese Resolutionen haben vor allem zum Inhalt, dass Israel „Land für Frieden" hergibt, damit es in Frieden und Sicherheit leben kann.

Die USA haben immer eine wichtige Rolle in allen Verhandlungen des Friedensprozesses gespielt. Sie wollten sicherstellen, dass alle Vereinbarungen und Verträge Resolutionen zur Grundlage haben. Mit dieser Haltung unterstützen die USA das langfristige Ziel der UN, eine Weltregierung zu etablieren.

Die Kenner der biblischen Prophetie wissen, dass der *Falsche Messias* der Chef einer neuen Weltregierung sein wird. YHWH erklärt in seinem Wort, dass das zweite Kommen des Messias die Weltherrschaft des *Falschen Messias* zu Ende bringen und das Messianische Zeitalter einleiten wird (vgl. Daniel 7 und Offenbarung 13).

Da die USA durch die Einhaltung dieser Resolutionen einen weltweiten Aufstand gegen Israel provozieren und zugleich die Errichtung einer Weltregierung vorantreiben will, wird der Zorn und Fluch YHWHs unweigerlich auf die USA kommen. Sie kehren auf diese Weise Israel den Rücken zu und stellen sich in diesem Konflikt auf die Seite Ismaels, und nicht auf die Seite Isaaks. YHWH gab Abraham in 1. Mose 12,3 eine Verheißung mit auf den Weg:

„Ich will segnen, die dich segnen, und verfluchen, die dich verfluchen; und in dir sollen gesegnet werden alle Geschlechter auf Erden."

In Sacharja 2,12 lesen wir:

„Denn so spricht der YHWH Zebaoth, der mich gesandt hat, über die Völker, die euch beraubt haben: Wer euch antastet, der tastet meinen Augapfel an."

YHWH schreibt in Psalm 121,4:

„Siehe, der Hüter Israels schläft und schlummert nicht."

Auch in Psalm 122,6 betont er:

„Wünschet Jerusalem Glück! Es möge wohlgehen denen, die dich lieben!"

Möge YHWH seinen Heiligen Geist auf Juden und Christen ausgießen und so die Wiederherstellung und Versöhnung der beiden Häuser Israels hervorbringen. Amen!

Kapitel 10

JERUSALEM, DIE STADT DES GROSSEN KÖNIGS

Es gibt keine andere Stadt auf der Erde, die näher an YHWHs Herz ist, als Jerusalem. In der Bibel wird Jerusalem mehr als 800 Mal erwähnt. Das himmlische Jerusalem ist die Stadt YHWHs (Hebräer 12,22) und die Stadt des großen Königs (Psalm 48,2; Matthäus 5,35). Der Thron YHWHs befindet sich gemäß Hesekiel 43,7 in Jerusalem. Jerusalem ist auch der Ort, wo er als König des Universums auf dem Thron sitzt (Psalm 47,2). Außerdem ist das himmlische Jerusalem auch die Stadt der Braut (Offenbarung 21,2+9-10).

Schon immer stellte Jerusalem den Herzschlag des geistlichen Lebens der Juden dar. Die besondere Bedeutung von Jerusalem wird durch die ganze Bibel hindurch betont.

- YHWH machte seinen Namen schon immer in Jerusalem groß (2. Könige 21,4) und für immer wird sein Name dort erhoben sein (2. Chronik 6,6; 7,16 und 33,4).
- Abraham opferte seinen Sohn Isaak auf dem Berg Moriah in Jerusalem. Dieses Ereignis ist den Juden als *Akeida* bekannt (1. Mose 22).
- Dreimal im Jahr feierten die Juden in Jerusalem die biblischen Feste (5. Mose 16,16).
- Der Tempel wurde in Jerusalem gebaut (Psalm 68,29).
- Die Priester und die Leviten lehrten die Torah in Jerusalem und dort diente auch der Sanhedrin am Gerichtshof (5. Mose 16,18 und 17,8-11).

- Der Thron Davids war in Jerusalem (1. Chronik 11,3-7).
- Der Messias *Jeschua* starb in Jerusalem am Kreuz (Matthäus 16,21 u. 20,17-19).
- Der Heilige Geist wurde in Jerusalem auf die jüdischen Gläubigen ausgegossen (Apostelgeschichte 2).
- Jerusalem wird zum Zentrum des Religionsstreits und zum Taumelbecher der Nationen werden. Alle Nationen werden sich am Ende der Zeiten gegen Jerusalem versammeln (Jesaja 34,8; Sacharja 12,2 und 14,2).
- Jerusalem ist der Augapfel YHWHs und er wird (möglicherweise) mit der Plage des Atomkriegs gegen die Nationen vorgehen, die gegen Jerusalem kämpfen (Sacharja 2,1-2+8; 14,3+12).
- *Jeschua* wird bei seinem zweiten Kommen seinen Fuß auf den Ölberg in Jerusalem setzen (Sacharja 14,4).
- Während des messianischen Zeitalters wird *Jeschua* die Torah von Jerusalem aus lehren und alle Nationen werden das Laubhüttenfest feiern (Sacharja 14,16).

Jerusalem und die Juden

Die Stadt Jerusalem steht dem jüdischen Volk ständig vor Augen und wird als die „Mutter Israels" betrachtet. Jeden Tag wird in aller Welt für Jerusalem gebetet. In den Gebeten der Juden wird ihrer gedacht, wenn sie YHWH für ihr Essen danken und ihren Sabbat feiern. Sowohl am Sederabend des Pessachfests als auch am Ende von Yom Kippur spricht man sich „Nächstes Jahr in Jerusalem" zu. Wenn ein Jude diesen Ausspruch tut, ist dies eigentlich ein Gebet für das Kommen des messianischen Zeitalters.

Am Ende jeder jüdischen Hochzeit gibt es die Tradition, dass der Bräutigam ein Glas zerbricht. Bei den askenasischen Juden ruft man sich in diesem Moment der Zeremonie *Mazel tov* zu. Die sephardischen Juden zitieren Psalm 137,5:

„Vergäße ich dich, Jerusalem, so verdorre meine rechte Hand."

Wenn bei der Hochzeitszeremonie das Glas zerbrochen wird, denken Braut und Bräutigam selbst im glücklichsten Moment ihres Lebens an die Zerstörung Jerusalems. Sie tun dies im Hinblick auf Psalm 137,6:

„Meine Zunge soll an meinem Gaumen kleben, wenn ich deiner nicht gedenke, wenn ich nicht lasse Jerusalem meine höchste Freude sein."

Die Hochzeitsfreude ist mit Jerusalem eng verbunden. In Jeremia 33,10-11 lesen wir:

„So spricht YHWH: An diesem Ort, von dem ihr sagt: »Er ist wüst, ohne Menschen und Vieh«, in den Städten Judas und auf den Gassen *Jerusalems,* die so verwüstet sind, dass niemand mehr darin ist, weder Menschen noch Vieh, wird man dennoch wieder hören den *Jubel der Freude* und Wonne, *die Stimme des Bräutigams und der Braut* und die Stimme derer, die da sagen: »Danket dem YHWH Zebaoth; denn er ist freundlich, und seine Güte währet ewiglich«, wenn sie Dankopfer bringen zum Hause YHWHs. Denn ich will das Geschick des Landes wenden, dass es werde, wie es im Anfang war, spricht YHWH."

Das himmlische Jerusalem ist die Stadt der Braut YHWHs. In Offenbarung 21,2+9-10 heißt es:

„Und ich sah die heilige Stadt, das Neue Jeruschalajim, herabkommen aus dem Himmel von Gott, bereitet wie eine Braut, schön gekleidet für ihren Ehemann. ... Einer der sieben Engel, die die sieben Schalen mit den sieben letzten Plagen trugen, näherte sich mir und sagte: »Komm! Ich will dir die Braut zeigen, die Frau des Lammes.« Er trug mich fort im Geist auf die Spitze eines großen, hohen Berges und zeigte mir die heilige Stadt, Jeruschalajim, die herbkam aus dem Himmel von Gott. Sie hatte die Schechinah Gottes, so dass ihr Strahlen war wie das eines kostbaren Juwels, eines kristallklaren Diamanten."

Jede Synagoge auf der Erde wird mit einem Torahschrein gebaut. Deswegen richtet sich jeder Jude beim Gebet in Richtung der heiligen Stadt. Als König Salomo den Tempel YHWH weihte, wurde angeordnet, dass alle Gebete zu YHWH in Richtung Jerusalem gebetet werden sollten. In 1. Könige 8, Verse 1-3, 22-23 und 28-30 lesen wir:

„Da versammelte der König Salomo zu sich die Ältesten in Israel, alle Häupter der Stämme und Obersten der Sippen in Israel nach *Jerusalem*, um die Lade des Bundes von YHWH heraufzubringen aus der Stadt Davids, das ist Zion. Und es versammelten sich beim König Salomo alle Männer in Israel am Fest im Monat Etanim, das ist der siebente Monat. Und als alle Ältesten Israels kamen, hoben die Priester die Lade YHWHs auf ... Und Salomo trat vor den Altar YHWHs angesichts der ganzen Gemeinde Israel und breitete seine Hände aus gen Himmel und sprach: YHWH, Elohim Israels, es ist kein Elohim weder droben im Himmel noch unten auf Erden dir gleich, der du hältst den Bund und die Barmherzigkeit deinen Knechten, die vor dir wandeln von ganzem Herzen; ... Wende dich aber zum *Gebet* deines Knechts und zu seinem Flehen, YHWH, mein Elohim, damit du hörst das Flehen und Gebet deines Knechts heute vor dir: Lass deine Augen offen stehen über diesem Hause Nacht und Tag, über der Stätte, von der du gesagt hast: *Da soll mein Name sein.* Du wollest hören das Gebet, das dein Knecht an dieser Stätte betet, und wollest erhören das Flehen deines Knechts und deines Volkes Israel, wenn sie hier bitten werden an dieser Stätte; und wenn du es hörst in deiner Wohnung, im Himmel, wollest du gnädig sein."

Bei den Juden ist Jerusalem als „Tor zum Himmel" bekannt. Jerusalem ist der Fokus im Herzen des jüdischen Volks. Außerdem ist die Stadt die Freude der ganzen Erde, wie man im Talmud nachlesen kann.

„Zehn Maß Schönheit wurden auf die Erde herabgelassen. Neun davon wurden Jerusalem gegeben und eines an den Rest der Welt."

Für die Juden stellt das Gedenken an Jerusalem einen äußerst wichtigen Aspekt des Lebens dar. Somit ist Jerusalem mehr als nur eine Stadt. Es bewegt Herz und Seele des jüdischen Volks.

Jerusalem, die Stadt des Friedens

Jerusalem wird in der Bibel zum ersten Mal in 1. Mose 14,18 mit dem Namen Salem erwähnt:

„Aber Melchisedek, der König von *Salem*, trug Brot und Wein heraus. Und er war ein Priester Els des Höchsten und segnete ihn und sprach: Gesegnet seist du, Abram, von El, der Himmel und Erde geschaffen hat; und gelobt sei der Höchste, der deine Feinde in deine Hand gegeben hat. Und Abram gab ihm den Zehnten von allem."

Das Wort *Salem* entspricht der Nr. 8004 in der *Strong's Hebräisch Konkordanz*. Das Wort *Shalom* ist bei *Strong's* die Nr. 7965. *Shalom* bedeutet „Frieden, Ganzsein oder vollständig sein". Die beiden Begriffe *Salem* und *Shalom* stammen von *Shalam* (Nr. 7999). Jerusalem ist bei *Strong's* die Nr. 3389. Es hängt mit den beiden hebräischen Wörtern *Shalom* und *Shalam* zusammen. Hieraus erkennen wir, dass der hebräische Name von Jerusalem mit Frieden in Verbindung gebracht werden kann.

In 1. Mose 14,18 wird *Melchisedek* als König von Salem erwähnt. *Melchisedek* ist Nr. 4442 in der *Strong's Hebräisch Konkordanz*. Melchisedek stammt von den hebräischen Wörtern *Melech* und *tzedek* ab. *Melech* bedeutet „König" (Nr. 4428) und *Tzedek* bedeutet „Gerechtigkeit" (Nr. 6664). Daraus ergibt sich, dass der König von Salem (Friede) Melchisedek (König der Gerechtigkeit) war.

Der Messias als König des Friedens und der Gerechtigkeit

Der Messias ist der König des Friedens und der Gerechtigkeit. Er ist der Hohepriester YHWHs nach der Ordnung Melchisedeks. In Hebräer 3,1 und 7,1-2 lesen wir:

„Deshalb, Brüder, die Gott ausgesondert hat, die teilhaben an der Berufung vom Himmel, denkt sorgfältig nach über Jeschua, den wir öffentlich als Gesandten Gottes und als Kohen Gadol bekennen... Dieser Malki-Zedek, König von

Schalem, ein Kohen Gottes Ha Eljon, begegnete Avraham auf seinem Weg zurück aus der Schlacht der Könige und segnete ihn; und Avraham gab ihm den Zehnten von allem."

Der Messias ist nicht nur ein Hohepriester nach der Ordnung Melchisedeks (Psalm 110,4) und der König der Gerechtigkeit, sondern er ist auch der Gott des Friedens. In Jesaja 9,5 wird über den Messias geschrieben:

„Denn uns ist ein Kind geboren, ein Sohn ist uns gegeben, und die Herrschaft ruht auf seiner Schulter; und er heißt Wunder-Rat, Gott-Held, Ewig-Vater, *Friede-Fürst* (Sar Shalom)."

Abraham opfert Isaak auf dem Berg Moriah

Das Kapitel 1. Mose 22 ist eine der bedeutendsten Passagen in der Torah. In manchen jüdischen Gemeinden wird dieses Kapitel täglich außer am Sabbat gelesen. An Rosch HaSchana stellt dieses Kapitel die Hauptlesung dar. Im Wesentlichen geht es um den Gehorsam, den Abraham YHWH gegenüber zum Ausdruck gebracht hat, indem er seinen Sohn Isaak als ein Brandopfer dargebracht und auf den Altar gebunden hat. Dieses Ereignis ist bei den Juden als *Akeidah* bekannt.

Ebenfalls sehr wichtig ist in diesem Kapitel die Tatsache, dass Abraham für YHWH ein Lamm als Brandopfer vorgesehen hatte, das dann anstelle von Isaak geopfert wurde. Als YHWH dies tat, nannte Abraham den Ort „Jehovah Jireh", was soviel heißt wie „Der Herr wird vorsehen." In 1. Mose 22, Verse 1-2, 4, 6-8 und 13-14 heißt es:

„Nach diesen Geschichten versuchte YHWH Abraham und sprach zu ihm: Abraham! Und er antwortete: Hier bin ich. Und er sprach: Nimm Isaak, deinen einzigen Sohn, den du lieb hast, und geh hin in das Land Morija und opfere ihn dort zum *Brandopfer* auf einem Berge, den ich dir sagen werde. ... Am dritten Tage hob Abraham seine Augen auf und sah die Stätte von ferne. ... Und Abraham nahm das Holz zum Brandopfer und legte es auf seinen Sohn Isaak. Er aber nahm das Feuer und das Messer in seine Hand. Und so gingen die beiden miteinander. Da sprach Isaak zu seinem Vater Abraham: Mein Vater! Abraham antwortete: Hier bin ich, mein Sohn. Und er sprach: Siehe, hier ist Feuer und Holz. *Wo ist aber das Schaf* zum Brandopfer? Abraham antwortete: Mein Sohn, YHWH wird sich ersehen ein Schaf zum Brandopfer. ... Da hob Abraham seine Augen auf und sah einen *Widder hinter sich im Gestrüpp* mit seinen Hörnern hängen und ging hin und nahm den Widder und opferte ihn zum Brandopfer an seines Sohnes statt. Und Abraham nannte die Stätte »YHWH sieht«. Daher sagt man noch heute: *Auf dem Berge, da YHWH sieht.*"

Der Berg Moriah befindet sich in Jerusalem. In 2. Chronik 3,1 hießt es:

„Und Salomo fing an, das Haus YHWHs zu bauen in Jerusalem auf dem Berge Morija."

Das Lamm Gottes als Messias

Das Festbinden von Isaak auf den Altar kann als prophetisches Vorzeichen auf *Jeschua* gesehen werden. Dazu lesen wir in Johannes 8,56-58:

„Avraham, euer Vater, frohlockte, dass er meinen Tag sehen sollte; dann sah er ihn und freute sich sehr. »Aber du bist noch nicht fünfzig Jahre alt«, antworteten die Judäer, »und du hast Avraham gesehen?« Jeschua sagte zu ihnen: »Ja wahrhaftig! Bevor Avraham ins Sein kam, BIN ICH!«"

Geistlich gesehen verkörpert Abraham YHWH. Isaak symbolisiert den Messias. In einem orthodoxen rabbinischen Kommentar über 1. Mose 22 repräsentiert das „Gestrüpp" die Sünden der Kinder Israels. Als Jeschua am Baum als Messias starb, tat er dies als das leidende Lamm. YHWH gab seinen Sohn als Opfer, als er ihm erlaubte, für die Sünden der Welt an den Baum gehängt zu werden. So heißt es in Johannes 1,29:

„Am nächsten Tag sah Jochanan *Jeschua* zu ihm kommen und sagte: »Seht! *Gottes Lamm!* Der, der die *Sünde der Welt* fortnimmt!«"

Ein Brandopfer hat die Eigenschaft, völlig zu verbrennen. Es wird freiwillig und freudig gegeben. Die Bibel berichtet, dass YHWH seinen Sohn freiwillig geopfert hat und dass *Jeschua* willig und gehorsam war bis zum Tod am Pfahl. So lesen wir in Philipper 2,8-11:

> „Er *erniedrigte sich* noch mehr, indem er selbst *dem Tod gehorsam war – dem Tod am Pfahl,* wie ein Verbrecher! Deshalb hat Gott ihn auf den höchsten Platz erhoben und ihm den Namen über alle Namen gegeben; damit sich in der Verehrung des Namens, der Jeschua gegeben wurde, jedes Knie beugen wird – im Himmel, auf Erden und unter der Erde – und jede Zunge bekennen wird, dass Jeschua der Messias Adonai ist – zur Ehre Gottes des Vaters."

In Jesaja 53 wird über das Leiden des Messias berichtet. So lesen wir in Jesaja 53,1+4-5 und 10, dass Adonai, unser Vater, seinen Sohn *Jeschua* als Brandopfer für die Sünden seines Volkes gegeben hat:

> „Aber wer glaubt dem, was uns verkündet wurde, und wem ist der Arm YHWHs offenbart? ... Fürwahr, er trug unsere Krankheit und lud auf sich unsere Schmerzen. Wir aber hielten ihn für den, der geplagt und von Elohim geschlagen und gemartert wäre. Aber er ist um unsrer Missetat willen verwundet und um unsrer Sünde willen zerschlagen. Die Strafe liegt auf ihm, auf dass wir Frieden hätten, und durch seine Wunden sind wir geheilt. ... So *wollte ihn YHWH zerschlagen mit Krankheit.* Wenn er *sein Leben zum Schuldopfer* gegeben hat ..."

Hieran können wir erkennen, dass das Festbinden Isaaks auf den Altar sowohl für die Juden als auch für die Christen von großer Bedeutung ist.

Der Name YHWHs in der erwählten Stadt Jerusalem

YHWH erwählte Jerusalem als heilige Stadt und wählte sie aus, um dort seinen Namen zu verewigen. In 2. Chronik 6,6 steht geschrieben:

„Aber Jerusalem habe ich erwählt, dass mein Name daselbst sei ..."

In 2. Chronik 7,11-12+16 heißt es desweiteren:

„So vollendete Salomo das Haus YHWHs und das Haus des Königs. Und es gelang ihm alles, was ihm in den Sinn gekommen war, am Hause YHWHs und an seinem Hause auszuführen. Und YHWH erschien Salomo des Nachts und sprach zu ihm: Ich habe dein Gebet erhört und diese Stätte mir zum Opferhaus erwählt. ... So habe ich nun dies Haus erwählt und geheiligt, dass mein Name dort sein soll ewiglich, und meine Augen und mein Herz sollen dort sein allezeit."

Der Dienst der Priester und Leviten von Jerusalem

Es war der Dienst der Priester und Leviten, die Torah dem jüdischen Volk von Jerusalem aus zu lehren. Darüber steht in 5. Mose 17,8-11 Folgendes geschrieben:

„Wenn eine Sache vor Gericht dir zu schwer sein wird, es gehe um Blutschuld, um Schaden, um Gewalttat oder was sonst Streitsachen sind in deinen Toren, so sollst du dich aufmachen und hinaufgehen zu der Stätte, die YHWH, dein Elohim, erwählen wird, und zu den levitischen Priestern kommen und zu dem Richter, der zu der Zeit sein wird, und sie befragen. Die sollen dir das Urteil sagen. Und du sollst tun nach dem, was sie dir sagen an der Stätte, die YHWH erwählen wird, und sollst es halten, dass du tust nach allem, was sie dich lehren werden. An die Weisung, die sie dir geben, und an das Urteil, das sie dir sagen, sollst du dich halten, sodass du davon nicht abweichst weder zur Rechten noch zur Linken."

Der Gerichtshof in Jerusalem

YHWH setzte einen Gerichtshof ein, der die Kinder Israels in Gerechtigkeit richten sollte. Hierzu lesen wir in 5. Mose 16,18:

„Richter und Amtleute sollst du dir bestellen in allen Toren deiner Städte, die dir YHWH, dein Elohim, geben wird, in jedem deiner Stämme, dass sie das Volk richten mit gerechtem Gericht."

Diese Vorschrift wurde vom Sanhedrin ausgeführt. Dieser bestand aus 71 Mitgliedern. Ihren Auftrag finden wir in 4. Mose 11,16:

„Und YHWH sprach zu Mose: Sammle mir *siebzig Männer* unter den Ältesten Israels, von denen du weißt, dass sie Älteste im Volk und seine Amtleute sind, und bringe sie vor die Stiftshütte und stelle sie dort vor dich."

Man geht davon aus, dass Mose der Leiter dieser 70 Ältesten war. So erklärt sich die Gesamtzahl von 71 Mitgliedern. Zur Zeit des Tempels traf sich der Sanhedrin an der äußeren Nordmauer des Tempels. Solange der Sanhedrin sich versammelte, wurde dieser Ort sowohl für den Obersten Gerichtshof als auch für die gesetzgebenden Kräfte Israels eingesetzt. Nach der Zerstörung des Tempels bestand der Sanhedrin nicht weiter fort.

Die biblischen Feste in Jerusalem

Gemäß YHWHs Anweisungen soll Israel dreimal im Jahr die Feste YHWHs in Jerusalem feiern. Wir lesen dazu in 5. Mose 16,16:

„Dreimal im Jahr soll alles, was männlich ist in deiner Mitte, vor YHWH, deinem Elohim, erscheinen an der Stätte, die YHWH erwählen wird: zum Fest der ungesäuerten Brote, zum Wochenfest und zum Laubhüttenfest."

Jeschua feierte seinerseits auch die Feste YHWHs, wie zum Beispiel das Passahfest. In Lukas 2,41-42 heißt es:

„Jedes Jahr zogen Jeschuas Eltern zum Passahfest herauf nach Jeruschalajim. Als er zwölf Jahre alt war, gingen sie hinauf zum Fest, wie der Brauch es verlangte."

Jeschua beging auch das Laubhüttenfest, wie wir dies in Johannes 7,2+37-38 nachlesen können:

„Doch das Sukkotfest in Jehudah stand bevor. ... Am letzten Tag des Festes Hoschana Rabbah, stand Jeschua dann auf und rief:»Wenn jemand durstig ist, möge er zu mir kommen und trinken.«"

Opfer in Jerusalem

YHWH ordnete an, dass in Jerusalem verschiedene Opfer gebracht werden sollten. Dazu 5. Mose 12,11 und 5. Mose 14,22-23:

„Wenn nun YHWH, dein Elohim, eine Stätte erwählt, dass sein Name daselbst wohne, sollt ihr dahin bringen alles, was ich euch gebiete: eure Brandopfer, eure Schlachtopfer, eure Zehnten, eure heiligen Abgaben und alle eure auserlesenen Gelübdeopfer, die ihr YHWH geloben werdet. ... Du sollst alle Jahre den Zehnten absondern von allem Ertrag deiner Saat, der aus deinem Acker kommt, und sollst davon essen vor YHWH, deinem Elohim, an der Stätte, die er erwählt, dass sein Name daselbst wohne, nämlich vom Zehnten deines Getreides, deines Weins, deines Öls und von der Erstgeburt deiner Rinder und deiner Schafe, auf dass du fürchten lernst YHWH, deinen Elohim, dein Leben lang."

Tempel und Thron in Jerusalem

Der Tempel wurde in Jerusalem gebaut, wie wir in Psalm 68,29-30 erfahren:

„Von deinem Tempel in Jerusalem werden Könige dir Geschenke bringen."

Auch der Thron Davids wurde in Jerusalem errichtet. So lesen wir in 1. Chronik 11,3-5:

„Und alle Ältesten Israels kamen zum König ... und sie salbten David zum König über Israel nach dem Wort YHWHs durch Samuel. Und David und ganz Israel zogen hin nach Jerusalem ... und David eroberte die Burg Zion, das ist Davids Stadt."

Jeschua wurde geboren, um auf dem Thron Davids zu sitzen und über das Haus Jakob zu regieren. In Lukas 1,30-33 steht:

„Der Engel sagte zu ihr: »Hab keine Angst, Mirjam, denn du hast besondere Gunst gefunden bei Gott. Sieh! Du wirst schwanger werden, du wirst einen Sohn gebären und du sollst ihn Jeschua nennen. Er wird groß sein, er wird Sohn von Ha Eljon (der Höchste) genannt werden. Adonai, Gott, wird ihm den Thron seines Vorvaters David geben; und er wird herrschen über das Haus Ja-akovs für immerdar – und sein Reich wird kein Ende nehmen.«"

Jeschuas Tod und Auferstehung in Jerusalem

Jeschua starb an einem Pfahl in Jerusalem. Den Nachweis dafür finden wir in Matthäus 16,21:

„Von dieser Zeit an begann Jeschua seinen Jüngern zu erklären, dass er nach Jeruschalajim gehen und dort viel Leid von den Ältesten erdulden müsse; und dass er hingerichtet werden müsse; dass er jedoch am dritten Tag zum Leben auferweckt werden sollte."

Die Ausgießung des Heiligen Geistes in Jerusalem

Der Heilige Geist wurde in Jerusalem auf die jüdischen Gläubigen ausgegossen, damit sie seine Zeugen sein würden. Dazu die Verse aus Lukas 24,44-49:

„Jeschua sagte zu ihnen: »Das habe ich gemeint, als ich noch bei euch war und euch sagte, dass alles, was Mosche, die Propheten und die Psalmen über mich in der Torah geschrieben haben, erfüllt werden musste.« Dann öffnete er ihren Verstand, so dass sie die Tenach verstehen konnten, und sagte ihnen: »Es bedeutet folgendes: Der Messias muss leiden und am dritten Tag von den Toten auferstehen; und in seinem Namen soll die Buße, die zur Vergebung der Sünden führt, Menschen aus allen Völkern verkündet werden, angefangen in Jeruschalajim. Ihr seid Zeugen für diese Dinge. Jetzt schicke ich auf euch, was mein Vater versprochen hat, also bleibt hier in der Stadt, bis ihr mit der Macht von oben ausgerüstet seid.«"

Den Nachweis für die Stadt Jerusalem finden wir in Apostelgeschichte 2,1-5:

„Das Fest Schavuot kam, und alle Gläubigen versammelten sich an einem Ort. Plötzlich ertönte ein Brausen vom Himmel her wie das Brüllen eines wütenden Windes, und es erfüllte das ganze Haus, in dem sie saßen. Dann erblickten sie etwas, das aussah wie feurige Zungen, die sich trennten und auf jedem einzelnen von ihnen zur Ruhe kamen. Sie alle wurden erfüllt mit dem Ruach Ha Kodesch und fingen an, in verschiedenen Sprachen zu reden, wie der Geist sie befähigte zu sprechen. Nun hielten sich in Jeruschalajim religiöse Juden aus allen Völkern unter dem Himmel auf."

Der uralte Kampf um Jerusalem

Die Propheten Israels schrieben nieder, dass der letzte Kampf vor der Wiederkunft des Messias der Kampf der Nationen um Jerusalem sein würde. In Wahrheit ist dieser Kampf um Jerusalem ein uralter Kampf zwischen dem Königreich der Finsternis und dem Königreich des Lichts.

Der heutige Kampf um Jerusalem wird von den Politikern der Weltbühnen geführt, die diesen uralten Kampf fortführen. Alle, die YHWH und sein Königreich ablehnen, werden von den Plänen und Ideologien der Finsternis beeinflusst. Sie wollen das verheißene Land YHWHs teilen und aus Jerusalem eine internationale Stadt machen. Jedoch alle, die ihr Vertrauen auf YHWH und seine Verheißungen setzen, stehen der Teilung des Landes entgegen. YHWH hatte das Land Abraham und seinen Nachkommen versprochen und Jerusalem dazu bestimmt, die ewige ungeteilte Stadt des jüdischen Volkes zu sein.

Satan will YHWHs Thron erobern

Der Kampf um Jerusalem hatte bereits vor der Erschaffung Adams im Garten Eden begonnen, als Satan den Thron YHWHs im himmlischen Jerusalem übernehmen wollte. Dazu schrieb Jesaja in Kapitel 14,12-14 die folgenden Worte:

„Wie bist du vom Himmel gefallen, du schöner Morgenstern! Wie wurdest du zu Boden geschlagen, der du alle Völker niederschlugst! Du aber gedachtest in deinem Herzen: »Ich will in den Himmel steigen und meinen Thron über die Sterne Els erhöhen, ich will mich setzen auf den Berg der Versammlung im fernsten Norden. Ich will auffahren über die hohen Wolken und gleich sein dem Allerhöchsten.«"

Der Thron YHWHs ist das himmlische Jerusalem (Hebräer 12,22) auf dem Berg Zion. So steht in Psalm 48,2-3 geschrieben:

„Groß ist YHWH und hoch zu rühmen in der Stadt unsres Elohims, auf seinem heiligen Berge. Schön ragt empor der Berg Zion, daran sich freut die ganze Welt, der Gottesberg fern im Norden, die Stadt des großen Königs."

Satan wollte in seiner Rebellion gegen YHWH seinen Thron über dem Thron YHWHs errichten und seine Macht in den himmlischen Regionen ausbreiten.

Satan wird aus dem Himmel vertrieben

In Lukas 10,18 spricht Jeschua darüber, dass Satan aufgrund seiner Rebellion gegen YHWH aus dem Himmel vertrieben wurde:

„Jeschua sagte zu ihnen: »Ich sah den Satan wie einen Blitz vom Himmel fallen.«"

Als Satan aus dem Himmel vertrieben wurde, rebellierte ein Drittel der Heerscharen gegen YHWH und wurde ebenso aus dem Himmel verstoßen. Dazu Offenbarung 12,3-4:

„Ein anderes Zeichen wurde im Himmel gesehen – es war ein großer roter Drache mit sieben Köpfen und zehn Hörnern, und auf seinen Köpfen waren sieben Königskronen. Sein Schwanz fegte ein Drittel der Sterne vom Himmel und warf sie hinunter auf die Erde."

Der Turm zu Babel

Als YHWH Adam im Garten Eden geschaffen hatte, begann die Menschheit, genau diesen Kampf zwischen YHWH und Satan auszufechten. Satan versuchte Eva von der Lüge zu überzeugen, dass die Menschen wie Gott sein könnten. Hierzu lesen wir 1. Mose 3,4-5:

„Da sprach die Schlange zur Frau: Ihr werdet keineswegs des Todes sterben, sondern Elohim weiß: an dem Tage, da ihr davon esst, werden eure Augen aufgetan, und *ihr werdet sein wie Elohim* und wissen, was gut und böse ist."

Im Laufe der Geschichte versuchte Satan immer wieder, die Menschen dazu zu bringen, die erste Weltregierung ohne YHWH zu etablieren und ihn nicht als König über der ganzen Erde anzuerkennen. Dazu 1. Mose 11,1+4:

„Es hatte aber alle Welt einerlei Zunge und Sprache. ... und sprachen: Wohlauf, lasst uns eine Stadt und einen Turm bauen, dessen Spitze bis an den Himmel reiche, damit wir uns einen Namen machen; denn wir werden sonst zerstreut in alle Länder."

Der Turm zu Babel war ein Zeichen der Rebellion des Menschen gegen YHWH. Menschen wollten sich über YHWH erheben, worauf YHWH mit Gericht reagierte. So erfahren wir in 1. Mose 11,8-9:

„So zerstreute sie YHWH von dort in alle Länder, dass sie aufhören mussten, die Stadt zu bauen. *Daher heißt ihr Name Babel*, weil YHWH daselbst verwirrt hat aller Länder Sprache und sie von dort zerstreut hat in alle Länder."

Die Wiederbelebung des Turms zu Babel

Der Turm zu Babel wurde zum Sinnbild der Rebellion Satans gegen YHWH. Diese Rebellion hat sich durch die gesamte Geschichte gezogen und wird weiterhin bestehen, bis die Nationen der Welt den Turm zu Babel „wiederbeleben" und eine Weltregierung ohne YHWH etablieren wollen. Die Verfechter einer Weltregierung ohne YHWH wollen Jerusalem zur Hauptstadt einer „Neuen Weltordnung" machen.

Dieser Endzeit-Plan der Nationen, eine Weltregierung ohne YHWH einzurichten, ähnelt der Funktionsweise und der Struktur der Weltreiche von Ägypten, Babylon, Griechenland und Rom. Diese Imperien haben schon vor langer Zeit veranschaulicht, mit welchen Prinzipien eine Weltregierung am Ende des gegenwärtigen Zeitalters etabliert werden soll. Der Prophet Daniel erhielt hierzu eine prophetische Schau, wie in Daniel 7, Verse 1-3, 7, 9-10 und 13-14 nachzulesen ist:

„Im ersten Jahr Belsazars, des Königs von Babel, hatte Daniel einen Traum und Gesichte auf seinem Bett; und er schrieb den Traum auf und dies ist sein Inhalt: Ich, Daniel, sah ein Gesicht in der Nacht, und siehe, die vier Winde unter dem Himmel wühlten das große Meer auf. Und *vier große Tiere* stiegen herauf aus dem Meer, ein *jedes anders als das andere* ... Danach sah ich in diesem Gesicht in der Nacht, und siehe, ein viertes Tier (die letzte Weltherrschaft oder „Neue Weltordnung") *furchtbar und schrecklich* und sehr stark und hatte große eiserne Zähne, fraß um sich und zermalmte was übrig blieb, zertrat es mit seinen Füßen. Es war auch ganz anders als die vorigen Tiere und hatte *zehn Hörner* ... Ich sah in diesem Gesicht in der Nacht, und siehe, es kam einer mit den Wolken des Himmels wie eines *Menschen Sohn* und gelangte zu dem, der uralt war, und wurde vor ihn gebracht. Der gab ihm *Macht, Ehre und Reich*, dass ihm alle Völker und Leute aus so vielen verschiedenen Sprachen dienen sollten. *Seine Macht ist ewig* und vergeht nicht, und sein Reich hat kein Ende."

Daniels Vision wird am Ende der Tage erfüllt werden, wenn *Jeschua* als königlicher Messias auf die Erde zurückkommt,

Jerusalem verteidigen und die „Neue Weltordnung" vernichten wird.

Am Ende der Zeiten wird der uralte Kampf zwischen Licht und Finsternis in besonderer Weise hinsichtlich Israel und Jerusalem ausgefochten werden. YHWH beschreibt diesen Kampf in Jesaja als „Kontroverse um Zion" (Jesaja 34,8). Diese wird zum Ende kommen, wenn *Jeschua* gegen die Nationen kämpfen (Sacharja 14,2-3), Jerusalem verteidigen und Israel von seinen Feinden befreien wird. Dann wird das messianische Zeitalter beginnen.

Worum geht es im Streit um Zion?

Die Kontroverse um Zion besteht zum einen aus dem Verständnis des Bundes, den YHWH mit Abraham gemacht hat. Zum anderen äußert sich der Streit um Zion in den unterschiedlichen Sichtweisen von der Zukunft Jerusalems. Am Ende wird YWHW alle Nationen richten, die sein Land teilen werden. In Joel 4, 1-2 lesen wir:

„Denn siehe, in jenen Tagen und zur selben Zeit, da ich das Geschick Judas und Jerusalems wenden werde, will ich alle Heiden zusammenbringen und will sie ins Tal Joschafat hinabführen und will dort mit ihnen rechten wegen meines Volks und meines Erbteils Israel, weil sie es unter die Heiden zerstreut und sich in mein *Land geteilt* haben."

Der Plan der Nationen, das Land Israel zu teilen, kommt in den UN-Resolutionen 181, 242 und 338 zum Ausdruck. Die Resolution 181 (von 1947) fordert die Errichtung eines jüdischen und eines palästinensischen Staats sowie Jerusalem als internationale Stadt. Diese Forderung verschärft den Streit um Zion. Ein solcher Plan verachtet den Bund von YHWH mit Abraham und die Souveränität von YHWH über Jerusalem.

Die Resolutionen 242 und 338 fordern bekanntlich „Land für Frieden". Dazu 3. Mose 25,23:

„*Darum sollt ihr das Land nicht verkaufen* für immer; denn das Land ist mein, und ihr seid Fremdlinge und Beisassen bei mir."

Das Gericht YHWHs an den Nationen

Die Ungerechtigkeit, mit der die Nationen gegen Israel vorgehen, wird den Zorn YHWHs auf sie bringen. Dieser Zorn wird in der Zeit der Trübsal sichtbar werden. Die törichten Pläne der Nationen und das Gericht YHWHs werden in Psalm 2,1-4 beschrieben:

„Warum toben die Heiden und murren die Völker so vergeblich? Die Könige der Erde lehnen sich auf, und die Herren halten Rat miteinander wider YHWH und seinen Gesalbten: »Lasset uns zerreißen ihre Bande und von uns werfen ihre Stricke!« Aber der im Himmel wohnt, lachet ihrer und *YHWH spottet ihrer.*"

In Jeremia 25,15-17+27-28 lesen wir, dass die Nationen wegen ihrer bösen Pläne den Zornestrank YHWHs trinken müssen:

„Denn so sprach zu mir YHWH, der Elohim Israels: Nimm diesen *Becher mit dem Wein meines Zorns* aus meiner Hand und lass daraus trinken alle Völker, zu denen ich dich sende, dass sie trinken, taumeln und toll werden vor dem Schwert, das ich unter sie schicken will. Und ich nahm den Becher aus der Hand YHWHs und ließ daraus trinken alle Völker, zu denen mich YHWH sandte… Und sprich zu ihnen: So spricht YHWH, der Elohim Israels: Trinkt, dass ihr trunken werdet, und speit, dass ihr niederfallt und nicht aufstehen könnt vor dem Schwert, das ich unter euch schicken will. Und wenn sie den Becher von deiner Hand nicht nehmen und nicht trinken wollen, so sprich zu ihnen: So spricht YHWH Zebaoth: Ihr müsst trinken!"

YHWH wird die Nationen, die gegen Jerusalem antreten, mit Katastrophen ungekannten Ausmaßes richten. Dazu lesen wir in Sacharja 14:12:

„Und dies wird die *Plage* sein, mit der YHWH alle Völker schlagen wird, die gegen Jerusalem in den Kampf gezogen sind: Ihr Fleisch wird verwesen, während sie noch auf ihren Füßen stehen, und ihre Augen werden in ihren Höhlen verwesen und ihre Zungen im Mund."

Spötter herrschen über Jerusalem

Wenn Israel den Plänen der Nationen, das Land zu teilen, zustimmt, wird es zur Zeit der Trübsal äußerst schwierige Zeiten erleben. YHWH warnt durch den Propheten Jesaja die modernen politischen Führer Israels vor einer spöttischen Haltung. Sie werden dem Land keinen Respekt zollen, sodass das Gericht YHWHs auf sie und ihr Land kommen wird. In Jesaja 28,14-18 heißt es dazu:

„So höret nun YHWHs Wort, *ihr Spötter, die ihr herrscht über dies Volk, das in Jerusalem ist.* Ihr sprecht: Wir haben mit dem Tod einen Bund geschlossen und mit dem Totenreich einen Vertrag gemacht. Wenn die brausende Flut daher fährt, wird sie uns nicht treffen; denn wir haben Lüge zu unsrer Zuflucht und Trug zu unserm Schutz gemacht. Darum spricht Adonai YHWH: Siehe, ich lege in Zion einen Grundstein, einen bewährten Stein, einen kostbaren Eckstein, der fest gegründet ist. Wer glaubt, der flieht nicht. Und ich will das Recht zur Richtschnur und die Gerechtigkeit zur Waage machen. So wird Hagel die falsche Zuflucht zerschlagen, und Wasser sollen den Schutz wegschwemmen, dass hinfalle euer Bund mit dem Tode und euer Vertrag mit dem Totenreich nicht bestehen bleibe. Wenn die Flut daher fährt, wird sie euch zermalmen."

Die Bibel sagt allerdings auch, dass es in jener Zeit Menschen geben wird, die vielen den Weg zur Gerechtigkeit weisen werden. Hierzu Daniel 12,1-3:

„Zu jener Zeit wird Michael, der große Engelfürst, der für dein Volk eintritt, sich aufmachen. Denn es wird eine Zeit so großer Trübsal sein, wie sie nie gewesen ist, seitdem es Menschen gibt, bis zu jener Zeit. Aber zu jener Zeit wird dein Volk errettet werden, alle, die im Buch geschrieben stehen. Und viele, die unter der Erde schlafen liegen, werden aufwachen, die einen zum ewigen Leben, die andern zu ewiger Schmach und Schande. Und die da lehren, werden leuchten wie des Himmels Glanz, und die viele zur Gerechtigkeit weisen, wie die Sterne immer und ewiglich."

Während jener Zeit wird YHWH sein Volk wie durch das Feuer hindurch retten. Sie werden den Namen YHWHs anrufen und El wird sie durch *Jeschua* befreien. Dies geht aus Sacharja 13,9 hervor:

„Und ich will den dritten Teil durchs Feuer gehen lassen und läutern, wie man Silber läutert, und ihn prüfen, wie man Gold prüft. Die werden dann meinen Namen anrufen und ich will sie erhören. Ich will sagen: Es ist mein Volk; und sie werden sagen: YHWH, mein Elohim!"

Jeschua wird als ein mächtiger Krieger hervorkommen, das Land Israel retten und von seinen Feinden befreien, wenn sie seinen Namen anrufen. In Lukas 13,35 steht:

„Aber ich sage euch: Ihr werdet mich nicht mehr sehen, bis die Zeit kommt, da ihr sagen werdet: Gelobt ist, der da kommt im Namen YHWHs!"

Wenn die Nationen in jenen Tagen versuchen werden, Jerusalem zu zerstören, wird YHWH seinen Geist der Gnade auf das Haus Davids und auf Jerusalem ausgießen. Dazu Sacharja 12,8-10:

„Zu der Zeit wird YHWH die Bürger Jerusalems beschirmen, und es wird zu dieser Zeit geschehen, dass der Schwache unter ihnen sein wird wie David und das Haus David wie Elohim, wie der Engel YHWHs vor ihnen her. Und *zu der Zeit werde ich darauf bedacht sein, alle Heiden zu vertilgen,* die gegen Jerusalem gezogen sind. Aber über das Haus David und über die Bürger Jerusalems will ich ausgießen den Geist der Gnade und des Gebets. Und *sie werden mich ansehen, den sie durchbohrt haben,* und sie werden um ihn klagen, wie man klagt um ein einziges Kind, und werden sich um ihn betrüben, wie man sich betrübt um den Erstgeborenen."

Jeschua wird für Jerusalem kämpfen

Wenn die Nationen der Welt versuchen werden, Jerusalem zu zerstören und das jüdische Volk nach Befreiung ruft, wird Jeschua gegen jene Nationen kämpfen und den Bund, den

YHWH mit Abraham gemacht hatte, sowie Jerusalem verteidigen. Dann wird er seinen Fuß auf den Ölberg setzen und König über der ganzen Erde sein. Hierzu lesen wir in Sacharja 14,2-4+9:

> „Denn ich werde alle Heiden *sammeln zum Kampf gegen Jerusalem* ... Und YHWH wird ausziehen und *kämpfen gegen diese Heiden*, wie er zu kämpfen pflegt am Tage der Schlacht. Und seine Füße werden stehen zu der Zeit *auf dem Ölberg*, der vor Jerusalem liegt nach Osten hin... Und *YHWH wird König sein über alle Lande*. Zu der Zeit wird YHWH der einzige sein und sein Name der einzige."

YHWH ist der König über das ganze Universum

YHWH ist der König über der ganzen Erde und sein Thron ist in Jerusalem. Dies wird in Psalm 47 proklamiert. Wir lesen die Verse 2-9:

> „Schlagt froh in die Hände, alle Völker, und jauchzet Elohim mit fröhlichem Schall! Denn YHWH, der Allerhöchste, ist heilig, ein großer König über die ganze Erde. Er beugt die Völker unter uns und Völkerschaften unter unsere Füße. Er erwählt uns unser Erbteil, die Herrlichkeit Jakobs, den er lieb hat. Sela. Elohim fährt auf unter Jauchzen, YHWH beim Hall der Posaune. Lobsinget, lobsinget Elohim, lobsinget, lobsinget unserm Könige! Denn Elohim ist König über der ganzen Erde. Lobsinget ihm mit Psalmen! Elohim ist König über die Völker, Elohim sitzt auf seinem heiligen Thron."

Als Ergänzung hierzu lesen wir in Psalm 24,1+8 und 10:

> „Die Erde ist YHWHs und was darinnen ist, der Erdkreis und die darauf wohnen... *Wer ist der König der Ehre? Es ist YHWH, stark und mächtig, YHWH, mächtig im Streit* ... Wer ist der König der Ehre? Es ist YHWH Zebaoth; er ist der König der Ehre. Sela."

In Psalm 48,3 heißt es:

> „Schön ragt empor der *Berg Zion*, daran sich freut die ganze Welt, der Berg fern im Norden, die *Stadt des großen Königs*."

Der Thron YHWHs ist in Jerusalem, wie wir in Jeremia 3,17 lesen können:

„Sondern zu jener Zeit wird man Jerusalem nennen »YHWHs Thron« und es werden sich dahin sammeln alle Heiden um des Namens YHWHs willen zu Jerusalem, und sie werden nicht mehr wandeln nach ihrem verstockten und bösen Herzen."

Auch wird YHWH immer an Jerusalem denken. Hierzu Psalm 137:5-6:

„Vergesse ich dich, Jerusalem, so verdorre meine Rechte. Meine Zunge soll an meinem Gaumen kleben, wenn ich deiner nicht gedenke, wenn ich nicht lasse Jerusalem meine höchste Freude sein."

Im traditionellen Judentum wird vom Messias erwartet, dass dieser zwei Hauptaufgaben erfüllen wird. Er ist der leidende und zugleich der königliche Messias. Die traditionellen Juden gehen davon aus, dass sich diese beiden Rollen sehr stark unterscheiden. Der leidende Messias wird als demütiger Messias gesehen, der auf einem Esel nach Jerusalem reitet. Der königliche Messias wird hingegen als jemand gesehen, der auf einem weißen Pferd reitet.

Der orthodoxe Rabbiner Mordecai Kornfeld schrieb in einer jüdisch-orthodoxen Online-Zeitung (Parasha Ki-Tetze 5757) über den Messias, dass dieser auf einem Esel *und* auf einem weißen Pferd reiten würde. In diesem Artikel erklärt er, dass Pferde Krieg und Eroberungen repräsentieren. Außerdem stellt Mordecai dar, dass der Prophet (Sacharja 9,9) den Messias als einen „armen Mann, der auf einem Esel reitet" beschreibt. Dann sagt er, dass in der *Gemara (Sanhedrin 98a)* geschrieben steht, dass der König Shevor von Persien spottete:

„Warum kommt euer Messias auf einem Pferd geritten? Wenn ihm eins fehlt, werde ich ihm gerne eins von meinen besten geben!"

Der Artikel von Kornfeld stellt außerdem die Frage:

„Warum sollte der Messias auf einem Esel kommen? Stellt ein Pferd nicht eher einen militärischen Sieg dar?"

Der Artikel endet mit der Bemerkung, dass in der oben genannten Gemara die Antwort an einer anderen Stelle zu finden ist. Ein armer Mann auf einem Esel ist eine Beschreibung davon, wie der Messias erscheinen wird, wenn die Juden nicht einer Rettung für würdig befunden werden. Ob sie es nun verdienen oder nicht, sie werden schlussendlich alle erlöst. Wenn sie es nicht verdienen, wird der Messias nur auf einem Esel reiten. Ein Pferd ist ein Zeichen stolzer Eroberung, aber dieser Messias wird nur einen bescheidenen Auftritt haben. Die *Gemara* sagt in *Shabbat 152a:*

„Einer, der auf einem Pferd reitet, ist ein König. Einer, der auf einem Esel reitet, ist nicht mehr als ein freier Mann."

Jeschua ritt auf einem Esel

Die Christen sehen in *Jeschua* auch einen Messias, der die Rolle des leidenden und des königlichen Messias eingenommen hat. Der leidende Messias ritt bei seinem ersten Kommen demütig auf einem Esel in Jerusalem ein und weinte über der Stadt, weil diese später zerstört werden würde. Bei seinem zweiten Kommen wird er auf einem *weißen Pferd* reiten. Das lesen wir in Matthäus 21,1-9:

„Als sie sich Jeruschalajim näherten und nach Beht-Pageh am Ölberg kamen, schickte Jeschua zwei Talmidim mit folgenden Anweisungen voraus: »Geht in das Dorf vor euch, und ihr werdet sogleich eine Eselin finden, die dort angebunden ist mit ihrem Fohlen. Bindet sie los und bringt sie zu mir. Wenn jemand etwas zu euch sagt, sagt ihm: ›Der Herr braucht sie‹, und er wird sie augenblicklich gehen lassen.« Das geschah, damit erfüllt würde, was gesprochen worden war durch den Propheten: »*Sage zur Tochter Zions: ›Sieh! Dein König kommt zu dir, er reitet demütig auf einem Esel und auf einem Füllen, dem Jungen eines Lasttiers!*‹« So gingen die Talmidim und taten, wie Jeschua sie angewiesen hatte. Sie brachten den Esel und das Füllen und legten ihre Gewänder auf sie, und Jeschua setzte sich auf sie. Die Menschenmassen breiteten ihre Gewänder wie einen Teppich auf der Straße aus, während andere Zweige von den Bäumen abschnitten und sie auf die Straße streuten. Die Massen vor ihm und hinter ihm riefen dem Sohn Davids zu: »Bitte! Erlöse uns!« »Gesegnet ist, der im Namen Adonais kommt!« »Du im höchsten Himmel! Bitte! Erlöse uns!«"

Die Zerstörung Jerusalems im Jahre 70 n. J. wurde in Lukas 19,41-44 vorausgesagt:

„Als Jeschua näher gekommen war und die Stadt sehen konnte, weinte er über sie und sagte: »Wenn du nur heute wüsstest, was für den Schalom nötig ist! Doch für jetzt ist es deiner Einsicht verborgen. Denn die Tage werden über dich kommen, in denen deine Feinde eine Mauer um dich errichten, dich einkreisen und von allen Seiten belagern und dich dem Erdboden gleichmachen, dich und deine Kinder in deinen Mauern, und sie werden nicht einen Stein auf dem anderen stehen lassen – und alles, weil du deine Gelegenheit nicht erkanntest, als Gott sie dir bot!«"

Jeschua wird auf einem weißen Pferd reiten

Bei seinem zweiten Kommen wird *Jeschua* als königlicher Messias auf einem weißen Pferd reiten und seine Feinde besiegen. Dazu lesen wir in Offenbarung 19,11-16:

„Dann sah ich den Himmel offen, und vor mir *ein weißes Pferd. Auf ihm saß der*, der Treu und Wahr genannt wird, und in seiner Gerechtigkeit richtet er und zieht in die Schlacht. Seine Augen waren wie Feuerflammen, und auf seinem Haupt waren viele Königskronen. Und er hatte einen Namen geschrieben, den niemand kennt außer ihm selbst. Er trug ein Gewand, das in Blut getaucht worden war, und der Name, mit dem er genannt wird, lautet *»Das Wort Gottes«.* Die himmlischen Heerscharen, gekleidet in feines Linen, weiß und rein, folgten ihm auf weißen Pferden. Und aus seinem Mund kam ein scharfes Schwert, damit er mit ihm die Nationen schlage. – »Er wird herrschen über sie mit einem eisernen Stab.« Er tritt die Weinpresse, aus der der Wein des grimmigen Zornes Adonais, des Gottes der himmlischen Heerscharen, hervorfließt. Und auf seinem Gewand und an seiner Hüfte hat er einen Namen geschrieben: »*König der Könige und Herr der Herren.*«"

Wenn die Nationen der Welt sich gegen Jerusalem versammeln, wird *Jeschua* als starker Kriegsmann gegen die Nationen kämpfen. Im Anschluss an seinen Sieg über die Nationen wird er seine Füße auf den Ölberg setzen und König der ganzen Erde sein. Dazu Sacharja 14,2-4 und 9:

„Denn ich werde alle Heiden sammeln zum Kampf gegen Jerusalem ... Und YHWH wird ausziehen und kämpfen gegen diese Heiden, wie er zu kämpfen pflegt am Tage der Schlacht. Und seine Füße werden stehen zu der Zeit auf dem Ölberg ... Und *YHWH wird König sein über alle Lande.* Zu der Zeit wird YHWH der einzige sein und sein Name der einzige."

Nach diesem Ereignis wird *Jeschua* sein messianisches Königreich etablieren und von Jerusalem aus die Erde regieren. Dann wird er allen Nationen die Torah lehren. Dazu heißt es in Jesaja 2,2-3:

„Es wird zur letzten Zeit der Berg, da YHWHs Haus ist, fest stehen, höher als alle Berge und über alle Hügel erhaben, und alle Heiden werden herzulaufen, und viele Völker werden hingehen und sagen: Kommt, lasst uns auf den Berg YHWHs gehen, zum Hause des Elohim Jakobs, dass er uns lehre seine Wege und wir wandeln auf seinen Steigen! *Denn von Zion wird Weisung (Torah) ausgehen* und YHWHs Wort von Jerusalem."

YHWH sehnt sich danach, eines Tages eine „Weltregierung" mit *Jeschua* zu haben, die auf der Torah basiert. Wenn dies passiert, wird auf der ganzen Erde Friede sein. Möge *Jeschua* bald als königlicher Messias auf die Erde kommen und Erlösung, Wiederherstellung und Versöhnung auf die Erde bringen und die beiden Häuser Israels miteinander vereinen. Amen!

NÄCHSTES JAHR IN JERUSALEM!

Kapitel 11

GERICHT ÜBER DIE NATIONEN

Da sich Israel entschieden hat, Frieden mit den arabischen Nachbarn zu haben, und somit nicht dem Bund YHWHs mit Israel Vertrauen schenkt, stehen der Nation Israel schwierige Zeiten bevor (Jeremia 30,7; Daniel 12,1). Dennoch wird Israel erlöst, errettet und befreit werden.

YHWH wird alle Nationen der Erde richten. Aber nicht alle Nationen werden durch die Trübsalzeit kommen. Dazu heißt es in Jeremia 30,10-11:

„Darum fürchte du dich nicht, mein Knecht Jakob, spricht YHWH, und entsetze dich nicht, Israel. Denn siehe, ich will dich erretten aus fernen Landen und deine Nachkommen aus dem Lande ihrer Gefangenschaft, dass Jakob zurückkehren soll und in Frieden und Sicherheit leben, und niemand soll ihn schrecken. Denn ich bin bei dir, spricht YHWH, dass ich dir helfe. Denn ich will mit allen Völkern ein Ende machen, unter die ich dich zerstreut habe; aber mit dir will ich nicht ein Ende machen. Ich will dich mit Maßen züchtigen, doch ungestraft kann ich dich nicht lassen."

Folgende drei Kriterien werden eine maßgebliche Rolle spielen, wenn YHWH die Nationen richten wird:
- die Haltung gegenüber der Teilung des Landes
- die Haltung gegenüber der Teilung Jerusalems
- die Haltung gegenüber den Juden in den Nationen

Es wird also um die Frage gehen, wie sich die Nationen in Bezug auf Zion verhalten. Wenn eine Nation den Bund mit YHWH ablehnt, dann stellt sie sich auch gegen YHWHs Plan, die beiden Häuser Israels zu vereinen. Dazu lesen wir Jesaja 34, Verse 1-2, 4 und 8:

„Kommt herzu, ihr Heiden, und höret! Ihr Völker, merkt auf! Die Erde höre zu und was sie füllt, der Erdkreis und was darauf lebt! Denn YHWH ist zornig über alle Heiden und ergrimmt über all ihre Scharen. Er wird an ihnen den Bann vollstrecken und sie zur Schlachtung dahingeben... Und alles Heer des Himmels wird dahinschwinden, und der Himmel wird zusammengerollt werden wie eine Buchrolle, und all sein Heer wird hinwelken, wie ein Blatt verwelkt am Weinstock und wie ein dürres Blatt am Feigenbaum... Denn es kommt der Tag der Rache YHWHs und das Jahr der Vergeltung, um Zion zu rächen."

In Joel 4,1-2 spricht YHWH von der *Landteilung:*

„Denn siehe, in jenen Tagen und zur selben Zeit, da ich das Geschick Judas und Jerusalems wenden werde, will ich alle Heiden zusammenbringen und will sie ins Tal Joschafat hinabführen und will dort mit ihnen rechten wegen meines Volks und meines Erbteils Israel, weil sie es unter die Heiden zerstreut und mein Land geteilt haben."

In Sacharja 14,2-3 lesen wir über das Gericht in Bezug auf die Teilung Jerusalems:

„Denn ich werde *alle Heiden sammeln* zum Kampf gegen Jerusalem. Und die Stadt wird erobert, die Häuser werden geplündert und die Frauen geschändet werden. Und die Hälfte der Stadt wird gefangen weggeführt werden, aber das übrige Volk wird nicht aus der Stadt ausgerottet werden. Und YHWH wird ausziehen und *kämpfen gegen diese Heiden,* wie er zu kämpfen pflegt am Tage der Schlacht."

Die Nationen, die gegen Jerusalem kämpfen, werden mit einem Atomkrieg gerichtet werden. Nur die Nationen, die gegen Israel gekämpft und überlebt haben, werden während des messianischen Zeitalters das Laubhüttenfest in Jerusalem feiern. In Sacharja 14,12+16 lesen wir:

> „Und dies wird die Plage sein, mit der YHWH alle Völker schlagen wird, die *gegen Jerusalem in den Kampf gezogen sind:* Ihr Fleisch wird verwesen, während sie noch auf ihren Füßen stehen, und ihre Augen werden in ihren Höhlen verwesen und ihre Zungen im Mund ... Und alle, die übrig geblieben sind von allen Heiden, die *gegen Jerusalem* zogen, werden jährlich heraufkommen, um anzubeten den König, YHWH Zebaoth, und um das *Laubhüttenfest zu halten.*"

Das Verhalten der Nationen gegenüber den Juden wird auch ausschlaggebend sein im Gericht YHWHs über die Nationen. In 1. Mose 12,1-3 lesen wir von der Verheißung, die YHWH Abraham gegeben hat:

> „Und YHWH sprach zu Abram: Geh aus deinem Vaterland und von deiner Verwandtschaft und aus deines Vaters Hause in ein Land, das ich dir zeigen will. Und ich will dich zum großen Volk machen und will dich segnen und dir einen großen Namen machen, und du sollst ein Segen sein. Ich will segnen, die dich segnen, und verfluchen, die dich verfluchen; und *in dir sollen gesegnet werden alle Geschlechter auf Erden.*"

Jeschua nennt die Nationen, die sich zum jüdischen Volk stellen, „Schaf-Nationen" und diejenigen, die gegen das jüdische Volk aufbegehren, „Ziegen-Nationen." Das lesen wir in Matthäus 25,31-46:

> „Wenn der Sohn des Menschen kommt in seiner Herrlichkeit, begleitet von allen Engeln, wird er auf seinem herrlichen Thron sitzen. Alle Völker werden vor ihm versammelt werden, und er wird die Menschen voneinander sondern, wie ein Hirte die Schafe von den Ziegen sondert. Die »Schafe« wird er zu seiner rechten Hand stellen, die »Ziegen« zu seiner linken. Dann wird der König zu denen zu seiner Rechten sagen: »Kommt, ihr, die mein Vater gesegnet hat (1. Mose 12,3), nehmt euer Erbe, das Reich, das seit der Schaffung der Welt für euch bereitet ist. Denn ich war hungrig, und ihr gabt mir Speise, ich war durstig, und ihr gabt mir zu trinken, ich war ein Fremder, und ihr nahmt mich als Gast auf, ich bedurfte der Kleidung, und ihr habt sie beschafft, ich war

krank, ihr sorgtet für mich, ich war im Gefängnis, und ihr habt mich besucht.« Dann werden die Menschen, die getan haben, was Gott will, antworten: »Herr, wann sahen wir dich hungrig und speisten dich, oder durstig und gaben dir zu trinken? Wann sahen wir dich als Fremde und nahmen dich als Gast auf, und wann sahen wir, dass du Kleidung brauchtest, und beschafften sie? Wann sahen wir dich krank oder im Gefängnis und besuchten dich?« Der König wird zu ihnen sagen: »Ja! Ich sage euch, dass, wann immer ihr diese Dinge für einen der unbedeutendsten dieser meiner Brüder (die jüdischen Brüder) getan habt, habt ihr sie mir getan!« Dann wird er auch zu denen zu seiner Linken sprechen und sagen: »Weichet von mir, ihr, die ihr verflucht seid! (1. Mose 12,3) Geht fort in das Feuer, das bereitet ist für den Widersacher und seine Engel! Denn ich war hungrig, und ihr gabt mir keine Speise, durstig, und ihr gabt mir nichts zu trinken, ein Fremder, und ihr nahmt mich nicht auf, ich brauchte Kleider, und ihr gabt sie mir nicht, ich war krank und im Gefängnis, und ihr habt mich nicht besucht.« Dann werden auch sie antworten: »Herr, wann sahen wir dich hungrig, durstig, als Fremden, ohne Kleider, krank oder im Gefängnis, und sorgten nicht für dich?« Und er wird ihnen antworten: »Ja! Ich sage euch, dass, wann immer ihr euch weigertet, es für die unbedeutendsten dieser Menschen (die jüdischen Brüder) zu tun, ihr euch geweigert habt, es für mich zu tun!« Sie werden fortgehen zur ewigen Bestrafung, jene aber, die getan haben, was Gott will, werden hingehen zum ewigen Leben."

Gericht über die USA

YHWH wird alle Nationen der Erde richten. Dennoch möchte ich mich nun auf die USA konzentrieren. Ich wurde in den USA geboren und liebe dieses Land sehr. Ich preise YHWH, dass ich in einem reich gesegneten Land leben darf und zu einer wunderbaren Generation gehöre. Obwohl unser Land reich gesegnet ist, hat die jetzige Generation sehr viel Sünde auf sich geladen. Die USA haben das jüdisch-christliche Erbe mehr oder weniger vergessen und sich dem Materialismus verschrieben. Anstatt mit den von YHWH geschenkten Segnungen gerecht umzugehen, haben die USA diese für ihre eigenen Bedürfnisse genommen. In diesem Sinne haben sich sowohl Christen als auch Juden schuldig gemacht. In der Torah warnte YHWH vor einem solchen Verhalten. Dazu lesen wir in 5. Mose 8,11-14+17-18:

„So hüte dich nun davor, YHWH, deinen Elohim, zu vergessen, sodass du seine Gebote und seine Gesetze und Rechte, die ich dir heute gebiete, nicht hältst. Wenn du nun gegessen hast und satt bist und schöne Häuser erbaust und darin wohnst und deine Rinder und Schafe und Silber und Gold und alles, was du hast, sich mehrt, dann hüte dich, dass dein Herz sich nicht überhebt und du YHWH, deinen Elohim, vergisst, der dich aus Ägyptenland geführt hat, aus der Knechtschaft ... Du könntest sonst sagen in deinem Herzen: Meine Kräfte und meiner Hände Stärke haben mir diesen Reichtum gewonnen. Sondern gedenke an YHWH, deinen Elohim; denn er ist's, der dir Kräfte gibt, Reichtum zu gewinnen, auf dass er hielte seinen Bund, den er deinen Vätern geschworen hat, so wie es heute ist."

Die USA werden gerichtet werden, weil sie für die Teilung Israels einstehen und dabei sogar eine führende Rolle einnehmen. Die USA haben nämlich in allen Friedensverhandlungen mitgewirkt und sich immer für die Einhaltung der UN-Resolutionen 242 und 338 eingesetzt. Durch diese Haltung haben die USA gemeinsam mit anderen Nationen eine widerspenstige Position gegen YHWH eingenommen und werden deshalb unter sein Gericht kommen (Joel 3,2).

Die USA haben sich auch gegenüber Jerusalem schuldig gemacht, da sie die Stadt nach dem Sechs-Tage-Krieg von 1967 nicht als jüdische Hauptstadt akzeptiert haben. Der Grund dafür liegt darin, dass die USA schon damals das Ziel verfolgten, Jerusalem zu einer internationalen Stadt zu machen. Die USA unterhalten diplomatische Beziehungen zu mehr als 160 Staaten. In jeder Hauptstadt dieser Länder gibt es eine US-Botschaft. Israel ist das einzige Land, in dessen Hauptstadt keine US-Botschaft ist. Unter dem Druck der arabischen Welt haben die USA seit 1948 eine Botschaft in Tel Aviv. Tel Jerusalem ist aber die Hauptstadt Israels.[1]

Um dies zu ändern, wurde im Jahre 1995 der „Jerusalem Embassy Act" verfasst. Hierbei wurde beschlossen, dass ab 1999 eine amerikanische Botschaft in Jerusalem etabliert werden sollte.

Als Bill Clinton 1992 als Präsident kandidierte, sagte er:

„Ich erkenne Jerusalem als Hauptstadt Israels an und Jerusalem soll für immer eine ungeteilte Stadt bleiben!"

Diese Ansicht legte er damals sogar in einem Brief an den rabbinischen Rat der USA schriftlich nieder. 1995 änderte Clinton jedoch seine Haltung. Seine Regierung widersprach dem „Jerusalem Embassy Act" und stimmte nicht mehr damit überein. Die US-Botschaft zog also doch nicht von Tel Aviv nach Jerusalem. Es lag nämlich die Befürchtung vor, dass ein Ortswechsel der US-Botschaft den Friedensprozess negativ beeinflussen könnte.[2]

Im Rahmen der 50. UN-Generalversammlung wurde eine neue Resolution verfasst, die Israel an seinem Anspruch auf ganz Jerusalem hindern sollte. Alle Wahlberechtigten stimmten für die Resolution – bis auf Israel. Die USA enthielten sich.[3]

Da die USA jedoch nach wie vor versuchen, Jerusalem zu teilen und zur internationalen Stadt zu machen, werden die Vereinigten Staaten unter YHWHs Gericht kommen und eine atomare Katastrophe erleiden. Es wird den USA nicht gelingen, durch die Trübsalzeit hindurch zukommen (Sacharja 14,12+16).

Die USA als modernes Babylon

Geistlich betrachtet sind die USA wie Babylon. Das Wort Babylon bedeutet „Verwirrung" (1. Mose 11,9) und steht in der Bibel für einen Begriff, der die Wege des Feindes und sein Reich beschreibt. Die Bibel spricht von einem finanziellen, einem politischen und einem religiösen Babylon. Außerdem gibt es ein Land Babylon. Die heutige geographische Region des historischen Babylon liegt in Irak und im Iran, wo heute nur wenige Vertreter der beiden Häuser Israels leben. Aus diesem Grunde muss es ebenso ein geistliches Babylon geben.

Die Propheten Israels haben viele Aussagen über das Endzeitgericht von Babylon gemacht. Jesaja berichtet darüber in den Kapiteln 13, 21 und 47. Jeremia behandelt dieses Thema in den Kapiteln 50 und 51 und im Neuen Testament lesen wir darüber in Offenbarung 18.

Die Eigenschaften Babylons

1. Babylon ist ein geistliches Endzeitgebilde, das von YHWH *„in jenen Tagen und zu jener Zeit"* und in der *„Trübsalzeit"* gerichtet wird. Dies bezieht sich auf die Zeit der Geburtswehen des Messias (Jesaja 13,8+13; 21,3; Jeremia 50,4+20; 51,2+43).

2. Babylon ist ein reiches und wirtschaftlich aufsteigendes Land (Jeremia 50,37 und 51,13; Offenbarung 18,3+19).

3. In Babylon befinden sich die unterschiedlichsten Menschen (Jeremia 50,37).

4. Babylon ist eine militärische Weltmacht (Jeremia 51,53).

5. Babylon hat viele Königreiche durch Krieg besiegt (Jeremia 50,23 und 51,20-21).

6. Babylon ist ein Land an vielen Wassern (Jeremia 51,13).

7. Babylon ist ein Land mit einem großen Erbe von YHWH. Aber es hat sich durch Sünde von YHWH abgewandt (Jeremia 50, Verse 11, 14, 24, 29 und 38 und Kapitel 51,7).

8. YHWH hätte Babylon vergeben, wenn es zu ihm umgekehrt wäre, aber es wird nicht Buße tun (2. Chronik 7,14; Jeremia 51,8-9).

9. Die gute Nachricht vom Messias geht von Babylon aus, aber es wird *„abgeschnitten"* zur *„Zeit der Ernte"* am Ende der Tage (Jeremia 50,16; Matthäus 13,39).

10. Babylon glaubt nicht daran, dass es den Zorn und das Gericht YHWHs erfahren wird (Jesaja 47,5+7-10; Offenbarung 18,7-8).
11. Die Macht, die Babylon angreifen wird, kommt aus dem Norden (Jeremia 50, Verse 3, 9, 26, 41 und Kapitel 51,48).
12. Babylon wird stark angegriffen und diese Angriffe führen zur totalen Zerstörung (Jeremia 50, Verse 9, 14, 29, 42 und Kapitel 51,3+11).
13. In den Städten von Babylon werden Feuer gelegt werden (Jeremia 50,32; Offenbarung 18,8).
14. Babylon wird zerstört werden, wie auch Sodom und Gomorra zerstört wurden (Jesaja 13,19; Jeremia 50,40).
15. Wenn Babylon zerstört wird, wird es nie wieder bewohnt werden (Jesaja 13,19-20; Jeremia 50, Verse 3, 13, 26, 39-40, Kapitel 51, Verse 2-3, 26, 29, 37, 43 und 63-64).
16. Die Nationen der Welt zittern aus Angst vor dem Niedergang Babylons (Jeremia 50,46; Offenbarung 18,9-10).
17. Juden und Christen, die in Babylon leben, sind dazu berufen, aus Babylon zu fliehen und nach Israel zu gehen (Jesaja 13,14; Jeremia 50, Verse 4-5, 16-19, 28, 33; Kapitel 51,9+45; Offenbarung 18,4).
18. Wenn Babylon einst zerstört sein wird, werden die Sünden der Christen und Juden vergeben werden (Jeremia 50,20).
19. Wenn die beiden Häuser Israels aus Babylon fliehen und nach Israel zurückkehren, werden sie in den ewigen Bund eingehen (Jeremia 50,4-5; Hesekiel 37,26-27).

Wenn man diese Eigenschaften einmal näher betrachtet, kommt man zu dem Schluss, dass die USA sehr viele dieser Attribute aufweisen. Da sie Israel dabei unterstützen, „Land für Frieden" einzutauschen und das Ziel haben, aus Jerusalem eine internationale Stadt zu machen, wird das Land während der Trübsalzeit mit großen Zerstörungen zu rechnen haben.

Während der großen Trübsal werden die beiden Häuser Israels aus Babylon fliehen und nach Israel zurückkehren. Wenn dies geschieht, werden die Jahrhunderte des Exils ein Ende haben. Dann werden Juden und Christen eine Nation sein, wenn sie nach Israel zurückkehren. Sie werden versöhnt, wiederhergestellt und im Land Israel vereint sein (Hesekiel 37,15-28). Wenn dieses geschieht, wird *Jeschua* seine Füße auf den Ölberg setzen und König über der ganzen Erde sein (Sacharja 14,4+9). Das messianische Zeitalter wird anbrechen, wenn *Jeschua* in Jerusalem den Nationen die Torah lehren wird (Jesaja 2,2-3).

Möge YHWH Wiederherstellung, Versöhnung und Einheit zu beiden Häusern Israels bringen. Amen!

Kapitel 12

EPHRAIM UND JUDA WERDEN EIN HAUS

In diesem Kapitel werden wir der Frage nachgehen, wann und wie die beiden Häuser wiederhergestellt und miteinander versöhnt werden. Wann wird das prophetische Wort aus Hesekiel 37,15-28 erfüllt werden?

Um diesen Fragen nachzugehen, müssen wir den Zusammenhang zwischen der Wiederherstellung der beiden Häuser Israels und dem Bund zwischen YHWH und Abraham verstehen. Darüber hinaus ist die prophetische Bedeutung des Landes Israel von großer Bedeutung, vor allem in Hinsicht auf den Nahost-Friedensprozess in der Endzeit.

In 1. Mose 15,18-21 versprach YHWH den Nachkommen Abrahams ein Land für alle Zeiten. Wie wir ebenso bereits wissen, hat YHWH in 3. Mose 25,23 angeordnet, dass das Land niemals verkauft werden dürfe.

In der schon mehrfach erwähnten Trübsalzeit werden die beiden Häuser in Israel wieder vereint werden. Dies wird durch eine große Ausgießung des Heiligen Geistes auf Ephraim und Juda geschehen, die beide an den Bund zwischen YHWH und Abraham glauben.

Während der Zeit der Wiederherstellung der beiden Häuser wird es eine große Rückkehr nach Israel geben. Dieser Prozess wird durch die mächtige Hand YHWHs erfolgen und von allen Nationen beobachtet werden. YHWH wird sein Volk wie ein Hirte zusammenführen, der seine verlorenen Schafe einsammelt und in das Land Israel bringt (Hesekiel 34,11-13).

Die Wiederherstellung von Ephraim und Juda und die Rückkehr nach Israel werden das Exil beider Häuser zu einem Abschluss bringen. Danach wird *Jeschua* seinen Fuß auf den Ölberg setzen, König über der ganzen Erde sein und von Jerusalem aus herrschen und regieren. Er wird 1000 Jahre lang allen Nationen die Torah lehren.

Das Evangelium gemäß der Torah

In diesem Kapitel lernen wir, wie der Bund, den YHWH mit Abraham geschlossen hat, mit dem jüdischen Volk verbunden ist. Wir werden eingehend betrachten, welcher Zusammenhang zwischen dem Verhalten der Völker gegenüber seinem Bund und dem von YHWH gegebenen Gericht besteht. Hierbei wird klar werden, wie das Alte Testament mit dem Neuen Testament in Zusammenhang steht. Im Alten Testament finden wir sowohl die Vorankündigung über den leidenden Messias als auch über den königlichen Messias, der die beiden Häuser durch die Kraft des Heiligen Geistes miteinander vereinen wird. Zum einen ist es der Bund YHWHs, den er mit Abraham gemacht hat und zum anderen ist es das Evangelium gemäß der Torah (Galater 3,8)!

Abrahams Same wird eingepfropft

In 1. Mose 12,1-9 rief YHWH Abraham aus Ur heraus und versprach ihm, dass er, wenn er gehorchen würde, den Nachkommen Abrahams Land versprechen würde. Außerdem erklärte YHWH Abraham, dass er die segnen würde, die den Samen Abrahams segnen und die verfluchen würde, die ihn verfluchen. In 1. Mose 12,3 steht geschrieben:

> „Ich will segnen, die dich segnen, und verfluchen, die dich verfluchen; und in dir *sollen gesegnet werden alle Geschlechter* auf Erden."

Im hebräischen Urtext geht dieser Vers wesentlich tiefer, als in der englischen und deutschen Übersetzung. Unter „Geschlechter" sind alle Familien zu verstehen, die durch den Samen Abrahams „gesegnet" sein werden. Im Deutschen heißt es: „... und in dir sollen gesegnet werden alle Geschlechter auf Erden." Auf Hebräisch heißt es:

„*Ve nivrecu bekah kol mishpachot ha-adamah.*"

Das Wort „*nivrecu*" wird in den meisten deutschen Texten mit „*sollen gesegnet werden*" übersetzt. Normalerweise wird im Hebräischen für „gesegnet sein" nicht *nivrecu* verwendet, sondern das hebräische Wort „*yivrecu*". Das Wort „*nivrecu*" ist die „*niphal*"-Konjugation von dem hebräischen Wort *barak*. Die einfachste Übersetzung für das hebräische Wort „*barak*" ist „Segen", welcher den Segen oder die Gunst YHWHs in einer bestimmten Situation erbittet. Jüdische Gebete beginnen mit dem Satz „*Baruch atah Adonai ...*", das im Deutschen mit „Gesegnet seist du, Herr ..." übersetzt wird. Dieser Satz spiegelt die Idee wieder, das „gesegnet" soviel wie von YHWH, „auserwählt" oder „begünstigt" bedeutet.

Im Talmud und anderer rabbinischer Literatur wird „*nivrecu*" mit „eingepfropft" oder „vermischt" übersetzt. Auch aus der orthodoxen jüdischen *Art Scroll Tenakh Series* (Volumen 1, Seite 432) geht hervor, dass es einen Zusammenhang zwischen dem Verb *(ve nivrecu)* und der Wurzel des Wortes *barak* gibt, die man mit „eingepfropft" oder „vermischt" übersetzen kann.

Folglich könnte 1. Mose 12,3 besser in der folgenden Weise übersetzt werden:

„Ich will segnen, die dich segnen, und verfluchen, die dich verfluchen; und in dir *sollen eingepfropft* oder *vermischt werden alle Geschlechter* auf Erden."

Der einzige Weg, dass alle Geschlechter (Familien) eingepfropft oder vermischt werden, geht über den Samen Abrahams, der in jedes Geschlecht und jede Familie der Erde assimiliert ist.

Wie erklärt die Bibel diese Zusammenhänge? Abraham hatte einen Sohn mit dem Namen Isaak, der wiederum einen Sohn mit dem Namen Jakob hatte, dessen Namen in den Namen „Israel" verändert wurde. Jakob hatte zwölf Söhne, aus denen die zwölf Stämme hervorkamen.

Im Anschluss an die Königsherrschaft Salomos wurde das Königreich Israel in das Nordreich und in Südreich geteilt. Der Prophet Hosea berichtet im 1. Kapitel, dass das Gericht für das Nordreich darin bestand, dass es auf die ganze Erde zerstreut werden würde.

Obwohl YHWH prophezeit hatte, dass sich der Same Abrahams in allen Familien der Erde wiederfinden würde, wird dennoch nicht jede einzelne Person oder Familie an das „Evangelium gemäß der Torah" glauben. Betrachtet man diese Aussage auf einer tieferen Ebene, werden diejenigen, die der Verheißung YHWHs an Abraham glauben, durch *Jeschua* ein geistliches Mitglied in der Familie YHWHs sein. Dazu lesen wir in Galater 3, Verse 8, 16 und 29:

„Auch die Tenach, die voraussah, dass Gott die Heiden für gerecht erachten würde, wenn sie durch Vertrauen leben und treu sein würden, sagte Avraham im voraus die Gute Nachricht: »In Zusammenhang mit dir werden alle Gojim gesegnet sein (nivrecu/eingepfropft)« ... Nun ergingen die Verheißungen an Abraham und seinen Samen. Es heißt nicht »und seinen Nachkommen«, als seien es viele; im Gegenteil, es ist von einem die Rede – »und seinem Samen« – und dieser »eine« ist der Messias ... Und wenn ihr zum Messias gehört, seid ihr der Same Avrahams und Erben nach der Verheißung."

Geistlich betrachtet wird jeder, der *Jeschua* als Retter annimmt und Buße über seine Sünden tut, ein Mitglied im Königreich Israel und ist in die Familie YHWHs eingepfropft. Wir lesen in Epheser 2,11-13:

„Deshalb erinnert euch an euren früheren Zustand: Ihr, Heiden von Geburt – die Unbeschnittenen genannt von denen, die lediglich durch eine Operation an ihrem Fleisch, die Beschnittenen genannt werden –, hattet zu der Zeit keinen Messias. Ihr wart entfremdet vom *nationalen Leben Jisraels*. Ihr wart Fremde dem Bund, der die Verheißung Gottes verkörperte. Ihr wart in dieser Welt, ohne Hoffnung und ohne Gott. Nun aber seid ihr, die ihr einst fern wart, durch das Vergießen des Blutes des Messias nah geworden."

In Römer 11,13+17 heißt es:

„Denen von euch jedoch, die Heiden sind, sage ich dies: Da ich selbst ein Gesandter an die Heiden bin, sage ich euch hiermit, wie wichtig meine Arbeit ist ... Doch wenn manche von den Zweigen abgebrochen wurden und du – ein wilder Ölzweig – aufgepfropft wurdest und nun teilhast an der reichen Wurzel des Ölbaums ..."

Wenn der physische Same Abrahams in jede Familie der Erde eingepflanzt ist, spricht die Bibel von der „Fülle der Nationen." Dies entspricht im Hebräischen *„melo ha goyim"*. Der Apostel Paulus bezeichnet die „Fülle der Heiden" als ein Geheimnis, das von YHWH verstanden werden sollte. So schreibt er in Römer 11,25:

„Denn, Brüder, ich möchte, dass ihr diese Wahrheit versteht, die Gott zuvor verborgen hatte, nun aber offenbart hat, damit ihr euch nicht einbildet, mehr zu wissen, als ihr tatsächlich wisst. Verhärtung ist bis zu einem gewissen Grad über Jisrael (beide Häuser) gekommen, bis die heidnische Welt eingeht in ihrer Fülle ..."

Wir können nun gut nachvollziehen, warum das Nordreich von den Vertretern des Südreichs als „Heiden" und „Christen" betrachtet wird. Durch die Fülle der Heiden wird YHWH beide Häuser versammeln, wie es in Hesekiel 37,15-18 nachzulesen ist.

Abraham ist der Vater unseres Glaubens

Der Erlösungsplan YHWHs ist dadurch erfüllt, dass YHWH mit Abraham einen Bund schloss. Aus diesem Grunde wird Abraham auch der Vater unseres Glaubens genannt (Römer 4,16). Daher erinnert YHWH sein Volk immer wieder daran, auf Abraham zu schauen. In Jesaja 51,1-4 lesen wir:

„Hört mir zu, die ihr der Gerechtigkeit nachjagt, die ihr YHWH sucht: Schaut den Fels an, aus dem ihr gehauen seid, und des Brunnens Schacht, aus dem ihr gegraben seid. Schaut Abraham an, euren Vater, und Sara, von der ihr geboren seid. Denn als einen Einzelnen berief ich ihn, um ihn zu segnen und zu mehren. Ja, YHWH tröstet Zion, er tröstet alle ihre Trümmer und macht ihre Wüste wie Eden und ihr dürres Land wie den Garten YHWHs, dass man Wonne und Freude darin findet, Dank und Lobgesang. Merkt auf mich, ihr Völker, und ihr Menschen, hört mir zu! Denn Weisung wird von mir ausgehen, und mein Recht will ich gar bald zum Licht der Völker machen."

In 1. Mose 17,1-8 bestätigt YHWH noch einmal den Bund mit Abraham:

„Als nun Abram neunundneunzig Jahre alt war, erschien ihm YHWH und sprach zu ihm ... Ich will meinen Bund zwischen mir und dir schließen und will dich über alle Maßen mehren ... Siehe, ich habe meinen Bund mit dir, und du sollst ein Vater vieler Völker werden ... Und ich will aufrichten meinen Bund zwischen mir und dir und deinen Nachkommen von Geschlecht zu Geschlecht, dass es ein ewiger Bund sei, sodass ich dein und deiner Nachkommen Elohim bin. Und ich will dir und deinem Geschlecht nach dir das Land geben, darin du ein Fremdling bist, das ganze Land Kanaan, zu ewigem Besitz und will ihr Elohim sein."

Sieben Verheißungen aus YHWHs Bund mit Abraham

- sehr fruchtbar (1. Mose 17,6)
- Abraham wird Nationen hervorbringen. (1. Mose 17,6)
- Abraham wird Könige hervorbringen. (1. Mose 17,6)
- Der Bund gilt auch den Nachkommen Abrahams. (1. Mose 17,7)
- Der Bund gilt für immer. (1. Mose 17,7)

- Die Nachkommen Abrahams werden das Land Kanaan besitzen. (1. Mose 17,8)
- Der Besitz des Landes Kanaan ist ein ewiger Besitz. (1. Mose 17,8)

Diese sieben Verheißungen des Bundes sind noch nicht in ihrem ganzen Umfang erfüllt worden. Allerdings wird dies noch geschehen. Da dieser Bund ewig ist, sind seine Verheißungen auch heute noch gültig. Ihre Erfüllung wird im messianischen Zeitalter erfolgen, wenn *Jeschua* von Jerusalem aus die Torah lehren wird.

Von Abraham bis zu Jakobs Kindern

Der Bund wurde von Abraham an Isaak weiter gereicht. So lesen wir in 1. Mose 26,1-4:

„Es kam aber eine Hungersnot ins Land nach der früheren, die zu Abrahams Zeiten war. Und Isaak zog zu Abimelech, dem König der Philister, nach Gerar. Da erschien ihm YHWH und sprach: Zieh nicht hinab nach Ägypten, sondern bleibe in dem Lande, das ich dir sage. Bleibe als Fremdling in diesem Lande, und ich will mit dir sein und dich segnen; denn dir und deinen Nachkommen will ich alle diese Länder geben und will meinen Eid wahr machen, den ich deinem Vater Abraham geschworen habe, und will deine Nachkommen mehren wie die Sterne am Himmel und will deinen Nachkommen alle diese Länder geben. Und durch dein Geschlecht sollen alle Völker auf Erden gesegnet werden."

Der Bund, den YHWH mit Abraham gemacht hatte, wurde dann an Jakob weitergereicht. So lesen wir in 1. Mose 28,10+13-14:

„Aber Jakob zog aus von Beerscheba und machte sich auf den Weg nach Haran und kam an eine Stätte, da blieb er über Nacht, denn die Sonne war untergegangen ... Und YHWH stand oben darauf und sprach: Ich bin YHWH, der Elohim deines Vaters Abraham, und Isaaks Elohim; das Land, darauf du liegst, will ich dir und deinen Nachkommen geben. Und dein Geschlecht soll werden wie der Staub auf Erden, und du sollst ausgebreitet werden gegen Westen und Osten, Norden und Süden, und durch dich und deine Nachkommen sollen alle Geschlechter auf Erden gesegnet werden (eingepfropft oder vermischt)."

Später wiederholte YHWH seine Verheißung für Jakob und änderte seinen Namen von Jakob zu Israel. Dazu lesen wir in 1. Mose 35:9-12:

„Und YHWH erschien Jakob abermals, nachdem er aus Mesopotamien gekommen war, und segnete ihn und sprach zu ihm: Du heißt Jakob; aber du sollst nicht mehr Jakob heißen, sondern Israel sollst du heißen. Und so nannte er ihn Israel. Und YHWH sprach zu ihm: Ich bin YHWH; sei fruchtbar und mehre dich! Ein Volk und eine Menge von Völkern sollen von dir kommen, und Könige sollen von dir abstammen, und das Land, das ich Abraham und Isaak gegeben habe, will ich dir geben und will's deinem Geschlecht nach dir geben."

Jakob hatte zwölf Söhne. Aus ihnen gingen die zwölf Stämme hervor. In 1. Mose 49,1-28 wird dargestellt, wie Jakob die zwölf Stämme gesegnet hat. In Vers 28 heißt es:

„Das sind die *zwölf Stämme* Israels alle, und das ist's, was ihr Vater zu ihnen geredet hat, als er sie segnete, einen jeden mit einem besonderen Segen."

Der Segen Abrahams ging an Ephraim und Manasse

Einer der zwölf Söhne Jakobs war Josef. Der Segen Abrahams, Isaaks und Jakobs wurde auf die Enkel Jakobs, Ephraim und Manasse übertragen. Jakob nahm Ephraim und Manasse an und übergibt ihnen den Segen des Bundes, den YHWH mit Abraham, Isaak und Jakob gemacht hatte. Sie erhielten das Erstgeburtsrecht. Hierzu lesen wir in 1. Mose 48,3-6:

„... und sprach zu Josef: YHWH erschien mir zu Lus im Lande Kanaan und segnete mich und sprach zu mir: Siehe, ich will dich wachsen lassen und mehren und will dich zu einer Menge von Völkern machen und will dies Land zu Eigen geben deinen Nachkommen für alle Zeit. So sollen nun deine beiden Söhne Ephraim und Manasse, die dir geboren sind in Ägyptenland, ehe ich hergekommen bin zu dir, mein sein gleichwie Ruben und Simeon. Die du aber nach ihnen zeugst, sollen dein sein und genannt werden nach dem Namen ihrer Brüder in deren Erbteil."

Ruben und Simeon waren die erstgeborenen Söhne Jakobs. Dem erstgeborenen Sohn gehört die doppelte Segensportion. Jakob hat nicht nur Ephraim und Manasse in seine Familie aufgenommen, sondern er gab ihnen auch den doppelten Segen für den Erstgeborenen. In 1. Mose 48,12-16+19 lesen wir über Jakobs Segen, den er über Ephraim und Manasse aussprach:

„Und Josef nahm sie von seinem Schoß und verneigte sich vor ihm zur Erde. Dann nahm sie Josef beide, Ephraim an seine rechte Hand gegenüber Israels linker Hand und Manasse an seine linke Hand gegenüber Israels rechter Hand, und brachte sie zu ihm. Aber Israel streckte seine rechte Hand aus und legte sie auf Ephraims, des Jüngeren, Haupt und seine linke auf Manasses Haupt und kreuzte seine Arme, obwohl Manasse der Erstgeborene war. Und er segnete Josef und sprach: Der Elohim, vor dem meine Väter Abraham und Isaak gewandelt sind, der Elohim, der mein Hirte gewesen ist mein Leben lang bis auf diesen Tag, der Engel, der mich erlöst hat von allem Übel, der segne die Knaben, dass durch sie mein und meiner Väter Abraham und Isaak Name fortlebe, dass sie wachsen und viel werden auf Erden. ... Aber sein Vater weigerte sich und sprach: Ich weiß wohl, mein Sohn, ich weiß wohl. Dieser soll auch ein Volk werden und wird groß sein, aber sein jüngerer Bruder (Ephraim) wird größer als er (Manasse) werden, und sein Geschlecht (Ephraim) wird eine Menge von Völkern werden."

Ephraim ist fruchtbar

Das hebräische Wort „Ephraim" bedeutet „doppelte Frucht" und ist in der *Strong's Konkordanz Hebräisch* unter Nr. 669 zu finden. YHWH hatte Abraham verheißen, dass sein Same sehr fruchtbar sein werde (1. Mose 17,16).

In 1. Mose 48,19 prophezeite Jakob, dass Ephraim eine „Menge von Völkern" hervorbringen würde. Dieser Ausdruck kann auch als „Fülle der Heiden" übersetzt werden. Paulus bezieht sich in Römer 11,25 auch auf die „Fülle der Heiden".

Damit die Verheißung über die „Fülle der Heiden" erfüllt werden kann, müssen die Juden am Ende der Zeiten Ephraim als „Heiden" anerkennen, wenn die beiden Häuser wieder vereint werden (Hesekiel 37,15-28).

Ephraim, also das *Haus Israel* bzw. die Christenheit, ist in den Olivenbaum eingepfropft. Das *Haus Juda* ist die natürliche Wurzel des Olivenbaums. Aus diesem Grunde hat Ephraim das *Haus Juda* nicht ersetzt, sondern ist in die natürliche Wurzel des *Hauses Juda* zusätzlich eingepfropft.

Ephraim als geistliches Bild für die Christenheit

Ephraim (das Nordreich) stellt ein geistliches Bild für die Christenheit dar. Wie kam es dazu?

- Ephraim wurde in Jakobs Familie aufgenommen. Heiden, die an *Jeschua* glauben, sind auch in die Familie YHWHs adoptiert worden (Römer 8,14-17 u. 22-23, Galater 4,4-6).
- „Ephraim" bedeutet wie gesagt „doppelte Frucht". YHWH versprach Abraham, dass seine Nachkommen besonders zahlreich sein würden (1. Mose 17,6). Dieses bringt uns zu dem Punkt, dass Ephraim zahlenmäßig größer ist als das *Haus Juda*.
- Im Hebräischen ist Ephraim das männliche Wort für *Ephratah*. Dies ist wiederum ein anderer Name für *Betlehem*, wo *Jeschua* geboren wurde (Micha 5,2; Matthäus 2,1-6).

- Ephraim ist ein Begriff für das Nordreich, das YHWHs Torah verlassen hat und sich darüber hinweggesetzt hat.
- Ephraim erfand einen Ersatz für die Synagoge. Als die Christen die jüdischen Wurzeln verließen, begannen sie, in einer Kirche anzubeten statt in einer Synagoge, wo *Jeschua* anbetete.
- Ephraim erfand auch andere Feste, anstatt sich an die biblischen Festzeiten von 3. Mose 23 zu halten. So haben die Christen die ursprünglich heidnischen Feste Weihnachten und Ostern in ihren Festkalender aufgenommen.
- Auch das biblische Priestertum des Stammes Levi (1. Könige 12,31) hat Ephraim vernachlässigt. Die Christenheit erlaubt Pastoren und Priestern, Hirten von Schafherden zu sein, obwohl sie zum Teil nicht gesalbt und dazu berufen sind.
- Ephraim mischte außerdem heidnische Praktiken in die Anbetung. YHWH nannte dies die Anbetung des goldenen Kalbs (1. Könige 12,28). Die frühe Christenheit hat römische und babylonische Praktiken mit der ursprünglichen Anbetung vermischt.

Befreiung aus Ägypten

Der Bund, den YHWH auf dem Berg Sinai mit Abraham geschlossen hatte, galt allen zwölf Stämmen Jakobs. Dazu lesen wir in 2. Mose 19,1 u. 3:

„Am ersten Tag des dritten Monats nach dem Auszug der Israeliten aus Ägyptenland, genau auf den Tag, kamen sie in die Wüste Sinai ... Und YHWH rief ihm vom Berge zu und sprach: So sollst du sagen zu dem *Hause Jakob* und den Israeliten verkündigen."

YHWH führte die Kinder Israels aus Ägypten, weil er sich in seinem Bund verpflichtet hatte. Dazu lesen wir in 1. Mose 15,13-14:

„Da sprach YHWH zu Abram: Das sollst du wissen, dass deine Nachkommen werden Fremdlinge sein in einem Lande, das nicht das ihre ist; und da wird man sie zu dienen zwingen und plagen vierhundert Jahre. Aber ich will das Volk richten, dem sie dienen müssen. Danach sollen sie ausziehen mit großem Gut."

Im 2. Mose 2,23-25 lesen wir, wie YHWH Mose berief:

„Lange Zeit aber danach starb der König von Ägypten. Und die Israeliten seufzten über ihre Knechtschaft und schrien, und ihr Schreien über ihre Knechtschaft kam vor YHWH. Und YHWH erhörte ihr Wehklagen und gedachte seines Bundes mit Abraham, Isaak und Jakob. Und YHWH sah auf die Israeliten und nahm sich ihrer an."

Nachdem Mose die Kinder Israels befreit hatte, gab YHWH Mose die Anweisung, das Volk an den Berg Sinai zu führen. So heißt es in 2. Mose 3,1+11-12:

„Mose aber hütete die Schafe Jitros, seines Schwiegervaters, des Priesters in Midian, und trieb die Schafe über die Steppe hinaus und kam an den Berg Elohims, den Horeb ... Und Mose sprach zu Elohim: Wer bin ich, dass ich zum Pharao gehe und führe die Israeliten aus Ägypten? Er sprach: Ich will mit dir sein. Und das soll dir das Zeichen sein, dass ich dich gesandt habe: Wenn du mein Volk aus Ägypten geführt hast, werdet ihr Elohim opfern auf diesem Berge."

In 2. Mose 19,1-3 brachte Mose das Haus Jakob an den Berg Sinai, wo YHWH den Bund, den er mit Abraham gemacht hatte, bestätigte und mit dem Same Abrahams in einen Ehebund eintrat.

Viele Christen betrachten den Bund, den YHWH mit Abraham gemacht hatte und jenen, den er mit dem Same Abrahams gemacht hatte, als zwei verschiedene Bündnisse. In Wirklichkeit sollte jedoch der Bund, den YHWH am Sinai gemacht hat, als Erweiterung des ersten Bundes angesehen werden. In 1. Mose 17,7 ist nachzulesen, dass YHWH einen ewigen Bund mit Abraham und seinen Nachkommen geschlossen hat. In 5. Mose 29,14-15 heißt es:

„... sondern mit euch, die ihr heute hier seid und mit uns steht vor YHWH, unserm Elohim, wie auch mit denen, die heute nicht mit uns sind. Denn ihr wisst, wie wir in Ägyptenland gewohnt haben und mitten durch die Völker gezogen sind, durch deren Land ihr zogt."

Jede Generation, die am Berg Sinai gelebt hat, wurde aus der ägyptischen Sklaverei befreit und hat nach der Durchquerung des Toten Meeres das verheißene Land erreicht. Dazu 1. Korinther 10,1-4:

„Denn, Brüder, ich will nicht, dass euch die Bedeutung dessen, was *euren Vätern* geschah, entgeht. Sie alle wurden von der Wolkensäule geführt, und *sie alle gingen durch das Meer*, und in Verbindung mit der Wolke und dem Meer tauchten sie sich alle in Mosche ein, außerdem aßen sie alle die gleiche Speise vom Geist – und sie alle tranken den gleichen Trank vom Geist, denn sie tranken aus einem vom Geist gesandten Felsen, der ihnen folgte, und dieser Felsen war der Messias."

Jeder, der *Jeschua* als seinen Herrn angenommen hat und eingepfropft ist, ist ein Erbe der Verheißung, die YHWH Abraham gegeben hat. Dies können wir in Galater 3,8+16+29 nachlesen:

„Auch die Tenach, die voraussah, dass Gott die Heiden für gerecht erachten würde, wenn sie durch Vertrauen leben und treu sein würden, sagte Avraham im voraus die Gute Nachricht: »In Zusammenhang mit dir werden alle Gojim gesegnet sein.« ... Nun ergingen die Verheißungen an Avraham und seinen Samen. Er heißt nicht »und seinen Nachkommen«, als seien es viele; im Gegenteil, es ist von einem die Rede – *»und seinem Samen«* – und dieser »eine« ist der Messias ... Und wenn ihr zum Messias gehört, seid ihr der *Same* Avrahams und Erben nach der Verheißung.

Die Kinder Israels werden am Berg Sinai eine Nation

Die Torah ist für die Familie YHWHs ein Baum des Lebens (Sprüche 3,18). Die Blätter vom Baum des Lebens (die Blätter der Torahrolle) dienen der Heilung der Nationen (Offenbarung 22,2). Abraham hielt die Torah YHWHs, wie in 1. Mose 26,5 zu lesen ist. Da der Baum des Lebens im Garten Eden war und

Abraham die Torah YHWHs einhielt, kam die Torah nicht erstmalig am Berg Sinai zustande. Die Torah YHWHs hat immer existiert und wird immer existieren.

Dass YHWH am Berg Sinai mit dem Same Abrahams in einen Ehebund eintrat, war sehr außergewöhnlich. Hiermit wurde der Same Abrahams zu einem Bundesvolk unter YHWH. Die Torah wurde zur *Ketuba* (Ehevertrag). Vor diesem Ereignis war YHWH mit seinem Volk niemals in einen Bund getreten. Hierzu lesen wir in 2. Mose 19,5-6:

„Werdet ihr nun meiner Stimme gehorchen und meinen Bund halten, so sollt ihr mein Eigentum sein vor allen Völkern; denn die ganze Erde ist mein. Und ihr sollt mir ein Königreich von Priestern und ein *heiliges Volk* sein ..."

YHWH verlobte sich am Berg Sinai mit Israel

YHWH verlobte sich am Berg Sinai mit Israel und trat in einen Ehebund ein. In Jeremia 2,1-3 heißt es:

„Und YHWHs Wort geschah zu mir: Geh hin und predige öffentlich der Stadt Jerusalem und sprich: So spricht YHWH: Ich gedenke der Treue deiner Jugend und der Liebe deiner Brautzeit, wie du mir folgtest in der Wüste, im Lande, da man nicht sät. Da war Israel YHWH heilig, die Erstlingsfrucht seiner Ernte. Wer davon essen wollte, machte sich schuldig, und Unheil musste über ihn kommen, spricht YHWH."

Die biblische Hochzeit besteht aus zwei Abschnitten, der Verlobung und dem Akt der Eheschließung. Während der Verlobung kommt es bereits zu einer rechtlichen Verbindung von Braut und Bräutigam, aber die Ehe wird noch nicht vollzogen.

Am Berg Sinai verlobte sich YHWH mit dem Same Abrahams und trat in den Ehevertrag ein. Dieser Ehevertrag schloss „viel fremdes Volk" (2. Mose 12,38) ein. Dieses „fremde Volk" war *eingepfropft* in den natürlichen Samen Abrahams.

Damit eine biblische Hochzeit legal ist, müssen Braut und Bräutigam den Ehebedingungen zustimmen. Diese werden in der *Ketuba* aufgeführt. Als YHWH sich mit Israel verlobte, wurde die Torah als Ehevertrag betrachtet. Die Kinder Israels akzeptierten die Bedingungen, wie wir in 2. Mose 19,8 nachlesen können:

> „Und alles Volk antwortete einmütig und sprach: Alles, was der YHWH geredet hat, *wollen wir tun*."

In den Bedingungen für die Ehe sind auch die Konsequenzen von Gehorsam und Ungehorsam dargestellt (3. Mose 26 und 5. Mose 28). Um den Bund, den YHWH mit Abraham gemacht hatte, zu verstehen, müssen wir ein Verständnis für diese Zusammenhänge entwickeln.

In einer biblischen Hochzeit gibt es normalerweise einen Zeugen für die Braut und einen für den Bräutigam. Auf der geistlichen Ebene gibt es zwei Zeugen, dass *Jeschua* der jüdische Messias ist. Diese beiden Zeugen sind die Torah und die Propheten. In Lukas 24,44 erklärte *Jeschua* seinen Jüngern, dass die Torah, die Propheten und die Psalmen von ihm sprechen:

> „Jeschua sagte zu Ihnen: »Das habe ich gemeint, als ich noch bei euch war und euch sagte, dass alles, was Mosche, die Propheten und die Psalmen über mich in der Torah geschrieben haben, erfüllt werden musste.«"

Als YHWH sich mit Israel am Berg Sinai verlobt hatte, wurde Mose als einer der beiden Zeugen angesehen. In 2. Mose 19,17 führte Mose die Kinder Israels zum Berg Sinai, wo die Vermählung mit YHWH unter der *chuppah* (Berg Sinai) stattfinden sollte:

> „Und Mose führte das Volk aus dem Lager YHWH entgegen und es trat unten an den Berg."

Jeder, der *Jeschua* als Messias annimmt, ihn in sein Herz einlädt und Buße tut und an sein vergossenes Blut glaubt, ist mit ihm verlobt. Für alle, die an *Jeschua* glauben, ist die *Ketuba* die Torah, die auf unsere Herzen geschrieben ist. Dies ist der neue Bund (Jeremia 31,33; Hebräer 10,15-16). Erst wenn wir mit *Jeschua* im messianischen Zeitalter zusammen leben werden, wird die Hochzeit vollzogen werden.

Gehorsam gegenüber der Torah als Voraussetzung

YHWH versprach Abraham, dass seinen Nachkommen bis in alle Ewigkeit ein Land gegeben würde (1. Mose 15,18-21 und 17,7-8). YHWH knüpfte diese Verheißung jedoch an die Bedingung, dass sein Volk die Torah einhalten und YHWH von ganzem Herzen lieben solle.

In 5. Mose 10,12-14 steht geschrieben:

„Nun, Israel, was fordert YHWH, dein Elohim, noch von dir, als dass du YHWH, deinen Elohim, fürchtest, dass du in allen seinen Wegen wandelst und ihn liebst und YHWH, deinem Elohim, dienst von ganzem Herzen und von ganzer Seele, dass du die Gebote YHWHs hältst und seine Rechte, die ich dir heute gebiete, auf dass dir's wohlgehe? Siehe, der Himmel und aller Himmel Himmel und die Erde und alles, was darinnen ist, das ist YHWHs, deines Elohims."

In 5. Mose 4,5-9 heißt es:

„Sieh, ich hab euch gelehrt Gebote und Rechte, wie mir YHWH, mein Elohim, geboten hat, dass ihr danach tun sollt im Lande, in das ihr kommen werdet, um es einzunehmen. So haltet sie nun und tut sie! Denn dadurch werdet ihr als weise und verständig gelten bei allen Völkern, dass, wenn sie alle diese Gebote hören, sie sagen müssen: Ei, was für weise und verständige Leute sind das, ein herrliches Volk! Denn wo ist so ein herrliches Volk, dem ein Elohim so nahe ist wie uns YHWH, unser Elohim, sooft wir ihn anrufen? Und wo ist so ein großes Volk, das *so gerechte Ordnungen und Gebote hat wie dies ganze Gesetz* (Torah), das ich euch heute vorlege? Hüte dich nur und bewahre deine Seele gut, dass du nicht vergisst, was deine Augen gesehen haben, und dass es nicht aus deinem Herzen kommt dein ganzes Leben lang. Und du sollst deinen Kindern und Kindeskindern kundtun."

Die Bedingungen des Ehebündnisses, das YHWH mit dem Samen Abrahams gemacht hatte, können in 3. Mose 26 und 5. Mose 28 nachgelesen werden. In 5. Mose 28,1-2 wird darüber berichtet, dass der von YHWH gegebene Segen an die Bedingung geknüpft ist, der Torah gegenüber gehorsam zu sein:

„Wenn du nun der Stimme YHWHs, deines Elohims, gehorchen wirst, dass du hältst und tust alle seine Gebote, die ich dir heute gebiete, so wird dich YHWH, dein Elohim, zum höchsten über alle Völker auf Erden machen, und weil du der Stimme YHWHs, deines Elohims, gehorsam gewesen bist, werden über dich kommen und dir zuteil werden alle diese Segnungen ..."

Die Beziehung zwischen YHWH, der den Bund, den er mit Abraham gemacht hatte, und Israel kann auch in 3. Mose 26,1-12 nachgelesen werden. In diesen Versen sehen wir Folgendes:

Wenn du in meinen Satzung und Vorschriften wandelst und sie tust ..., dann wird YHWH dir geben:
- Regen zur rechten Zeit (3. Mose 26,4)
- Frieden im Land (3. Mose 26,6)
- Sieg über Feinde (3. Mose 26,7)
- Fruchtbarkeit und Vermehrung (3. Mose 26,9)
- YHWHs Wohnung bei seinem Volk (3. Mose 26,11; Offenbarung 21,2-3)

Als YHWH inmitten seines Volkes Wohnung machte, spielte er bereits auf das messianische Zeitalter an, indem er in Jerusalem allen Nationen die Torah lehren wird (Jesaja 2,2-3).

Die Zerstreuung in alle Nationen

YHWH hat in seinem Wort deutlich gemacht, dass die Nachkommen Abrahams, die seinen Weisungen vom Sinai nicht folgen, in alle Länder der Erde zerstreut würden. Den Nachweis darüber finden wir in 5. Mose 28, Verse 15, 36-37 und 45:

„Wenn du aber nicht gehorchen wirst der Stimme YHWHs, deines Elohims, und wirst nicht halten und tun alle seine Gebote und Rechte, die ich dir heute gebiete, so werden alle diese Flüche über dich kommen und dich treffen ... YHWH wird dich und deinen König, den du über dich gesetzt hast, unter ein Volk treiben, das du nicht kennst noch deine Väter, und du wirst dort andern Göttern dienen: Holz und Steinen.

Und du wirst zum Entsetzen, zum Sprichwort und zum Spott werden unter allen Völkern, zu denen YHWH dich treibt. Alle diese Flüche werden über dich kommen und dich verfolgen und treffen, bis du vertilgt bist, weil du der Stimme YHWHs, deines Elohims, nicht gehorcht und seine Gebote und Rechte nicht gehalten hast, die er dir geboten hat."

YHWH beauftragte die Kinder Israels, dass sie beim Einzug in das Land Kanaan die Kultur der Kanaaniter zerstören sollten. In 5. Mose 7,1-5 heißt es:

„Wenn dich YHWH, dein Elohim ins Land bringt, in das du kommen wirst, es einzunehmen, und er ausrottet viele Völker vor dir her, die Hetiter, Girgaschiter, Amoriter, Kanaaniter, Perisiter, Hiwiter und Jebusiter, sieben Völker, die größer und stärker sind als du, und wenn sie YHWH, dein Elohim, vor dir dahingibt, dass du sie schlägst, so sollst du an ihnen den Bann vollstrecken. Du sollst keinen Bund mit ihnen schließen und keine Gnade gegen sie üben und sollst dich mit ihnen nicht verschwägern; eure Töchter sollt ihr nicht geben ihren Söhnen und ihre Töchter sollt ihr nicht nehmen für eure Söhne. Denn sie werden eure Söhne mir abtrünnig machen, dass sie andern Göttern dienen; so wird dann YHWHs Zorn entbrennen über euch und euch bald vertilgen. Sondern so sollt ihr mit ihnen tun: Ihre Altäre sollt ihr einreißen, ihre Steinmale zerbrechen, ihre heiligen Pfähle abhauen und ihre Götzenbilder mit Feuer verbrennen."

In diesem Abschnitt warnt YHWH die Nachkommen Abrahams, wahre Anbetung mit heidnischen Bräuchen zu vermischen.

In 5. Mose 30,1-5 heißt es:

„Wenn nun dies alles über dich kommt, es sei der Segen oder der Fluch, die ich dir vorgelegt habe, und du es zu Herzen nimmst, wenn du unter den Heiden bist, unter die dich YHWH, dein Elohim, verstoßen hat, und du dich bekehrst zu YHWH, deinem Elohim, dass du seiner Stimme gehorchst, du und deine Kinder, von ganzem Herzen und von ganzer Seele in allem, was ich dir heute gebiete, so wird YHWH, dein Elohim, deine Gefangenschaft wenden und sich deiner erbarmen und wird dich wieder sammeln aus allen Völkern, unter die dich YHWH, dein Elohim, verstreut hat. Wenn du bis ans Ende des Himmels verstoßen wärst, so wird dich doch YHWH, dein Elohim, von dort sammeln und dich von dort holen und wird dich in das Land bringen, das deine Väter besessen haben, und du wirst es einnehmen, und er wird dir Gutes tun und dich zahlreicher machen, als deine Väter waren."

Die Erfüllung dieser Verheißung besteht in der Wiederherstellung der beiden Häuser Israel (prophezeit in Hesekiel 37,15-28).

Der Auftrag, das Land zu besitzen

YHWH befahl dem Same Abrahams durch das Wort des Moses, das Land, das YHWH Abraham verheißen hatte, in Besitz zu nehmen. So heißt es in 5. Mose 1, Verse 3, 5 und 8:

„Und es geschah im vierzigsten Jahr am ersten Tage des elften Monats, da redete Mose mit den Israeliten alles, wie es ihm YHWH für sie geboten hatte ... Jenseits des Jordans im Lande Moab fing Mose an, dies Gesetz auszulegen, und sprach: ... Siehe, ich habe das Land vor euren Augen dahingegeben. Zieht hinein und nehmt das Land ein, von dem YHWH euren Vätern Abraham, Isaak und Jakob geschworen hat."

Zwölf Kundschafter untersuchen das Land

YHWH beauftrage Mose, jeweils ein Mitglied der zwölf Stämme in das verheißene Land zu senden. Dieses Ereignis lässt sich folgendermaßen zusammenfassen:
- Ein Mitglied pro Stamm sollte das Land erkunden. (4. Mose 13,1-17)
- Josua war vom Stamm Ephraim (Nördliches Königreich) und Kaleb kam aus dem Stamm Juda (Südliches Königreich).
- Nur Josua und Kaleb kamen mit der Nachricht zurück, dass die Kinder Israels das Land in Besitz nehmen könnten, das YHWH verheißen hatte.

- Zehn Kundschafter kamen mit negativen Berichten zurück. Sie waren der Ansicht, dass die Kinder Israels das Land nicht in Besitz nehmen könnten. (4. Mose 13,17-20+25-33)
- YHWHs Strafe für alle, die den negativen Berichten glaubten, bestand darin, 40 Jahre lang in der Wüste umherzureisen. Für einen Tag des Erkunden des Landes gab es ein Jahr Wüste. (4. Mose 14,26-34)

YHWHs Auftrag, das verheißene Land zu erobern

Als YHWH Josua beauftragte, in das verheißene Land zu ziehen, wiederholte YHWH die Verheißung, die er schon Abraham gegeben hatte. So heißt es in Josua 1,1-4:

„Nachdem Mose, der Knecht YHWHs, gestorben war, sprach YHWH zu Josua, dem Sohn Nuns, Moses Diener: Mein Knecht Mose ist gestorben; so mach dich nun auf und zieh über den Jordan, du und dies ganze Volk, in das Land, das ich ihnen, den Israeliten, gegeben habe. Jede Stätte, auf die eure Fußsohlen treten werden, habe ich euch gegeben, wie ich Mose zugesagt habe. Von der Wüste bis zum Libanon und von dem großen Strom Euphrat bis an das große Meer gegen Sonnenuntergang, das ganze Land der Hetiter, soll euer Gebiet sein."

Nach dem Tod Josuas besaßen die Kinder Israels das Land Kanaan (Josua 21,43-45). Sie besaßen nicht das gesamte Land, das YHWH Abraham verheißen hatte. In 1. Mose 15,18-21 steht geschrieben, dass die Nachkommen Abrahams das Land vom Nil bis zum Euphrat und Kanaan besitzen würden (1. Mose 17,8).

YHWH beruft Richter

Nach Josuas Tod begann die Zeit der Richter. YHWH ließ zu, dass einige Teile des Landes Kanaan, das er Abraham verheißen hatte, noch unerobert blieben (Richter 1,27-34). Hiermit wollte er das Herz der Nachkommen Abrahams testen und sehen, ob sie wirklich seiner Torah gegenüber gehorsam waren und an den Bund glaubten, den YHWH mit Abraham gemacht hatte. In Richter 3,1-4 steht geschrieben:

„Dies sind die Völker, die YHWH übrig ließ – damit er durch sie Israel prüfte, alle, die nichts wussten von den Kriegen um Kanaan, und die Geschlechter Israels Krieg führen lehrte, die früher nichts davon wussten –, nämlich die fünf Fürsten der Philister und alle Kanaaniter und Sidonier und Hiwiter, die am Gebirge Libanon wohnten, vom Berg Baal-Hermon an bis dorthin, wo man nach Hamat kommt. Diese blieben, um Israel durch sie zu prüfen, damit es kund würde, ob sie den Geboten YHWHs gehorchten, die er ihren Vätern durch Mose geboten hatte."

Die Sünden der Kinder Israels im verheißenen Land

Der Ehevertrag, den Mose am Berg Sinai empfangen hatte, enthielt klare Anweisungen über das Verhalten des Volkes Israel gegenüber anderen Nationen, die sich im Land Kanaan aufhielten. In 5. Mose 7,1-5 gab YHWH folgende Anweisungen:

- Es soll nicht zur Heirat kommen zwischen den Töchtern Israels und den Töchtern der Nationen.

- Diene nicht den Göttern anderer Nationen.

- Zerstöre die Plätze der Anbetung, Altäre und Götzenbilder der Nationen.

Anhand dieser Anweisungen sehen wir, dass YHWH die Nachkommen Abrahams angewiesen hatte, im Land Kanaans zu leben, ohne die dort vorgefundene Kultur anzunehmen. Das Wertesystem des damaligen verheißenen Landes entspricht dem Wertesystem, das auch heute unsere westliche Kultur bestimmt. Dieses System basiert auf griechischem, römischem und babylonischem Denken. YHWH ruft uns alle aus diesem System heraus. Dazu heißt es in Offenbarung 18,4:

„Dann hörte ich eine andere Stimme aus dem Himmel sagen: »Mein Volk, komm heraus aus ihr! – Damit du nicht teilhast an ihren Sünden, damit du nicht angesteckt wirst von ihren Plagen, denn ihre Sünden sind eine erstickende Masse, die zum Himmel hinaufreicht, und Gott hat sich an ihre Verbrechen erinnert.«

Die Untreue gegenüber dem Ehevertrag

Als die Kinder Israels in Kanaan angekommen waren, dienten sie jedoch den Göttern der Kanaaniter (Richter 2,12) und verheirateten sich mit den Kanaaniterinnen (Richter 3,5-6). Diese Sünden führten dazu, dass die Nachkommen Abrahams nicht die gesamte Fläche erobern konnten, die Abraham verheißen worden war (1. Mose 17,7-8).

Als dann allerdings die Nachkommen Abrahams von ihren Sünden Buße taten, schickte YHWH Richter, die die Kinder Israels von ihren Feinden befreiten. Eines Tages starben die Richter jedoch. Da wurden die Kinder Abrahams wieder ungehorsam gegenüber der Torah (Richter 2,11-21).

Einer der Götter, denen die Nachkommen Abrahams dienten, war Astaroth (Richter 2,13). Sie war die Göttin der Sexualität und Fruchtbarkeit. Während des Römischen Reiches wurde die heidnische Anbetung Astaroths „christianisiert" und daraus Ostern gemacht. Der Brauch von Ostereiern und Hasen geht somit auf die Anbetung Astaroths und die Fruchtbarkeit der Erde zurück.

In Richter 2,11-21 steht eine Übersicht über die Sünden von Abrahams Nachkommen.

„Da taten die Israeliten, was YHWH missfiel, und dienten den Baalen und verließen YHWH, den Elohim ihrer Väter, der sie aus Ägyptenland geführt hatte, und folgten andern Göttern nach von den Göttern der Völker, die um sie her wohnten, und beteten sie an und erzürnten YHWH. Denn sie verließen je und je YHWH und dienten dem Baal und den Astarten. So entbrannte denn der Zorn YHWHs über Israel und er gab sie in die Hand von Räubern, die sie beraubten, und verkaufte sie in die Hände ihrer Feinde ringsumher. Und sie konnten nicht mehr ihren Feinden widerstehen, sondern sooft sie auszogen, war YHWHs Hand wider sie zum Unheil, wie denn YHWH ihnen gesagt und geschworen hatte. Und sie wurden hart bedrängt. Wenn dann YHWH Richter erweckte, die ihnen halfen aus der Hand der Räuber, so gehorchten sie den Richtern auch nicht, sondern liefen andern Göttern nach und beteten sie an und wichen bald von dem Wege, auf dem ihre Väter gegangen waren, als sie YHWHs Geboten gehorchten; sie jedoch taten nicht wie diese. Wenn aber YHWH ihnen Richter erweckte, so war YHWH mit dem Richter und errettete sie aus der Hand ihrer Feinde, solange der Richter lebte. Denn es jammerte YHWH ihr Wehklagen über die, die sie unterdrückten und bedrängten. Wenn aber der Richter gestorben war, so fielen sie wieder ab und trieben es ärger als ihre Väter, indem sie andern Göttern folgten, ihnen zu dienen und sie anzubeten. Sie ließen nicht von ihrem Tun noch von ihrem halsstarrigen Wandel. Darum entbrannte der Zorn YHWHs über Israel und er sprach: Weil dies Volk meinen Bund übertreten hat, den ich ihren Vätern geboten habe, und gehorcht meiner Stimme nicht, so will ich auch hinfort die Völker nicht vertreiben, die Josua übrig gelassen hat, als er starb."

Israels Wunsch nach einem König

Nach der Zeit der Richter begann Israel, nach einem König zu verlangen. Anstatt sich YHWH als dem König der Könige unterzuordnen, verlangte das Volk nach einem eigenen König, der bei ihnen leben würde. So heißt es in 1. Samuel 8,1+3-10:

„Als aber Samuel alt geworden war, setzte er seine Söhne als Richter über Israel ein … Aber seine Söhne wandelten nicht in seinen Wegen, sondern suchten ihren Vorteil und nahmen Geschenke und beugten das Recht. Da versammelten sich alle Ältesten Israels und kamen nach Rama zu Samuel und sprachen zu ihm: Siehe, du bist alt geworden und deine Söhne wandeln nicht in deinen Wegen. So setze nun einen König über uns, der uns richte, wie ihn alle Heiden haben. Das missfiel Samuel, dass sie sagten: Gib uns einen König, der uns richte. Und Samuel betete zu YHWH. YHWH aber sprach zu Samuel: Gehorche der Stimme des Volks in allem, was sie zu dir gesagt haben; denn sie haben nicht dich, sondern mich verworfen, dass ich nicht mehr König über sie sein soll. Sie tun dir, wie sie immer getan haben von dem Tage an, da ich sie aus Ägypten führte, bis auf diesen Tag, dass sie mich verlassen und andern Göttern gedient haben. So gehorche nun ihrer Stimme. Doch warne sie und verkünde ihnen das Recht des Königs, der über sie herrschen wird. Und Samuel sagte alle Worte YHWHs dem Volk, das von ihm einen König forderte."

YHWH warnte die Nachkommen Abrahams, dass sie von einem erwünschten König sehr hart behandelt werden würden. Außerdem warnte YHWH davor, dass er dem Volk nicht helfen würde, wenn es zu ihm wegen eines bösen Königs schreien würde. Dennoch wollte das Volk unbedingt einen König haben – genau wie andere Nationen auch. Deshalb war YHWH böse mit seinem Volk, weil sie einen König wollten und ihn als ihren eigentlichen König ablehnten. Hierzu lesen wir in 1. Samuel 8,18-20:

„Wenn ihr dann schreien werdet zu der Zeit über euren König, den ihr euch erwählt habt, so wird euch YHWH zu derselben Zeit nicht erhören. Aber das Volk weigerte sich, auf die Stimme Samuels zu hören, und sie sprachen: Nein, sondern ein König soll über uns sein, dass wir auch seien wie alle Heiden, dass uns unser König richte und vor uns her ausziehe und unsere Kriege führe!"

Saul wurde der erste König von Israel (1. Samuel 10) und David der zweite (1. Samuel 16,1-13).

YHWH verspricht David Gnade

David war ein Mann nach YHWHs Herzen (Apostelgeschichte 13,22), weil er die Torah liebte (Psalm 119). Deshalb gewährte YHWH ihm Gnade. So lesen wir in 2. Samuel 7,11-17:

„Seit der Zeit, da ich Richter über mein Volk Israel bestellt habe, will ich dir Ruhe geben vor allen deinen Feinden. Und YHWH verkündigt dir, dass YHWH dir ein Haus bauen will. Wenn nun deine Zeit um ist und du dich zu deinen Vätern schlafen legst, will ich dir einen Nachkommen erwecken, der von deinem Leibe kommen wird; dem will ich sein Königtum bestätigen. Der soll meinem Namen ein Haus bauen, und ich will seinen Königsthron bestätigen ewiglich. Ich will sein Vater sein und er soll mein Sohn sein. Wenn er sündigt, will ich ihn mit Menschenruten und mit menschlichen Schlägen strafen; aber meine Gnade soll nicht von ihm weichen, wie ich sie habe weichen lassen von Saul, den ich vor dir weggenommen habe. Aber dein Haus und dein Königtum sollen beständig sein in Ewigkeit vor mir, und dein Thron soll ewiglich bestehen. Als Nathan alle diese Worte und dies Gesicht David gesagt hatte ..."

In Psalm 89,1-4 heißt es:

„Ich will singen von der Gnade YHWHs ewiglich und seine Treue verkünden mit meinem Munde für und für; denn ich sage: Für ewig steht die Gnade fest; du gibst deiner Treue sicheren Grund im Himmel. »Ich habe einen Bund geschlossen mit meinem Auserwählten, ich habe David, meinem Knechte, geschworen: Ich *will deinem Geschlecht festen Grund geben auf ewig* und deinen Thron bauen für und für.«"

YHWH gewährte den Nachkommen Davids Gnade im Sinne der Torah. Obwohl die Nachkommen Abrahams ungehorsam gegenüber dem Ehevertrag gewesen waren, versprach YHWH, den Nachkommen Davids Gnade zu gewähren. *Jeschua* stammt aus dem Geschlecht Davids und durch sein Erlösungswerk an uns wurde der Bund, den YHWH mit Abraham gemacht hatte, erfüllt. Dazu lesen wir in Psalm 89, Verse 21, 25 und 29-37:

„Ich habe gefunden meinen Knecht David, ich habe ihn gesalbt mit meinem heiligen Öl. ... Aber meine Treue und Gnade soll bei ihm sein, und sein Haupt soll erhöht sein in meinem Namen. ... Ich will ihm ewiglich bewahren meine Gnade, und mein Bund soll ihm festbleiben. Ich will ihm ewiglich Nachkommen geben und seinen Thron erhalten, solange der Himmel währt. Wenn aber seine Söhne mein Gesetz verlassen und in meinen Rechten nicht wandeln, wenn sie meine Ordnungen entheiligen und meine Gebote nicht halten, so will ich ihre Sünde mit der Rute heimsuchen und ihre Missetat mit Plagen; aber meine Gnade will ich nicht von ihm wenden und meine Treue nicht brechen. Ich will meinen Bund nicht entheiligen und nicht ändern, was aus meinem Munde gegangen ist. Ich habe einmal geschworen bei meiner Heiligkeit und will David nicht belügen: Sein Geschlecht soll ewig bestehen und sein Thron vor mir wie die Sonne ..."

David ermahnte die Nachkommen Abrahams daran, immer an den Bund von YHWH mit Abraham zu denken. Dazu lesen wir in 1. Chronik 16,13-18:

„Ihr, das Geschlecht Israels, seines Knechts, ihr Söhne Jakobs, seine Auserwählten! Er ist YHWH, unser Elohim, er richtet in aller Welt. *Gedenket ewig seines Bundes,* des Wortes, das er verheißen hat für tausend Geschlechter, *den er gemacht hat mit Abraham,* und seines Eides, den er Isaak geschworen hat, den er Jakob gesetzt hat zur Satzung und Israel zum *ewigen Bund* und sprach: Dir will ich das Land Kanaan geben, das Los eures Erbteils."

Die Herrschaft Salomos

Nach David wurde Salomo der König Israels. Er war einer der weisesten Menschen, die je gelebt haben. Er schrieb seine Weisheit im Buch der Sprüche auf. Warum war Salomo so weise? YHWH gab Salomo die Weisheit, gemäß der Torah und der Gebote über das Volk zu herrschen und zu regieren. YHWH war Salomo im Traum erschienen und hatte ihn gefragt, was er ihm geben solle. Salomo bat ihn um die Weisheit, zwischen gut und böse zu unterscheiden. In 1. Könige 3,9-12+14 lesen wir:

„So wollest du deinem Knecht ein gehorsames Herz geben, damit er dein Volk richten könne und verstehen, was gut und böse ist. Denn wer vermag dies dein mächtiges Volk zu richten? Das gefiel YHWH, dass Salomo darum bat. Und YHWH sprach zu ihm: Weil du darum bittest und bittest weder um langes Leben noch um Reichtum noch um deiner Feinde Tod, sondern um Verstand, zu hören und recht zu richten, siehe, so tue ich nach deinen Worten. Siehe, ich gebe dir ein weises und verständiges Herz, sodass deinesgleichen vor dir nicht gewesen ist und nach dir nicht aufkommen wird ... Und wenn du in meinen Wegen wandeln wirst, dass du hältst meine Satzungen und Gebote, wie dein Vater David gewandelt ist, so werde ich dir ein langes Leben geben."

Während der Herrschaft Salomos besaßen die Nachkommen Abrahams die größte Landfläche, die sie je zum Besitz hatten. Die Regierungszeit Salomos ist ein prophetisches Bild für den Frieden Israels im messianischen Zeitalter.

Die Teilung von Salomos Reich

YHWH hatte Salomo befohlen, der Torah und den Geboten Folge zu leisten. Da sich Salomo jedoch nicht daran hielt und anderen Göttern anhing, zerstreute YHWH die Nachkommen Abrahams über alle Länder der Erde. Dazu lesen wir 1. Könige 9,1-9:

„Und als Salomo das Haus YHWHs gebaut hatte und das Haus des Königs und alles, was er zu machen gewünscht hatte, erschien ihm YHWH zum zweiten Mal, wie er ihm erschienen war in Gibeon. Und YHWH sprach zu ihm: Ich habe dein Gebet und Flehen gehört, das du vor mich gebracht hast, und habe dies Haus geheiligt, das du gebaut hast, dass ich meinen Namen dort wohnen lasse ewiglich, und meine Augen und mein Herz sollen da sein allezeit. Und du, wenn du vor mir wandelst, wie dein Vater David gewandelt ist, mit rechtschaffenem Herzen und aufrichtig, dass du alles tust, was ich dir geboten habe, und meine Gebote und meine Rechte hältst, so will ich bestätigen den Thron deines Königtums über Israel ewiglich, wie ich deinem Vater David zugesagt habe: Es soll dir nicht fehlen an einem Mann auf dem Thron Israels. Werdet ihr euch aber von mir abwenden, ihr und eure Kinder, und nicht halten meine Gebote und Rechte, die ich euch vorgelegt habe, und hingehen und andern Göttern dienen und sie anbeten, so werde ich Israel ausrotten aus dem Lande, das ich ihnen gegeben habe, und das Haus, das ich meinem Namen geheiligt habe, will ich verwerfen von meinem Angesicht; und Israel wird ein Spott und Hohn sein unter allen Völkern (in alle Nationen zerstreut – 5. Mose 28,37). Und dies Haus wird eingerissen werden, sodass alle, die vorübergehen, sich entsetzen werden und höhnen und sagen: Warum hat YHWH diesem Lande und diesem Hause das angetan? Dann wird man antworten: Weil sie YHWH, ihren Elohim, verlassen haben, der ihre Väter aus Ägyptenland führte, und andere Götter angenommen und sie angebetet und ihnen gedient haben – darum hat YHWH all dies Unheil über sie gebracht."

Obwohl YHWH Salomo gewarnt hatte, heiratete er fremdländische Frauen. YWHW wurde wegen dieses Ungehorsams zornig und sagte ihm, dass deswegen sein Reich geteilt werde würde. Dazu lesen wir in 1. Könige 11,9-13:

„YHWH aber wurde zornig über Salomo, dass er sein Herz von YHWH, dem Elohim Israels, abgewandt hatte, der ihm zweimal erschienen war und ihm geboten hatte, dass er nicht andern Göttern nachwandelte. Er aber hatte nicht gehalten, was ihm YHWH geboten hatte. Darum sprach YHWH zu Salomo: Weil das bei dir geschehen ist und du meinen Bund und meine Gebote nicht gehalten hast, die ich dir geboten habe, so will ich das Königtum von dir reißen und einem deiner Großen geben. Doch zu deiner Zeit will ich das noch nicht tun um deines Vaters David willen, sondern aus der Hand deines Sohnes will ich's reißen. Doch will ich nicht das ganze Reich losreißen; einen Stamm will ich deinem Sohn lassen um Davids willen, meines Knechts, und um Jerusalems willen, das ich erwählt habe."

Jerobeam und das Nordreich

Das Herrschaftsgebiet Salomos wurde bekanntlich in das Nordreich und das Südreich aufgeteilt. Jerobeam war ein Ephraimiter und wurde der Herrscher über das Nordreich. Rehabeam wurde der Herrscher des Südreichs. In 1. Könige 11,30-38 lesen wir, wie es dazu kam, dass Jerobeam der König des Nordreichs wurde:

„Und Ahija fasste den neuen Mantel, den er anhatte, und riss ihn in zwölf Stücke und sprach zu Jerobeam: Nimm zehn Stücke zu dir! Denn so spricht YHWH, der Elohim Israels: Siehe, ich will das Königtum aus der Hand Salomos reißen und dir zehn Stämme geben – einen Stamm soll er haben um meines Knechts David willen und um der Stadt Jerusalem willen, die ich erwählt habe aus allen Stämmen Israels –, weil er mich verlassen hat und angebetet die Astarte, die Göttin der Sidonier, Kemosch, den Gott der Moabiter, und Milkom, den Gott der Ammoniter, und nicht in meinen Wegen gewandelt ist und nicht getan hat, was mir wohlgefällt, meine Gebote und Rechte, wie sein Vater David. Ich will aber aus seiner Hand das Reich noch nicht nehmen, sondern ich will ihn Fürst sein lassen sein Leben lang um meines Knechtes David willen, den ich erwählt habe und der meine Gebote und Rechte gehalten hat. Aber aus der Hand seines Sohnes will ich das Königtum nehmen und will dir zehn Stämme und seinem Sohn einen Stamm geben, damit mein Knecht David vor mir eine Leuchte habe allezeit in der Stadt Jerusalem, die ich mir erwählt habe, um meinen Namen dort wohnen zu lassen. So will ich nun dich nehmen, dass du regierst über alles, was dein Herz begehrt, und König sein sollst über Israel. Wirst du nun gehorchen allem, was ich dir gebieten werde, und in meinen Wegen wandeln und tun, was mir gefällt, und meine

Rechte und Gebote halten, wie mein Knecht David getan hat, so will ich mit dir sein und dir ein beständiges Haus bauen, wie ich es David gebaut habe, und will dir Israel geben."

Jerobeam war also ein Ephraimiter, wie wir dies in 1. Könige 11,26+28 nachlesen können:

„Auch Jerobeam, der Sohn Nebats, war ein Ephraimiter von Zereda, und Salomos Vogt. Und Jerobeam war ein tüchtiger Mann ... Und Salomo setzte ihn über das Haus Josef."

Vier Begriffe beschreiben das Nordreich:
- Das Haus Israel (1. Könige 12,21; Jeremia 31,31)
- Das Haus Josef (1. Könige 11,28)
- Samaria (Hosea 7,1 u. 8,5-6 u. 13,16)
- Ephraim (Hosea 4,17 u. 5,3 u. 7,1)

Das Anbetungssystem des goldenen Kalbes

Im Nordreich wurde YHWH nach dem Prinzip des „goldenen Kalbes" angebetet. Diese Art der Anbetung beinhaltet eine Mischung von heidnischem Kult und wahrer Anbetung. Diese Mischung wird als „wahrer Lobpreis" bezeichnet. In 2. Mose 32 wird diese falsche Form der Anbetung erstmalig erwähnt. So lesen wir in den Versen 3-6:

„Da riss alles Volk sich die goldenen Ohrringe von den Ohren und brachte sie zu Aaron. Und er nahm sie von ihren Händen und bildete das Gold in einer Form und machte ein gegossenes Kalb. Und sie sprachen: Das ist dein Elohim, Israel, der dich aus Ägyptenland geführt hat! Als das Aaron sah, baute er einen Altar vor ihm und ließ ausrufen und sprach: Morgen ist YHWHs Fest. Und sie standen früh am Morgen auf und opferten Brandopfer und brachten dazu Dankopfer dar. Danach setzte sich das Volk, um zu essen und zu trinken, und sie standen auf, um ihre Lust zu treiben."

Im Nordreich wurde unter der Herrschaft von Jerobeam also eine Anbetung etabliert, die das goldene Kalb anbetete. Davon heißt es auch in 1. Könige 12,28-30:

„Und der König hielt einen Rat und machte *zwei goldene Kälber* und sprach zum Volk: Es ist zu viel für euch, dass ihr hinauf nach Jerusalem geht; siehe, da ist dein Elohim, Israel, der dich aus Ägyptenland geführt hat. Und er stellte eins in Bethel auf und das andere tat er nach Dan. Und das geriet zur Sünde, denn das Volk ging hin vor das eine in Bethel und vor das andere in Dan."

Das hebräische Wort *Bethel* bedeutet „Haus YHWHs (Els)." Dan kommt von dem hebräischen Wort *Din* und bedeutet „Gericht."

Jerobeam institutionalisierte die Anbetung des goldenen Kalbs, nannte sie „wahre Anbetung" und legte so die Grundlage für das historische Christentum.

Jeschua und seine Jünger waren Juden, die sich an die Torah gehalten haben. Die späteren Nachfolger *Jeschuas* wurden als „Sekte" bezeichnet. Sie hielten den Sabbat, feierten die biblischen Feste und beteten in Synagogen an. Man nannte diese Nachfolger *Jeschua* die Christen von Antiochien (Apostelgeschichte 11,26) oder „messianisch" in David H. Sterns Übertragung.

Als sich das Christentum in der westlichen Welt ausbreitete und mehr und mehr Nichtjuden *Jeschua* als ihren Retter annahmen, begann die Christenheit unter dem Einfluss der katholischen Kirche heidnische und mythraische (Adjektiv zum Sonnengott Myhtras, Anm. d. ÜS) Elemente in den Glauben einzubauen. Im modernen Christentum werden immer noch heidnische Elemente mit wahrer Anbetung vermischt. So werden anstatt der biblischen Feste Weihnachten und Ostern gefeiert. Anstatt den Sabbat zu halten, wird der Sonntag gefeiert, um nur einige Beispiele zu nennen.

Bevor das Christentum im Römischen Reich angenommen wurde, war der Mythraismus die Hauptreligion. Im Mythraismus liegt der Schwerpunkt auf der Anbetung der Sonne. Der Tag der Sonnenanbetung war der Sonn-Tag. Das Geburtsdatum des Sonnengottes ist der 25. Dezember. Durch den Einfluss der römisch-katholischen Kirche wurde der biblische Sabbat durch den Sonntag ersetzt. Anstelle des Geburtstages des Sonnengottes feierte man seit jener Zeit die Geburt *Jeschuas* am 25. Dezember.

Ostern geht auf die heidnische Praxis zurück, in der man das Wiederaufleben der Natur und den Frühling feiert. Historisch gesehen war Ostern das Fest, bei dem die Liebesgöttin Istar angebetet wurde. In der Bibel wird Istar Astaroth genannt. YHWH verurteilte den Same Abrahams, weil sie die Liebesgöttin Astaroth angebetet hatten (1. Könige 11,5+33; 2. Könige 23,13). Wenn die moderne Christenheit auch nicht unmittelbar die Sonne oder die Liebesgöttin Astaroth anbetet, bewegt sie sich dennoch in den Praktiken dieser Anbetung. Deshalb versteckt sich viel Heidnisches hinter der westlichen Art des Lobpreises.

Falsche Anbetung

Die Hauptmerkmale der Anbetung im Nordreich waren:
- Die Maßstäbe der Torah aufgeben.
- Einen Ersatztag für die Anbetung erwählen.
- Einen Ersatzort für die Anbetung wählen.
- Ein Ersatzpriestertum für die Anbetung wählen.

Im Folgenden sollen diese Merkmale genauer betrachtet werden. Dabei kann man erkennen, dass die Sünden des Nordreichs denen der Christenheit ähneln.
- Ephraim, ein Begriff für das nördliche Königreich Israels, verließ die Torah und nannte sie „etwas Unverständliches" (fremde Lehre, Hosea 8,12). Heute wird die Torah von der Christenheit als „etwas Unverständliches" angesehen.
- Ephraim richtete Dan und Bethel als Orte der Anbetung ein und ersetzte somit Jerusalem als Anbetungsort (1. Könige 12,29; 5. Mose 16,16). Die Christenheit betet heute in Kirchen an anstatt in einer Synagoge, in der *Jeschua* anbetete (Lukas 4,14-16).
- Ephraim richtete Feiertage ein, die außerhalb der biblischen Feste lagen. Das Laubhüttenfest, das für den siebten Monat vorgesehen ist (3. Mose 23,34) wurde von Jerobeam auf den

achten Monat verschoben (1. Könige 12,32-33). Das historische Christentum hat Weihnachten und Ostern eingeführt und sich nicht an die in 3. Mose vorgeschriebenen biblischen Feste gehalten. *Jeschua* hatte sich an die biblischen Feste gehalten (Lukas 2,41-42).
- Ephraim richtete ein Ersatzpriestertum ein und hielt sich nicht an die Priester des Stammes Levi (1. Könige 12,31). Das Christentum erlaubt gemeinhin Pastoren und Priestern, die nicht für den Dienst gesalbt sind, ihr Amt auszuüben.
- Ephraim mischte heidnische Elemente mit wahrer Anbetung YHWHs und nannte diese Mischung dann wahre Anbetung (1. Könige 12,28).

YHWHs Gericht über sein Volk

Als sich YHWH mit den Nachkommen Abrahams am Sinai verlobt hatte (Jeremia 2,1-3), schloss er mit ihnen in einen Ehevertrag. In 5. Mose 28,15+36-37 lesen wir, dass ein scharfes Urteil über alle ergehen würde, die nicht die Torah einhalten:

„Wenn du aber nicht gehorchen wirst der Stimme YHWHs, deines Elohims, und wirst nicht halten und tun alle seine Gebote und Rechte, die ich dir heute gebiete, so werden alle diese Flüche über dich kommen und dich treffen ... YHWH wird dich und deinen König, den du über dich gesetzt hast, unter ein Volk treiben, das du nicht kennst noch deine Väter, und du wirst dort andern Göttern dienen: Holz und Steinen. Und du wirst zum Entsetzen, zum Sprichwort und zum Spott werden unter allen Völkern, zu denen YHWH dich treibt."

Aufgrund von Ungehorsam gegenüber dem Ehevertrag (also gegenüber der Torah) kam das Gericht YHWHs sowohl über das Nordreich als auch über das Südreich. Zu Beginn wurde das Nordreich in die assyrische Gefangenschaft geschickt und das südliche Königreich geriet in die babylonische Gefangenschaft. Im Laufe der Zeit wurden beide Reiche in ein weltweites Exil geschickt. Das Nordreich gelangte in zahlreiche Länder der Erde, wo es zur Assimilation mit heidnischen Kulturen kam. Das Südreich wurde nach der Zerstörung des zweiten Tempels im Jahre 70 n. J. ebenfalls ins Exil geschickt. Allerdings standen die Juden des Südreichs mehr zu ihrer jüdischen Identität und hielten an der Torah fest.

Das Nordreich in der der assyrischen Gefangenschaft

Da das Nordreich den Ehevertrag mit YHWH gebrochen hatte, sandte YHWH Gericht über das Nordreich. So lesen wir in 2. Könige 17,7-23:

„Denn die Israeliten hatten gegen YHWH, ihren Elohim, gesündigt, der sie aus Ägyptenland geführt hatte, aus der Hand des Pharao, des Königs von Ägypten, und fürchteten andere Götter und wandelten nach den Satzungen der Heiden, die YHWH vor Israel vertrieben hatte, und taten wie die Könige von Israel. Und die Israeliten ersannen, was nicht recht war gegen YHWh, ihren Elohim, sodass sie sich Höhen bauten in allen Orten, von den Wachttürmen bis zu den festen Städten, und richteten Steinmale auf und Ascherabilder auf allen hohen Hügeln und unter allen grünen Bäumen und opferten auf allen Höhen wie die Heiden, die YHWH vor ihnen weggetrieben hatte, und trieben böse Dinge, womit sie YHWH erzürnten, und dienten den Götzen, von denen YHWH zu ihnen gesagt hatte: Das sollt ihr nicht tun! Und doch hatte YHWH Israel und Juda gewarnt durch alle Propheten und alle Seher und ihnen sagen lassen: Kehrt um von euren bösen Wegen und haltet meine Gebote und Rechte nach dem ganzen Gesetz (Torah), das ich euren Vätern geboten habe und das ich zu euch gesandt habe durch meine Knechte, die Propheten. Aber sie gehorchten nicht, sondern versteiften ihren Nacken wie ihre Väter, die nicht an YHWH, ihren Elohim, glaubten. Dazu verachteten sie seine Gebote und seinen Bund, den er mit ihren Vätern geschlossen hatte, und seine Warnungen, die er ihnen gab, und wandelten ihren nichtigen Götzen nach und trieben Nichtiges. Sie taten wie die Heiden um sie her, von denen YHWH ihnen geboten hatte, sie sollten nicht wie diese tun. Aber sie verließen alle Gebote YHWHs, ihres Elohims, und machten sich zwei gegossene Kälber und ein Bild der Aschera und beteten alles Heer des Himmels an und dienten Baal und ließen ihre Söhne und Töchter durchs Feuer gehen und gingen mit Wahrsagen und Zauberei um und verkauften sich, zu tun, was YHWH missfiel, um ihn zu erzürnen. Da wurde YHWH sehr zornig über Israel und tat es von seinem Angesicht weg, sodass nichts übrig blieb als der Stamm Juda allein. Auch Juda hielt nicht die Gebote YHWHs, seines Elohims, sondern wandelte nach den Satzungen, nach denen Israel gelebt hatte. Darum verwarf YHWH das ganze Geschlecht Israel und bedrängte sie und gab sie in die Hände der Räuber, bis er sie von seinem Angesicht wegstieß. Denn YHWH riss Israel vom Hause David los, und sie machten zum König Jerobeam, den Sohn Nebats. Der wandte Israel ab von YHWH und machte, dass sie schwer sündigten. So wandelte Israel in allen Sünden Jerobeams, die er getan hatte, und sie ließen nicht davon ab, bis YHWH Israel von seinem Angesicht wegtat, wie er geredet hatte durch alle seine Knechte, die Propheten. So wurde Israel aus seinem Lande weggeführt nach Assyrien bis auf diesen Tag."

Das Südreich in der babylonischen Gefangenschaft

Auch das südliche Königreich entfernte sich vom Ehevertrag. Deswegen wurde es in die babylonische Gefangenschaft geschickt. Hierzu lesen wir 2. Könige 17,19-20:

„Auch *Juda* hielt nicht die Gebote YHWHs, seines Elohims, sondern wandelte nach den Satzungen, nach denen Israel gelebt hatte. – Darum verwarf YHWH das ganze Geschlecht Israel und bedrängte sie und gab sie in die Hände der Räuber, bis er sie von seinem Angesicht wegstieß."

Jeremia schreibt im 44. Kapitel in den Versen 2-6, 10 und 22-23 über das Gericht, das YHWH über das Südreich ausgeübt hatte:

„So spricht YHWH Zebaoth, der Elohim Israels: Ihr habt gesehen all das Unheil, das ich habe kommen lassen über Jerusalem und über alle Städte in Juda; siehe, heutigentags sind sie wüst und niemand wohnt darin; und das um ihrer Bosheit willen, die sie taten, als sie mich erzürnten und hingingen und opferten und dienten andern Göttern, die weder sie noch ihr noch eure Väter kannten. Und ich sandte immer wieder zu euch alle meine Knechte, die Propheten, und ließ euch sagen: »Tut doch nicht solche Gräuel, die ich hasse.« Aber sie gehorchten nicht und kehrten auch ihre Ohren nicht zu mir, dass sie sich von ihrer Bosheit bekehrt und andern Göttern nicht geopfert hätten. Darum ergoss sich auch mein Zorn und Grimm und entbrannte über die Städte Judas und die Gassen Jerusalems, dass sie zur Wüste und Öde geworden sind, so wie es heute ist ... Sie haben sich bis auf diesen Tag nicht gedemütigt, fürchten sich auch nicht und wandeln nicht in meinem Gesetz und in den Rechtsordnungen, die ich euch und euren Vätern gegeben habe ... Weil ihr der Himmelskönigin geopfert habt und wider YHWH sündigtet und der Stimme YHWHs nicht gehorchtet und in seinem Gesetze, seinen Rechten und Mahnungen nicht gewandelt seid, darum ist euch solches Unheil widerfahren, so wie es heute ist."

In Jeremia 25,2-10 erfahren wir mehr über die babylonische Gefangenschaft, in die das Südreich geschickt wurde:

„Und der Prophet Jeremia sprach zu dem ganzen Volk von Juda und zu allen Bürgern Jerusalems: Vom dreizehnten Jahr des Josia an, des Sohnes Amons, des Königs von Juda, ist YHWHs Wort zu mir geschehen bis auf diesen Tag, und ich habe zu euch nun dreiundzwanzig Jahre lang immer wieder gepredigt, aber ihr habt nie hören wollen. Und YHWH hat zu euch immer wieder alle seine Knechte, die Propheten, gesandt; aber ihr habt nie hören wollen und eure Ohren mir nicht zugekehrt und mir nicht gehorcht, wenn er sprach: Bekehrt euch, ein jeder von seinem bösen Wege und von euren bösen Werken, so sollt ihr in dem Lande, das YHWH euch und euren Vätern gegeben hat, für immer und ewig bleiben. Folgt nicht andern Göttern, ihnen zu dienen und sie anzubeten, und erzürnt mich nicht durch eurer Hände Werk, damit ich euch nicht Unheil zufügen muss. Aber ihr wolltet mir nicht gehorchen, spricht YHWH, auf dass ihr mich ja erzürntet durch eurer Hände Werk zu eurem eigenen Unheil. Darum spricht YHWH Zebaoth: Weil ihr denn meine Worte nicht hören wollt, siehe, so will ich ausschicken und kommen lassen alle Völker des Nordens, spricht YHWH, auch meinen Knecht Nebukadnezar, den König von Babel, und will sie bringen über dies Land und über seine Bewohner und über alle diese Völker ringsum und will an ihnen den Bann vollstrecken und sie zum Bild des Entsetzens und zum Spott und zur ewigen Wüste machen und will wegnehmen allen fröhlichen Gesang, die Stimme des Bräutigams und der Braut, das Geräusch der Mühle und das Licht der Lampe."

YHWHs Gericht gegenüber dem Nordreich

Im Buch Hosea lesen wir von den Prophetien, die Hosea über YHWHs Gerichte bezüglich des Nordreichs gesprochen hat. Das Nordreich wollte sich mit den anderen Nationen assimilieren. YHWH beauftragte Hosea, die Hure Gomer zu heiraten. Die Kinder von Hosea und Gomer stellten ein prophetisches Zeichen für das Nordreich da, weil sie geistliche Hurerei mit den benachbarten Nationen trieben. Hurerei steht in der Bibel für geistlichen Götzendienst und das Verlassen der Torah. So lesen wir in 5. Mose 31,16:

„Und YHWH sprach zu Mose: Siehe, du wirst schlafen bei deinen Vätern, und dies Volk wird sich erheben und nachlaufen den fremden Göttern des Landes, in das sie kommen, und wird mich verlassen und den Bund brechen, den ich mit ihm geschlossen habe."

Hierzu auch Richter 2,16-17:

„Wenn dann YHWH Richter erweckte, die ihnen halfen aus der Hand der Räuber, so gehorchten sie den Richtern auch nicht, sondern liefen andern Göttern nach und beteten sie an und wichen bald von dem Wege, auf dem ihre Väter gegangen waren, als sie YHWHs Geboten gehorchten; sie jedoch taten nicht wie diese."

Aus der Ehe von Hosea und Gomer gingen drei Kinder hervor. Dazu lesen wir in Hosea 1,2-9:

„Als YHWH anfing zu reden durch Hosea, sprach er zu ihm: Geh hin und nimm ein Hurenweib und Hurenkinder; denn das Land läuft von YHWH weg der Hurerei nach. Und er ging hin und nahm Gomer, die Tochter Diblajims, zur Frau; die ward schwanger und gebar ihm einen Sohn. Und YHWH sprach zu ihm: Nenne ihn Jesreel; denn es ist nur noch eine kurze Zeit, dann will ich die Blutschuld von Jesreel heimsuchen am Hause Jehu und will mit dem Königreich des Hauses Israel ein Ende machen. Zur selben Zeit will ich den Bogen Israels zerbrechen in der Ebene Jesreel. Und sie ward abermals schwanger und gebar eine Tochter. Und er sprach zu ihm: Nenne sie Lo-Ruhama; denn ich will mich nicht mehr über das Haus Israel erbarmen, sondern ich will sie wegwerfen. Doch will ich mich erbarmen über das Haus Juda und will ihnen helfen durch YHWH, ihren Elohim; ich will ihnen aber nicht helfen durch Bogen, Schwert, Rüstung, Ross und Wagen. Und als sie Lo-Ruhama entwöhnt hatte, ward sie wieder schwanger und gebar einen Sohn. Und er sprach: Nenne ihn Lo-Ammi; denn ihr seid nicht mein Volk, so will ich auch nicht der Eure sein."

Die drei Kinder von Hosea waren:
- *Jezreel,* was soviel bedeutet wie „El (Gott) wird säen oder zerstreuen".
- *Lo-Ruhama,* was übersetzt heißt „keine Gnade".
- *Lo-Ammi,* was man mit „nicht mein Volk" übersetzen kann.

Als YHWH zum Nordreich sprach und zu ihm sagte, er wolle „keine Gnade mit ihnen haben" (Hosea 1,6) und dass sie „nicht sein Volk" (Hosea 1,9) seien, hat er hiermit zum Ausdruck gebracht, dass er sich vom Nordreich lösen und scheiden wollte.

Die Rolle des Messias als Messias ben David

Jeschua lässt sich mit David vergleichen. Ein Name von *Jeschua* ist Messias ben David. Wie ist *Jeschua* mit David verbunden? Hier einige Aspekte dazu:

- David war aus Bethlehem in Juda (1. Samuel 17,12).
  - Betlehem wurde die Stadt Davids genannt (Lukas 2,4).
  - *Jeschua* wurde in Betlehem geboren (Matthäus 2,1).

- YHWH nannte David „seinen Sohn" (2. Samuel 7,14).
  - *Jeschua* wird YHWHs Sohn genannt (Matthäus 3,16-17).
  - *Jeschua* wird der Sohn Davids genannt (Lukas 18,38-39).

- YHWH versprach David, dass sein Thron für immer bestehen würde (Psalm 89,3-5).
  Jeschua kam, um auf dem Thron Davids zu sitzen (Lukas 1,32).

- David wollte für den Namen YHWHs ein Haus bauen (1. Chronik 28,2).
  Jeschua war darin treu, das Haus YHWHs aufzubauen (Hebräer 3,4-6).

- YHWH schloss mit David einen Bund der Barmherzigkeit (Psalm 89,1-3+35-37).
  Jeschua begegnet jedem, der sich ihm naht oder an ihn glaubt, mit Erbarmen (Lukas 18,38-39).

- David wurde vom Hirten zum König (2. Samuel 7,8).
  - *Jeschua* kam als Hirte bei seinem ersten Kommen (Johannes 10,11).
  - *Jeschua* wird bei seinem zweiten Kommen als König kommen (Sacharja 14,4+9).

- *Jeschua* hat den Schlüssel Davids (Offenbarung 3,7).

- *Jeschua* ist die Wurzel des Geschlechts Davids (Offenbarung 22,16).

Die Erfüllung von YHWHs Bund mit Abraham

Der Bund zwischen YHWH und Abraham ist bis heute nicht erfüllt. Wir betrachten nochmals einige Schriftstellen, damit wir die Fülle dieses Bundes verstehen. In 1. Mose 17,7-8 heißt es:

> „Und ich will aufrichten meinen Bund zwischen mir und dir und deinen Nachkommen von Geschlecht zu Geschlecht, dass es *ein ewiger Bund* sei, sodass ich dein und deiner Nachkommen Elohim bin. Und ich will dir und deinem Geschlecht nach dir das Land geben, darin du ein Fremdling bist, das ganze Land Kanaan, *zu ewigem Besitz* und will ihr Elohim sein."

Während der Bund bedingungslos und ewig ist, ist seine Erfüllung daran gebunden, dass die Kinder YHWHs der Torah und seinen Geboten gehorchen. In 3. Mose 26,3+ 11-12 lesen wir:

> „Wenn ihr in meinen Satzungen wandelt und meine Gebote haltet und sie tut ... Ich will meine Wohnung unter euch haben und will euch nicht verwerfen. Und ich will unter euch wandeln und will euer Elohim sein, und ihr sollt mein Volk sein."

Die Erfüllung des Bundes zwischen YHWH und Abraham besteht in folgenden drei Punkten:

- Die Familie YHWHs hält die Torah ein (weil sie auf ihre Herzen geschrieben ist).
- Die Familie YHWHs lebt im Land Israel (nachdem sie in alle Nationen der Erde verstreut waren).
- YHWH wird seine Stiftshütte wieder aufrichten und unter seinem Volk wohnen (durch *Jeschua* im messianischen Zeitalter).

Die Rolle Jeschuas bei der Zusammenführung der beiden Häuser

Jeschua hat die Aufgabe, den Heiden (die Nichtjuden, die in den Olivenbaum eingepfropft sind) Errettung zu bringen und die beiden Häuser zusammenzuführen. Diese beiden Aufgaben werden in Jesaja 49,5-6 dargestellt:

„Und nun spricht YHWH, der mich von Mutterleib an zu seinem Knecht bereitet hat, dass ich Jakob (alle 12 Stämme) zu ihm zurückbringen soll und Israel zu ihm gesammelt werde – darum bin ich vor YHWH wert geachtet und mein Elohim ist meine Stärke – er spricht: Es ist zu wenig, dass du mein Knecht bist, die Stämme Jakobs aufzurichten und die Zerstreuten Israels wiederzubringen, sondern ich habe dich auch zum Licht der Heiden gemacht, dass du seist mein Heil bis an die Enden der Erde."

Während seines ersten Kommens brachte *Jeschua* Erlösung zu den Heiden. Im Rahmen seines zweiten Kommens wird *Jeschua* in der Kraft des Heiligen Geistes den heiligen Überrest wiederherstellen.

Rückführung aus dem Exil

In Apostelgeschichte 1,6-8 fragten die Jünger *Jeschua*, ob er das Königreich für Israel wieder aufrichten würde. *Jeschua* antwortete ihnen, was wir in Apostelgeschichte 1,6-9 nachlesen können:

„Als sie zusammen waren, fragten sie ihn: »Herr, wirst du die Autonomie Jisraels diesmal wiederherstellen?« Er antwortete: »Ihr braucht die Tage oder Zeiten nicht zu wissen; sie hat der Vater seiner eigenen Vollmacht vorbehalten. Doch wenn der *Ruach Ha Kodesch* auf euch kommt, werdet ihr Macht erhalten; ihr werdet meine *Zeugen* sein in Jeruschalajim wie in ganz Jehudah und Schomron (Samaria), ja bis an die Enden der Erde!« Nachdem er das gesagt hatte, wurde er vor ihren Augen aufgehoben; und eine Wolke verbarg ihn vor ihren Blicken."

Aus jüdischer Sicht sind die letzten Worte eines Menschen sehr prophetisch und von großer Bedeutung. Jakob segnete zum Beispiel seine zwölf Söhne und sprach ihnen auf dem

Sterbebett deren prophetische Bestimmung zu (1. Mose 49). Die letzten Worte, die *Jeschua* sprach, bevor er zum Himmel fuhr, waren sehr bedeutsam (Hesekiel 37,15-28).

Ephraim und Juda werden ein Haus

In Hesekiel 37,15-27 versprach YHWH, dass er die beiden Häuser, Ephraim und Juda, wieder miteinander vereinen und in das Land Israel zurückbringen werde. Wenn die im Exil Lebenden wieder nach Israel geführt werden, werden sie Buße tun und die Torah einhalten. YHWH versprach, dass er nach diesem Ereignis die Stiftshütte wieder aufrichten würde und mit seinem Volk zusammen sein würde. Dann wird das messianische Zeitalter beginnen. So lesen wir in Hesekiel 37,15-28:

„Und YHWHs Wort geschah zu mir: Du Menschenkind, nimm dir ein Holz und schreibe darauf: »Für Juda und Israel, die sich zu ihm halten.« Und nimm noch ein Holz und schreibe darauf: »Holz Ephraims, für Josef und das ganze Haus Israel, das sich zu ihm hält.« Und füge eins an das andere, dass es ein Holz werde in deiner Hand. Wenn nun dein Volk zu dir sprechen wird: Willst du uns nicht zeigen, was du damit meinst?, so sprich zu ihnen: So spricht YHWH Elohim: Siehe, ich will das Holz Josefs (Christentum), das in der Hand Ephraims ist, nehmen samt den Stämmen Israels, die sich zu ihm halten, und will sie zu dem Holz Judas (Judentum) tun und ein Holz daraus machen, und sie sollen eins sein in meiner Hand. Und so sollst du die Hölzer, auf die du geschrieben hast, in deiner Hand halten vor ihren Augen und sollst zu ihnen sagen: So spricht YHWH Elohim: Siehe, ich will die Israeliten herausholen aus den Heiden, wohin sie gezogen sind, und will sie von überall her sammeln und wieder in ihr Land bringen und will ein einziges Volk aus ihnen machen im Land *auf den Bergen Israels* (Westjordanland), und sie sollen allesamt einen König haben und sollen nicht mehr zwei Völker sein und nicht mehr geteilt in zwei Königreiche. Und sie sollen sich nicht mehr unrein machen mit ihren Götzen und Gräuelbildern und allen ihren Sünden. Ich will sie retten von allen ihren Abwegen, auf denen sie gesündigt haben, und will sie reinigen, und sie sollen mein Volk sein und ich will ihr Elohim sein. Und mein Knecht David soll ihr König sein und der einzige Hirte für sie alle. Und sie sollen wandeln in meinen Rechten und meine Gebote halten und danach tun. Und sie sollen wieder in dem Lande wohnen, das ich meinem Knecht Jakob gegeben habe, in dem eure Väter gewohnt haben (das Land Israel). Sie und ihre Kinder und Kindeskinder sollen darin wohnen für immer, und mein Knecht David (der jüdische Messias) soll für immer ihr Fürst sein. Und ich will mit ihnen einen Bund des Friedens schließen, der soll ein ewiger Bund mit ihnen sein. Und ich will sie erhalten und mehren, und mein Heiligtum soll unter ihnen sein für immer (messianisches Zeitalter). Ich will unter ihnen wohnen und will ihr Elohim sein und sie sollen mein Volk sein, damit auch die Heiden erfahren, dass ich YHWH bin, der Israel heilig macht, wenn mein Heiligtum für immer unter ihnen sein wird."

In Hesekiel 37 sehen wir also die Erfüllung des Bundes, den YHWH mit Abraham gemacht hatte:

- Die Familie YHWHs lebt in Israel (V. 21-22 und 25).
- Die Familie YHWHs (Juden und Christen) tut Buße und hält die Torah (V. 23-24).
- YHWH richtet die Stiftshütte wieder auf und lebt mit seinem Volk (V. 23 und 26-27).
- Der königliche Messias, bekannt als Messias ben David, regiert über die Familie YHWHs (V. 22 und 24).

Ephraim als verlorener Sohn

In Lukas 15,11-32 lesen wir das Gleichnis vom verlorenen Sohn.

Als *Jeschua* auf die Erde kam, war das Nordreich bereits 700 Jahre lang in alle Teile der Welt verstreut und hatte sich dort kulturell assimiliert. Es hatte gegen die Torah rebelliert und war ungehorsam gegenüber dem Ehevertrag. Die zwei Söhne im Gleichnis vom verlorenen Sohn stellen die beiden Häuser Israel da. In Jeremia 31,20 wird Ephraim ein Sohn YHWHs genannt, der gegen YHWH und seine Torah rebelliert hatte. Aus diesem Grunde können wir sagen, dass Ephraim (Nordreich) den verlorenen Sohn im genannten Gleichnis darstellt.

Das Nordreich stellt auch ein geistliches Bild für das zukünftige Christentum dar. Nachdem *Jeschua* auferstanden war, wurden die ersten an *Jeschua* Gläubigen als Sekte abgetan (Apostelgeschichte 28,22). Zu jener Zeit hielten sie den biblischen Sabbat (von Freitagabend Sonnenuntergang bis Samstagabend Sonnenuntergang) und feierten die biblischen Feste (3. Mose 23).

Als im Laufe der Zeit immer mehr Nichtjuden an *Jeschua* gläubig wurden, gab es immer mehr antisemitische Leiter, die die Gläubigen dazu aufforderten, nicht mehr an der Torah festzuhalten. Schlussendlich brachte diese Entwicklung sehr viel Leid auf das jüdische Volk.

Heutzutage gibt es immer mehr Christen, die für die Sünden der Vorväter Buße tun und sich für die hebräischen Wurzeln des Glaubens interessieren. In diesem Prozess gibt es auch immer mehr Gläubige, die sich rückbesinnen auf die Torah und den Weisungen YHWHs Folge leisten. Die Liebe zur Torah und das Einhalten von YHWHs Verordnungen stellen den Schlüssel Davids dar. *Jeschua* hat den Schlüssel Davids (Offenbarung 3,7). In Lukas 15,11-32 lesen wir:

> „Abermals sagte Jeschua: »Ein Mann hatte zwei Söhne. Der jüngere von ihnen sagte zu seinem Vater: ›Vater, gib mir den Teil des Besitzes, der mir gehören wird.‹ Also teilte der Vater das Eigentum zwischen ihnen auf. Sobald er seinen Teil in Bargeld umgetauscht hatte, verließ der jüngere Sohn sein Zuhause und ging fort in ein fernes Land, wo er sein ganzes Geld in zügellosem Leben verprasste. Doch nachdem er alles ausgegeben hatte, überfiel eine schwere Hungersnot das ganze Land, und er litt großen Mangel. So ging er und schloss sich einem der Bürger dieses Landes an, der ihn auf

seine Felder schickte, Schweine zu füttern. Er sehnte sich danach, die Karobschoten zu essen, die die Schweine fraßen, doch niemand gab ihm eine. Schließlich kam er zur Vernunft und sprach zu sich: Jeder der Mietlinge meines Vaters hat Nahrung im Überfluss; und hier bin ich und verhungere! Ich werde mich aufmachen und zu meinem Vater zurückgehen und zu ihm sagen: ›Vater, ich habe gesündigt gegen den Himmel und gegen dich; ich bin nicht mehr wert dein Sohn zu heißen, behandle mich wie einen deiner Mietlinge.‹ So machte er sich auf den Rückweg zu seinem Vater. Doch als er noch ein ganzes Stück weit weg war, sah ihn sein Vater bereits und wurde von Mitleid erfasst. Er lief ihm entgegen, umarmte ihn und küsste ihn innig. Sein Sohn sagte zu ihm: ›Vater, ich habe gesündigt gegen den Himmel und gegen dich; ich bin nicht mehr wert, dein Sohn zu heißen –‹, doch sein Vater sagte zu seinen Sklaven: ›Rasch, bringt ein Gewand heraus, das beste, und legt es ihm an; und steckt einen Ring an seinen Finger und zieht Schuhe an seine Füße; und holt das Kalb, das gemästet wurde, und tötet es; lasst uns essen und ein Fest feiern! Denn dieser mein Sohn war tot, aber jetzt ist er wieder lebendig! Er war verloren, aber jetzt ist er wiedergefunden!‹ Und sie fingen an zu feiern. Nun war sein älterer Sohn auf dem Feld. Als er sich dem Haus näherte, hörte er Musik und Tanz. Da rief er einen der Knechte und fragte: ›Was geht da vor?‹ Der Knecht erzählte ihm: ›Dein Bruder ist zurückgekommen und dein Vater hat das Kalb geschlachtet, das gemästet wurde, weil er ihn sicher und gesund wieder hat.‹ Da wurde der ältere Sohn zornig und weigerte sich hineinzugehen. Deshalb kam sein Vater heraus und bat ihn. ›Sieh‹, entgegnete der Sohn, ›ich habe alle diese Jahre für dich gearbeitet und habe deinen Anweisungen immer gehorcht. Du aber hast mir nicht einmal eine junge Ziege gegeben, so dass ich mit meinen Freunden feiern konnte. Doch dieser dein Sohn, der dein Eigentum mit Huren verprasst hat, kommt, und für ihn schlachtest du das gemästete Kalb!‹ ›Sohn, du bist immer bei mir‹, sagte der Vater, ›und alles, was ich habe, ist dein. Wir mussten feiern und uns freuen, weil dieser dein Bruder tot war, aber ins Leben zurückgekehrt ist – er war verloren, aber er ist gefunden worden.«"

Im Folgenden möchte ich das Gleichnis genauer betrachten und beleuchten, warum Ephraim mit dem verlorenen Sohn verglichen werden kann.

- Ein Mann (YHWH) hatte zwei Söhne (Lukas 15,11).
- Der ältere Sohn ist Juda und der jüngere ist Ephraim. Das Judentum geht zurück auf den Ehevertrag, den YHWH am Sinai geschlossen hatte. Das Christentum geht durch den Tod und die Auferstehung *Jeschuas* auf den erneuerten Ehevertrag (Jeremia 31,31-33; Hebräer 10,15-16) zurück.
- Der jüngere Sohn (Ephraim/Nordreich/Christen) verprasste sein Erbe durch einen ausschweifenden Lebensstil, ging in ferne Länder und ernährten sich von Schweinefleisch (ein Hinweis darauf, die Torah verlassen zu haben) (Lukas 15,12-15).
- Es gab einen Hunger im Land (ein Hunger, das Wort YHWHs zu hören und die Torah zu lehren) und er (der jüngere Sohn, Ephraim) entschloss sich, zum Vater zurückzugehen und Buße zu tun (Lukas 15,14-21).
- Der Vater wartete darauf, dass sein jüngerer Sohn zur Torah zurückkehrt. Als er Buße tat, gewährte YHWH ihm Gnade (Jeremia 31,18-20) und vergab ihm (Lukas 15,21-24).
- Die Freude des Vaters war so groß, als der jüngere Sohn zurückkehrte, dass sich der Vater entschloss, ihn mit der besten Kleidung zu kleiden und ihm einen Ring auf den Finger zu setzen (Jeremia 31,18-22; Lukas 15,21-24). Diese beiden Schriftstellen stehen im Zusammenhang mit dem messianischen Zeitalter.
- Der ältere Sohn (Juda/Judentum) war auf dem Feld und befragte den Vater über die Feier, die dem jüngeren Sohn ausgerichtet wurde (Lukas 15,25-26).
- Dem älteren Sohn (Juda) wurde gesagt, dass der jüngere Sohn Buße getan hatte und dass der Vater auf den jüngeren Sohn (Ephraim) gewartet hätte und nun ein großes Fest

ausrichten würde (der Beginn des messianischen Zeitalters) (Lukas 15,27).

- Der ältere Sohn (Juda) war verärgert und erzählte seinem Vater, dass er nie von der Torah abgewichen war und dass ihm kein Fest ausgerichtet worden war. Aber nachdem der jüngere Sohn (Ephraim) von der Torah abgewichen war und Buße getan hatte, richtete der Vater dem jüngeren Sohn ein Fest aus (Lukas 15,31-32).
- Dem älteren Sohn wurde gesagt, dass er immer beim Vater gewesen war (Lukas 15,31-32).

Wenn also der verlorene Sohn (Ephraim/Christenheit) darüber Buße tut, von der Torah abgewichen zu sein, wird YHWH diesem Teil seiner Familie ein sehr großes Fest ausrichten. Das ist der Beginn des messianischen Zeitalters!

YHWHs Volk flieht aus Babylon

Heutzutage leben die meisten Juden in den USA. Wenn die beiden Häuser wieder miteinander vereint werden (Hesekiel 37,15-28), müssen die Juden in den USA ihr Land verlassen und nach Israel zurückkehren. Dies wird zu einer Zeit sein, wenn das Gericht YHWHs in den USA spürbar sein wird (Jeremia 50 und 51; Offenbarung 18).

Die USA sind das geistliche Babylon. YHWH wird die USA in besonderer Art und Weise richten, da sie Israel empfohlen haben, das Land zu teilen, das YHWH Abraham versprochen hatte. Außerdem wollen die USA, dass Jerusalem nicht als Hauptstadt anerkannt wird, sondern zur internationalen Stadt erklärt wird. Der große Werteverfall in den USA spiegelt sich außerdem in einer großen Anzahl von Abtreibungen, Homosexualität, Drogen oder Pornographie wieder.

Die USA gleichen Sodom und Gomorrah. Wir lesen Jeremia 50,4-6+17-18 und Kapitel 51,50:

„In jenen Tagen und zur selben Zeit, spricht YHWH, werden kommen die Leute von Israel (assimiliertes Nordreich/Christenheit) samt den Leuten von Juda und weinend umherziehen und YHWH, ihren Elohim, suchen. Sie werden fragen nach dem Wege nach Zion (das Land Israel) und sich dorthin kehren: »Kommt, wir wollen uns YHWH zuwenden zu einem ewigen Bunde, der nimmermehr vergessen werden soll!« Denn mein Volk ist wie eine verlorne Herde. Ihre Hirten haben sie verführt und auf den Bergen in die Irre (Pastoren in der Gemeinde und Rabbiner in der Synagoge) gehen lassen, dass sie über Berge und Hügel gehen mussten und ihren Ruheplatz vergaßen … Israel war eine zerstreute Herde, die die Löwen verscheucht haben. Zuerst fraß sie der König von Assyrien (Nordreich), danach nagte ihre Knochen (Südreich) ab Nebukadnezar, der König von Babel. Darum spricht YHWH Zebaoth, der Elohim Israels: Siehe, ich will heimsuchen den König von Babel und sein Land, gleichwie ich den König von Assyrien heimgesucht habe … So zieht nun hin, die ihr dem Schwert (der Krieg in Babylon/die USA) entronnen seid, und haltet euch nicht auf! Gedenkt YHWHs in fernem Lande und lasst euch Jerusalem im Herzen (Rückkehr in das Land Israel) sein!"

In diesen Versen von Jeremia lernen wir folgende drei Punkte:
- Die Kinder Israel (Nordreich) und die Kinder Judas (Südreich) fliehen aus Babylon (USA) und suchen nach einem Weg nach Zion (das Land Israel) (Jeremia 50,4-5).
- Ihre Hirten (geistliche Leiter) haben die Familie YHWHs in die Irre geführt (Jeremia 50,6).
- Diejenigen, die dem Schwert entkommen sind, suchen auch ihren Weg nach Jerusalem (Jeremia 51,50).

Wann werden die beiden Häuser vereint?

In Hosea 5,15 und 6,1-4 lesen wir von einem Zeitrahmen, in dem die beiden Häuser wieder miteinander vereint werden:

„Ich will wieder an meinen Ort gehen, bis sie ihre Schuld erkennen und mein Angesicht suchen; wenn's ihnen übel ergeht (Trübsalzeit), so werden sie mich suchen … »Kommt, wir wollen wieder zu YHWH; denn er hat uns zerrissen, er wird uns auch heilen, er hat uns geschlagen, er wird uns auch verbinden. Er macht uns lebendig nach zwei Tagen (2000 Jahre), er wird uns am dritten Tage (tausendjähriges messianisches Reich) aufrichten, dass wir vor ihm leben werden. Lasst uns darauf Acht haben und danach trachten, YHWH zu erkennen; denn er wird hervorbrechen wie die schöne Morgenröte und wird zu uns kommen wie ein Regen, wie ein Spätregen, der das Land feuchtet.« Was soll ich dir tun, *Ephraim* (Nordreich/Christenheit)? Was soll ich dir tun, *Juda?* Denn eure Liebe ist wie eine Wolke am Morgen und wie der Tau, der frühmorgens vergeht."

In dieser Schriftstelle wird deutlich, dass *Jeschua* als königlicher Messias zur Erde zurückkehren wird, bis Ephraim und Juda ihre Vergehen eingestehen. Welche Vergehen muss Ephraim sich eingestehen? Welche Vergehen muss Juda sich eingestehen? Ephraim muss erkennen, dass es die Torah verlassen hat. Juda wird *Jeschua* als Messias erkennen müssen."

Dies wird gemäß Hosea 5 nach „zwei Tagen", also 2000 Jahre nach dem ersten Kommen *Jeschuas* passieren.

Ephraim und Juda werden wieder vereint

Hesekiel 37,21-22 berichtet uns, dass zu dem Zeitpunkt, wenn Ephraim und Juda wieder vereint werden, diese zu den „Bergen Israels" zurückkehren. Die Berge Israels werden in der Bibel die Berge Judäas und Samarias genannt. In der westlichen Welt wird diese Gegend „Westjordanland" genannt. Die Welt drängt Israel, diesen Landstrich an die PLO abzugeben.

Wenn wir Hesekiel 37,21-22 mit Hesekiel 34,11-13 vergleichen, können wir verstehen, dass die beiden Häuser zu den „Bergen Israels" an einem „dunklen und trüben Tag" zurückkehren werden.

So lesen wir in Hesekiel 34,11-12:

„Denn so spricht Adonai YHWH: Siehe, ich will mich meiner Herde selbst annehmen und sie suchen. Wie ein Hirte seine Schafe sucht, wenn sie von seiner Herde verirrt sind, so will ich meine Schafe suchen und will sie erretten von allen Orten, wohin sie zerstreut waren zur Zeit, als es *trüb und finster war.*"

Der „trübe und finstere Tag" ist eine jüdische Redewendung für den „Tag YHWHs". Dazu Joel 2,1-2:

„Blast die Posaune zu Zion, ruft laut auf meinem heiligen Berge! Erzittert, alle Bewohner des Landes! Denn der Tag YHWHs kommt und ist nahe, ein finsterer Tag, ein dunkler Tag, ein wolkiger Tag, ein nebliger Tag!"

Wie schon früher in diesem Buch erwähnt, ist der „Tag YHWHs" eine jüdische Redewendung für das tausendjährige messianische Zeitalter. Jeder biblische Tag beginnt mit dem Abend und endet am Morgen. So ist der „Abendteil" des „Tags YHWHs" die Trübsalzeit. In Jeremia 30,1-7 heißt es, dass die beiden Häuser während der Trübsalzeit nach Israel zurückkehren werden:

„Dies ist das Wort, das von YHWH geschah zu Jeremia: So spricht YHWH, der Elohim Israels: Schreib dir alle Worte, die ich zu dir geredet habe, in ein Buch. Denn siehe, es kommt die Zeit, spricht YHWH, dass ich das Geschick meines Volks *Israel und Juda* wenden will, spricht YHWH; und ich will sie *wiederbringen in das Land,* das ich ihren Vätern gegeben habe, dass sie es besitzen sollen. Und dies sind die Worte, die YHWH redete über *Israel und Juda.* So spricht YHWH: Wir hören ein Geschrei des Schreckens; nur Furcht ist da und kein Friede. Forscht doch und seht, ob dort Männer gebären! Wie kommt es denn, dass ich sehe, wie alle Männer ihre Hände an die Hüften halten wie Frauen in Kindsnöten und alle Angesichter so bleich sind? Wehe, es ist ein gewaltiger Tag und seinesgleichen ist nicht gewesen, und es ist eine Zeit der Angst für Jakob; doch soll ihm daraus geholfen werden."

In Jeremia 31,15-22 erfahren wir, dass Ephraim darüber Buße tun wird, die Torah verlassen zu haben und nach Israel zurückkehrt, wo „die Frau den Mann umgeben wird", was ein Hinweis auf das messianische Zeitalter ist.

„So spricht YHWH: Man hört Klagegeschrei und bittres Weinen in Rama: *Rahel weint über ihre Kinder* und will sich nicht trösten lassen über ihre Kinder; denn es ist aus mit ihnen. Aber so spricht YHWH: Lass dein Schreien und Weinen und die Tränen deiner Augen; denn deine Mühe wird noch belohnt werden, spricht YHWH. Sie sollen wiederkommen aus dem Lande des Feindes, und deine Nachkommen haben viel Gutes zu erwarten, spricht YHWH, denn *deine Söhne sollen wieder in ihre Heimat kommen.* Ich habe wohl gehört, wie *Ephraim* klagt: »Du hast mich hart erzogen und ich ließ mich erziehen wie ein junger Stier, der noch nicht gelernt hat zu ziehen. Bekehre du mich, so will ich mich bekehren; denn du, YHWH, bist mein Elohim! Nachdem ich bekehrt war, *tat ich Buße,* und als ich zur Einsicht kam, schlug ich an meine Brust. Ich bin zuschanden geworden und stehe schamrot da; denn ich muss büßen die Schande meiner Jugend.« Ist nicht *Ephraim* mein teurer Sohn und mein liebes Kind? Denn sooft ich ihm auch drohe, muss ich doch seiner gedenken; darum bricht mir mein Herz, dass ich mich seiner erbarmen muss, spricht YHWH. Richte dir Wegzeichen auf, setze dir Steinmale und richte deinen Sinn auf die Straße, auf der du gezogen bist! Kehr zurück, Jungfrau Israel, kehr zurück zu diesen deinen Städten! Wie lang willst du in der Irre gehen, du abtrünnige Tochter? Denn YHWH wird ein Neues im Lande schaffen: *Die Frau wird den Mann umgeben.*"

Die Zeit, in der Ephraim und Juda wieder vereint werden, wird „der Tag Jezreels" genannt. In Hosea 2,1-2 wird davon berichtet, dass die beiden Häuser zusammengehen werden:

„Es wird aber die Zahl der Kinder in Israel sein wie der Sand am Meer, den man weder messen noch zählen kann. Und es soll geschehen an dem Ort, da man zu ihnen gesagt hat: »Ihr seid nicht mein Volk«, wird man zu ihnen sagen: »O ihr Kinder des lebendigen Elohims!» Denn es werden die Kinder Juda und die Kinder Israel zuhauf kommen und werden sich miteinander an ein Haupt halten (Hesekiel 34,11-13+23; 37,24-25) und aus dem Lande heraufziehen; denn *der Tag Jesreels wird ein großer Tag sein.*"

In Jeremia 3,14+17-18 lesen wir, dass sich zur Zeit der Rückkehr der Kinder Israels nach Zion alle Nationen gegen Jerusalem wenden werden:

„Bekehret euch nun ihr abtrünnigen Kinder, spricht YHWH; denn ich will euch mir vertrauen und will euch holen, einen aus einer Stadt und zwei aus einem Geschlecht, *und will euch bringen gen Zion* ... sondern zur selben Zeit wird man Jerusalem heißen »YHWHs Thron«, und es werden sich dahin sammeln alle Heiden (Sacharja 14,2) um des Namens YHWHs willen zu *Jerusalem* und werden nicht mehr wandeln nach den Gedanken ihres bösen Herzens. *Zu der Zeit wird das Haus Juda gehen zum Hause Israel,* und sie werden *miteinander kommen* von Mitternacht in das Land, das ich euren Vätern zum Erbe gegeben habe."

Also werden die beiden Häuser während der Trübsalzeit vereint werden (Hesekiel 37,15-28; Jeremia 30,7). Dann wird *Jeschua* zurückkehren nach Jerusalem und im messianischen Zeitalter die Torah den Nationen lehren (Jesaja 2,2-3).

Gebet für das messianische Zeitalter

Der Bund, den YHWH mit Abraham gemacht hatte, ist ein ewiger Bund. Die Erfüllung dieses Bundes steht im Zusammenhang mit dem Gehorsam gegenüber der Torah. Als Folge des Ungehorsams gegenüber der Torah wurde sein Volk jedoch ins Exil geschickt.

Nachdem sie in das Exil geschickt worden waren, versprach YHWH ihnen, sie wieder zurück in ihr Land zu bringen, wenn sie Buße tun und wieder der Torah glauben würden. Die Wiederzusammenführung der beiden Häuser würde vor der Wiederkunft *Jeschuas* erfolgen und somit vor dem Beginn des messianischen Zeitalters stattfinden.

Dies ist die Erfüllung des Bundes, den YHWH mit Abraham gemacht hatte. Dies ist das Evangelium gemäß der Torah!

Möge YHWH die beiden Häuser erlösen und im Land Israel wieder zusammenführen!

Mögen sein Kommen und das messianische Zeitalter bald beginnen!

NÄCHSTES JAHR IN JERUSALEM!

Anhang

Fußnoten

Vorwort

1. vgl. Raphael Patai, *The Messiah Texts* (Detroit, Michigan: Wayne State University Press, 1988), S. 181.
2. vgl. Ebd., S. 321.
3. vgl. Ebd., S. 181.
4. vgl. Ebd., S. 144.

Kapitel 4 – Der Sabbat ist unsere Ruhe

1. Pesikta Rabbathi, 117b.
2. vgl. Rabbi Aryeh Kaplan, *Made in Heaven: A Jewish Wedding Guide*. (New York, New York: New York, New York: Moznaim publishing, 1983), S. 194
3. Gastor, *Festivals of the Jewish Year*, S. 282-283
4. Kaplan, *Made in Heaven: A Jewish Wedding Guide*, S. 74, 77
5. vgl. Ebd., S. 144
6. Gastor, *Festivals of the Jewish Year*, S. 271
7. vgl. Isidor Margolis and Rabbi Sydney Markowitz, *The Jewish Holidays and Festivals*. (New York, New York: Carol Publishing Group, 1962), S. 14
8. Gastor, *Festivals of the Jewish Year*, S. 275

Kapitel 7 – Ist der jüdische Messias unser Elohim?

1. vgl. Dr. James Trimm, *Let's Get Truthful: A Response to the Anti-Missionaries* (Tape series and Study Guide) (Hurst, Texas, 1999). Tape 9, "The Deity of the Messiah" and study notes.

    This tape series and study guide can be ordered from the Society for the Advancement of Nazarene Judaism (SANJ) at the following address: SANJ, S.O. Box 471, Hurst, Texas 760563
2. Web address: http://www.nazarene.net

Kapitel 8 – Israel: Der Feigenbaum blüht

1. vgl. Mike Evans, *Jerusalem Betrayed* (Nashville, Tennessee: Word Publishing, 1971, S. 143
2. vgl. Stanley Ellisen, *Who Owns the Land?* (Portland, Oregon: Multnomah Press), S. 60
3. vgl. James Rudin, *Israel for Christians* (Philadelphia, Pennsylvania: Fortress Press, 1983), S. 24
4. Ellisen, *Who Owns the Land?* S. 60
5. Evans, *Jerusalem Betrayed*, S. 144
6. Ellisen, *Who Owns the Land?* S. 62

7   vgl. Howard Sachar, *A History of Israel: From the Rise of Zionism to Our Time* (New York, New York: Alfred A. Knopf, Inc., 1976), S. 354

8   Ellisen, *Who Owns the Land?* S. 63

9   vgl. Ebd., S. 63

10   vgl. Alan Taylor, *Prelude to Israel* (New York: Philosophical Library, 1959), S. 15

11   Ellisen, *Who Owns the Land?* S. 67

12   vgl. William Hull, *The Fall and Rise of Israel* (Grand Rapids, Michigan: Zondervan Publishing Co. 1954), S. 129

13   vgl. Louis Finkelstein, *The Jews – Their History, Culture and Religion*. 2 Vols. (New York: Harper and Bros., 1949), S. 691

14   Sachar, *A History of Israel: From the Rise of Zionism to Our Time*, S. 128-129

15   vgl. Michael Cohen, *Palestine and the Great Powers, 1945-1948* (Princeton, New Jersey: Princeton Univ. Press, 1982), S. 184

16   Evans, *Jerusalem Betrayed*, S. 163

17   Hull, *The Fall and Rise of Israel*, S. 142

18   vgl. Ebd., S. 204

19   Ellisen, *Who Owns the Land?* S. 71

20   Evans, *Jerusalem Betrayed*, S. 171

21   Hull, *The Fall and Rise of Israel*, S. 205

22   Evans, *Jerusalem Betrayed*, S. 171

23   Hull, *The Fall and Rise of Israel*, S. 205

24   Ellisen, *Who Owns the Land?* S. 72.

25   vgl. Ebd., S. 75

26   Dimont, *Jews, God and History*, S. 378-379

27   Ellisen, *Who Owns the Land?* S. 82-83

28   Rudin, *Israel for Christians*, S. 45

29   vgl. Dennis Prager and Joseph Telushkin, *Why the Jews?* (New York: Simon and Schuster, Inc., 1983), S. 155

30   Finkelstein, *The Jews – Their History, Culture and Religion*, S. 1532

31   Ellisen, *Who Owns the Land?* S. 91

32   vgl. Michael Pragai, *Faith and Fulfillment* (London, England: Vallentine, Michell and Co., 1985, S. 232

33   vgl. Ebd.

34   Taylor, *Prelude to Israel*, S. 56-57

35   Cohen, *Palestine and the Great Powers, 1945-1948*, S. 186

36   Ellisen, *Who Owns the Land?* S. 92

37   Hull, *The Fall and Rise of Israel*, S. 235

38   Taylor, *Prelude to Israel*, S. 94-95

39   Ellisen, *Who Owns the Land?* S. 93

40   Cohen, *Palestine and the Great Powers, 1945-1948*, S. 186

41 Ellisen, *Who Owns the Land?* S. 93
42 Evans, *Jerusalem Betrayed*, S. 174
43 Sachar, *A History of Israel: From the Rise of Zionism to Our Time*, S. 278
44 Cohen, *Palestine and the Great Powers, 1945-1948*, S. 274
45 Taylor, *Prelude to Israel*, S. 102
46 Ellisen, *Who Owns the Land?* S. 99, 101
47 vgl. Ebd., S. 99
48 Sachar, *A History of Israel: From the Rise of Zionism to Our Time*, S. 289
49 vgl. Ebd., S. 291
50 Pragai, *Faith and Fulfillment*, S. 224
51 Cohen, *Palestine and the Great Powers, 1945-1948*, S. 305-306
52 Ellisen, *Who Owns the Land?* S. 103
53 Sachar, *A History of Israel: From the Rise of Zionism to Our Time*, S. 444
54 Hull, *The Fall and Rise of Israel*, S. 333, 340
55 Sachar, *A History of Israel: From the Rise of Zionism to Our Time*, S. 444
56 Hull, *The Fall and Rise of Israel*, S. 342
57 vgl. Ebd.
58 Ellisen, *Who Owns the Land?* S. 107
59 vgl. Ebd., S. 111
60 vgl. Ebd., S. 112
61 vgl. Ebd., S. 113
62 Evans, *Jerusalem Betrayed*, S. 213
63 Ellisen, *Who Owns the Land?* S. 114
64 Sachar, *A History of Israel: From the Rise of Zionism to Our Time*, S. 640
65 vgl. Ebd.
66 Sachar, *A History of Israel: From the Rise of Zionism to Our Time*, S. 656
67 Ellisen, *Who Owns the Land?* S. 115
68 Cecil Roth, *Encyclopedia Judaica* (Jerusalem, Israel: Keter Publishing House, 1972), S. 493
69 Sachar, *A History of Israel: From the Rise of Zionism to Our Time*, S. 667
70 Ellisen, *Who Owns the Land?* S. 115
71 Sachar, *A History of Israel: From the Rise of Zionism to Our Time*, S. 750
72 vgl. Ebd., S.759
73 vgl. Ebd.
74 vgl. Ebd., S. 812
75 vgl. Ebd., S. 791
76 Ellisen, *Who Owns the Land?* S. 122
77 vgl. Ebd., S. 127
78 vgl. Thomas Kiernan, *Arafat: The Man and the Myth* (New York: W. W. Norton and Co., 1976), S. 114
79 vgl. Amos Perlmutter, *Israel: The Partitioned State, A Political History Since 1900* (New York: Charles Scribner's Sons, 1985), S. 34

80 Kiernan, *Arafat: The Man and the Myth*, S. 114, 116
81 vgl. Ebd., S. 14
82 Ellisen, *Who Owns the Land?* S. 129
83 Kiernan, *Arafat: The Man and the Myth*, S. 113
84 vgl. Ebd., S. 160-161, 235
85 Evans, *Jerusalem Betrayed*, S. 64
86 vgl. Alan Hart, *Arafat: Terrorist or Peacemaker* (London, England: Sidgwick and Jackson, 1984), S. 163
87 vgl. Ebd., S. 118
88 Evans, *Jerusalem Betrayed*, S. 64-65
89 vgl. Ebd., S. 127
90 Kiernan, *Arafat: The Man and the Myth*, S. 80
91 vgl. Ebd., S. 25
92 vgl. Ebd., S. 202
93 Evans, *Jerusalem Betrayed*, S. 65
94 Kiernan, *Arafat: The Man and the Myth*, S. 231
95 Ellisen, *Who Owns the Land?* S. 132
96 vgl. David Grossman, *The Yellow Wind* (New York, New York: Farrar, Straus, and Giroux, 1988), S. 151
97 vgl. David Shipler, *Arab and Jew* (New York, New York: Times book (Random House), 1986), S. 144
98 vgl. Ebd., S.110
99 Ellisen, *Who Owns the Land?* S. 143
100 Evans, *Jerusalem Betrayed*, S. 72-73
101 vgl. Ebd., S. 73-75
102 vgl. Ebd., S. 78
103 vgl. Ebd., S. 80
104 vgl. Ebd., S. 80-81

Kapitel 11 – Gericht über die Nationen
1 Evans, *Jerusalem Betrayed*, S. 92
2 vgl. Ebd., S. 92-93
3 vgl. Ebd., S. 100
4 vgl. Ebd., S. 50
5 vgl. Ebd., S. 51

Weiterführende Literatur

American-Israel Cooperative Enterprise (AICE), Jewish Student Online Research Center (JSOURCE), Internet Web Site

Central Conference of American Rabbis. *Gates of the Seasons: A Guide to the Jewish Year.* New York, 1983

Cohen, Michael. *Palestine and the Great Powers, 1945-1948.* Princeton, New Jersey: Princeton Univ. Press, 1982

Dimont, Max. *Jews, God and History.* New York: Simon and Schuster, 1962

Ellisen, Stanley. *Who Owns the Land?* Portland, Oregon: Multnomah Press, 1991

Evans, Mike. *Jerusalem Betrayed.* Nashville, Tennessee: Word Publishing, 1997

Finkelstein, Louis. *The Jews, Their History, Culture and Religion.* 2 Volumes. New York: Harper and Bros., 1949

Gastor, Theodor. *Festivals of the Jewish Year.* New York: William Morrow Co., 1952

Good, Joseph. *Rosh HaShanah and the Messianic Kingdom to Come.* Port Arthur, Texas: Hatikva Ministries, 1989

Grossman, David. *The Yellow Wind.* New York: Farrar, Straus, Giroux, 1988

Harkabi, Yehoshafat. *Israel's Fateful Hour.* New York: Harper and Row Publishers, 1988

Hart, Alan. *Arafat: Terrorist or Peacemaker.* London, England: Sidgwick and Jackson, 1984

Hull, William. *The Fall and Rise of Israel.* Grand Rapids, Michigan: Zondervan Publishing Co., 1954

Israel Ministry of Foreign Affairs Internet Web site: *http://www.mfa.gov.il/mfa/home.asp.*

Jeffrey, Grant R. *Armageddon Appointment with Destiny.* Toronto, Ontario: Frontier Research Publications, 1988

Kaplan, Rabbi Aryeh. *Made in Heaven: A Jewish Wedding Guide.* New York: Moznaim Publishing, 1983

Kiernan, Thomas. *Arafat: The Man and the Myth.* New York: W.W. Norton and Co., 1976

Lapin, Rabbi Daniel. *"America's Biblical Blueprint."* Mercer Island, Washington: Cascadia Tapes, Inc., 1997

Margolis, Isidor and Rabbi Sydney Markowitz. *The Jewish Holidays and Festivals.* New York, New York: Carol Publishing Group, 1962

Patai, Raphael. *The Messiah Texts.* Detroit, Michigan: Wayne State University Press, 1988

Perlmutter, Amos. *Israel: The Partitioned State, A Political History Since 1900.* New York: Charles Scribner's Sons, 1985

Pragai, Michael. *Faith and Fulfillment.* London, England: Vallentine, Michell and Co., 1985

Prager, Dennis and Joseph Telushkin. *Why the Jews?* New York: Simon and Schuster, Inc., 1983

Roth, Cecil. *Encyclopedia Judaica.* Jerusalem, Israel: Keter Publishing House, 1972

Routtenberg, Lilly and Ruth Seldin, *The Jewish Wedding Book.* New York: Harper and Row Publishers, 1967

Rudin, James. *Israel for Christians.* Philadelphia, Pennsylvania: Fortress Press, 1983

Sachar, Howard. *A History of Israel: From the Rise of Zionism to Our time.* New York: Alfred A. Knopf, Inc, 1976

Shipler, David. *Arab and Jew.* New York: Times Book (Random House), 1986

Strong, James. *The New Strong's Exhaustive Concordance of the Bible,* Thomas Nelson Publishers, 1990

Taylor, Alan. *Prelude to Israel.* New York: Philosophical Library, *1959*

Trimm, James Dr. *Let's Get Truthful: A Response to the Anti-Missionaries.* Hurst, Texas: Society for the Advancement of Nazarene Judaism (SANJ), 1999

Verzeichnis jüdischer Namen und Begriffe

Akeidah: Brandopfer von Abrahams/Berg Moriah
Athid Lavo: Messianisches Zeitalter
Avraham: Abraham
Avraham Avinu: unser Vater Abraham
Avram: Abram
Bar Mitzva: Sohn des Gebotes
Beit HaMikdash: Tempel
Brit Hadascha: Neues Testament
Brit Mila: Beschneidung
Chesed: Gnade
Chevlai shel Maschiach: Geburtswehen des Messias
Chokmah: Weisheit
Chupa: Hochzeitsbaldachin (Berg Sinai)
Echad: Einer
Elohim: Gott
Emuna: Glauben
Eretz Israel: Land Israel
Ez chaim: Baum des Lebens
Ha Eljon: der Höchste
Halacha: wandeln
HaMelech: König
HaMotzi: Segensspruch
Ja'akov: Jakob
Jehoschua: Josua
Jehudah: Juda
Jeruschalajim: Jerusalem
Jeschua: Jesus
Jisrael: Israel
Jochanan: Johannes
Kadesch: geheiligt
Kefa: Petrus
Ketuba: Ehevertrag
Kidduschin: jüdische Hochzeitszeremonie
Kivod: Gegenwart
Kodesch: heilig

Kohanim: Priester
Malkut Shamajim: das Reich des Himmels
Manna: Brot
Maschiach: Messias
Maschiach ben David: Messias ben David/der königliche Messias
Maschiach ben Yosef: Messias ben Josef/der leidende Messias
Matan Torah: das Geben der Torah
Matitjahu: Matthäus
Melo Ha Goyim: Fülle der Heiden
Menucha: Ruhe
Mikwah: Tauchbad
Miqra: Probe, öffentliche Versammlung
Mirjam: Maria
Mischpocha: Familie
Mizrajim: Ägypten
Olam Habah: kommende Welt/Ewigkeit
Olam Haseh: das gegenwärtige Zeitalter
Parascha: wöchentliche Lesung
Peschat: im wörtlichen Sinn/buchstäbliches Wort
Pessach: Passahfest
Rabbi: Lehrer
Rav Scha'ul: Apostel Paulus
Rivkah: Rebekka
Rosch HaSchana: Fest der Posaune
Ruach HaKodesch: Heiliger Geist
Sar Shalom: Friedefürst
Schabbat: Sabbat
Schalom: Frieden

Schavuot: Pfingsten
Simchat Beit HaShoeva: Freude am Wasserschöpfen
Sod: Verborgene Ebene der Wortauslegung
Sukkot: Laubhüttenfest
Talmidim: Jünger
Targumim: Jüdischer Kommentar zu Torah und Propheten
Tenach: Altes Testament
Teschuva: Buße oder Umkehr
Tohu: Verwüstung
Yemot Maschiach: Tage des Messias
YHWH: Herr
Yitzhak: Isaak

Nachwort

Mein Gebet ist, dass dieses Buch für Sie eine Quelle der Inspiration ist und dass Sie gesegnet wurden. Wenn dies der Fall ist, möchte ich Sie ermutigen, auch andere von mir geschriebene Bücher zu lesen: „Die sieben Feste des Messias" und "Who is the Bride of Christ?".

Im Buch „Die sieben Feste des Messias" geht es um die biblischen Feste, die in 3. Mose 23 erklärt werden, um das erste und zweite Kommen Jeschuas und um unsere persönliche Beziehung zu ihm.

Das Buch "Who is the Bride of Christ?" untersucht die biblischen Eigenschaften der Braut. Es zeigt auch auf, in welchem Zusammenhang die Braut des Messias mit dem großen hebräischen Erbe steht, das wir durch Jeschua haben.

Wenn Ihr Interesse, die hebräischen Wurzeln des Glaubens zu studieren, geweckt wurde, möchte ich Sie ermutigen, die Website von "Hebraic Heritage Ministries International" zu besuchen. Außerdem lade ich Sie ein, dem "GLOBAL Network" beizutreten, indem Sie sich in das Gästebuch auf unserer Website eintragen. Hier finden Sie auch viele weitere Artikel über die hebräischen Wurzeln des Glaubens.

Über den Autor

Eddie Chumney (USA) ist der Gründer von "Hebraic Heritage Ministries International". Das Ziel seines Dienstes ist über die hebräischen Wurzeln des christlichen Glaubens zu lehren.

Eddie Chumney ist ein internationaler Sprecher und hat außerdem noch zwei weitere Bücher geschrieben: „Die sieben Feste des Messias" und "Who is the Bride of Christ?". Er schreibt einen wöchentlichen Blog bei www.watchmanofzion.com, der prophetische Ereignisse beleuchtet, um Gläubige auf die Endzeit vorzubereiten. Die Webseite von Hebraic Heritage Ministries Int'l ist: www.hebroots.org.

WEITERE BÜCHER
aus dem Verlag media!worldwidewings

Eddie Chumney: Die sieben Feste des Messias
Der prophetische Kalender seines Kommens– Hebrew Roots
(Paperback) media!worldwidewings
Bestell-Nr.: 889087, ISBN: 978-3-9812211-7-6, 224 Seiten · € 12,80

Eddie Chumney beleuchtet eines der faszinierendsten und vielleicht am wenigsten verstandenen Themen in der Bibel: die Feste des Messias, wie in 3. Mose beschrieben. Die Feste sind prophetische Bilder für das erste und zweite Kommen des Messias und führen in eine neue Dimension einer persönlichen Beziehung zu YHWH.

WEITERE BÜCHER
aus dem Verlag media!worldwidewings

Hildegard Schneider: Torah
Das Ende von Anfang an verkündet – Hebrew Roots
(Paperback) media!worldwidewings
Bestell-Nr.: 889084, ISBN: 978-3-9812211-4-5, 272 Seiten · € 12,80

Die prophetischen Aussagen der Torah beinhalten gewaltige Botschaften für die letzte Generation: Gott teilt uns mit, dass Er das Ende (Offenbarung) von Anfang (1. Mose) an vorhergesagt hat. Das heißt, dass das Ende im Anfang verborgen ist. Paulus verstand, dass der prophetische Charakter der Torah für die Generation gilt, welche die Große Trübsal erleben und Zeuge der Wiederkunft Yeshuas sein wird. – Gilt es uns?

WEITERE BÜCHER
aus dem Verlag media!worldwidewings

Hildegard Schneider: Voll Öl, voll Licht
Den König erwarten – Hebrew Roots
(Paperback) media!worldwidewings
Best.Nr.: 889052, ISBN: 978-3-9812211-1-4, 180 Seiten · € 12,80

Petrus sagt in der Apostelgeschichte, dass Jeschua im Himmel bleiben muss, bis die Zeit kommt, in der alles wiederhergestellt wird, wie Gott vor langer Zeit gesagt hat, als Er durch die heiligen Propheten sprach (Apg. 3, 21). Die spannende Frage ist: Können wir aus der Bibel ersehen, was der letzte Baustein der Wiederherstellung ist? Das verborgene Sendschreiben am Ende der Offenbarung gibt uns eine überraschende und herausfordernde Antwort.

WEITERE BÜCHER
aus dem Verlag media!worldwidewings

Hildegard Schneider / Dr. Stephan Bauer:
Die Weisheit der Torah im Mutterleib
(Paperback) media!worldwidewings
Best.Nr.: 889088, ISBN: 978-39812211-8-3, 128 Seiten · € 9,95

Hildegard Schneider und Dr. Stephan Bauer zeigen in diesem gut verständlichen Buch packende Parallelen zwischen dem Festzyklus des Gottes der Bibel und dem Ablauf einer menschlichen Schwangerschaft auf. Beide Zyklen dauern exakt auf den Tag 40 Wochen, 280 Tage – und die Entsprechungen sind so bestechend, dass mit diesem Buch eine völlig in Vergessenheit geratene Dimension von Anbetung eröffnet wird: Das Staunen über die Tiefe Seines Wortes.

WEITERE BÜCHER
aus dem Verlag media!worldwidewings

**Hildegard Schneider:
Das Erwachen der Messianischen Gemeinde**
(Paperback) media!worldwidewings
Best.Nr.: 889055, ISBN: 3-9809297-5-2, 88 Seiten · € 8,50
Wenn man berechnet, wie viele messianische Juden es unter den Juden in Deutschland gibt, kommt man zu einem erstaunlichen Ergebnis: Dieser Prozentsatz ist größer als derjenige der wiedergeborenen Christen in unserem Land. Lassen Sie sich von der himmlischen Vision erobern, dass wir in Europa Beter für jede jüdische Gemeinde finden! Werden Sie selbst ein Beter für die Synagoge Ihrer Stadt und lassen Sie uns das geistliche Vakuum, das durch mangelndes Gebet für die Juden in der Diaspora entstanden ist, mit segnenden Gebeten füllen.

WEITERE BÜCHER
aus dem Verlag media!worldwidewings

Hildegard Schneider: Dem Bräutigam entgegen
Der Geist und die Braut sprechen „Komm!"
(Paperback) media!worldwidewings
Best.Nr.: 889052, ISBN: 3-9809297-2-8, 140 Seiten · € 9,95

Der Bräutigam Jesus erwartet seine Braut, die Gemeinde. Dieses Buch greift biblische Aussagen über die Gemeinde Christi auf mit einem erstaunlichen Ergebnis: Jesus möchte sich als Bräutigam offenbaren. Er möchte der Liebhaber unserer Seele sein und sehnt sich danach, dass wir ihn in der Vielseitigkeit seines Wesens kennenlernen. Dieses ist brandaktuell in einer Zeit, in der der Heilige Geist, unser Brautwerber, wie nie zuvor um die Braut Christi wirbt.

WEITERE BÜCHER
aus dem Verlag media!worldwidewings

Andreas Pohlmann
In der Königskammer
Eine prophetische Auslegung des Hohelieds

(Paperback) media!worldwidewings, verlegt durch Teamwork
Best.Nr.: 819171, ISBN: 3-9809297-1-X,
170 Seiten, € 9,95

Christsein ist keine Methode, sondern eine Beziehung – eine Liebesbeziehung mit Jesus. Mit ihm leben, ihn kennen, lieben, verstehen lernen – das ist ein lebenslanger Prozess. Und um diesen geht es in diesem Buch.

Andreas Pohlmann
Das Geheimnis der ewigen Treue
Studie über den Blutbund

(Paperback) media!worldwidewings, verlegt durch Teamwork
Best.Nr.: 819170, ISBN: 3-9809297-0-1,
140 Seiten, € 7,95

Wir stoßen hier auf ein äußerst geheimnisvolles Thema der Bibel: den Blutbund. Von der ersten bis zur letzten Seite der Bibel zieht er sich wie ein roter Faden durch die Generationen. Der Leser versteht, dass auch die Ehe ein Bund ist und dass die Treue Gottes diese kleinste Zelle unserer Gesellschaft bestätigt und segnet.